TRIÁNGULO
Aprobado

Manual para Profesores

waysidepublishing.com

* AP is a registered trademark of the College Entrance Examination Board, which was not involved in the production of, and does not endorse this product.

Copyright © 2013 by Wayside Publishing

All rights reserved. No part of this publication may be reproduced, stored in a retrieval system, or transmitted in any form or by any means, electronic, mechanical, photocopying, recording, or otherwise, without the prior written permission of the publisher.

Printed in USA

8 9 10 KP 19

Print date: 1071

Softcover ISBN 978-1-938026-43-0

FlexText® ISBN 978-1-942400-15-8

AGRADECIMIENTOS

Many people have worked on this book and we are grateful for all that they have contributed. The requirements for finding, molding and editing authentic materials have been complex and labor intensive. Without the help of the following this work would not have been possible or enjoyable. We thank Camilo Torres and Isabel Guasca de Torres for their help with the audios; Jimena Concha for her help with the permissions; Hiram Aldarondo, Marisa Cabra, Rafael Moyano and Mariel Fiori for editing and Liliana Smith and George Watson-López, who have been with us since the beginning, for their editing, materials acquisition, advice and direction. George is responsible for the all-important Preguntas Culturales. Lourdes Cuellar, who has done a bit of everything very well—editing, researching, organizing and writing—has been steadfast in her support and in her clear and precise advice. Barbara and I would not have been able to pull all the strands together without the invaluable help of all these people. We would like to send a special word of praise to Greg Greuel, our publisher, and the many people who have helped him work on this book. Karen Arruda did some very tedious editorial work excellently. Eliz Tchakarian is the imagination and management behind *Triángulo Aprobado* Explorer and, as such, she has been superb. Greg's team has been instrumental in developing Wayside Publishing into an important ally in the student's quest to be a life-long learner.

ÍNDICE GENERAL

AGRADECIMIENTOS iii
ÍNDICE GENERAL iv
DEAR COLLEAGUES x
SOME THOUGHTS FOR OUR COLLEAGUES xi
The global themes and subthemes xi
The tasks xii
    The Interpersonal Writing task xiii
    The Interpersonal Speaking task xiv
    The Presentational Writing task xiv
    The Presentational Speaking task xv
THE QUESTION OF CULTURE xv
    Cápsula Cultural xv
    Preguntas Culturales xvi
VOCABULARY xvi
TRIÁNGULO APROBADO EXPLORER xvii
EXAM INSTRUCTIONS xviii
    Lecturas xviii
    Lecturas o ilustraciones con audio xviii
    Audios xix
    Correos Electrónicos xix
    Ensayo xx
    Conversaciones xx
    Discursos xxi
LOS AUTORES xxii

CAPÍTULO UNO: LOS DESAFÍOS MUNDIALES

Los temas económicos 1

LECTURAS: "Cuba: la economía se hunde, las remesas crecen" CLAVE 2
LECTURAS CON AUDIO: "Carlos Slim encabeza la lista de los más ricos" GUIÓN Y CLAVE 2
AUDIOS: "La crisis ninja y otros misterios de la economía actual" GUIÓN Y CLAVE 3
ENSAYO: "Latinoamérica enfrenta la crisis económica global" GUIÓN 3
CONVERSACIONES: "Cómo ganar plata" ESQUEMA Y GUIÓN 4

Los temas de medio ambiente 5

LECTURAS: "Agricultura orgánica y medio ambiente" CLAVE 5
ILUSTRACIÓN CON AUDIO: "Cómo plantar un árbol" GUIÓN Y CLAVE 5
AUDIOS: "Los glaciares del sur argentino están desapareciendo" GUIÓN Y CLAVE 6
ENSAYO: "Desechos electrónicos" GUIÓN 6
CONVERSACIONES: "Club del medioambiente" ESQUEMA Y GUIÓN 7

El pensamiento filosófico y la religión 8

LECTURAS: "Mi religión" CLAVE 8
LECTURAS CON AUDIO: "La experiencia de Juan Andrés" GUIÓN Y CLAVE 8
AUDIOS: "José Gregorio Hernández, el siervo de Dios" GUIÓN Y CLAVE 8
ENSAYO: "No me voy a quitar el velo" GUIÓN 9
CONVERSACIONES: "Un asunto de importancia filosófica" ESQUEMA Y GUIÓN 10

La población y la demografía 11

LECTURAS: "Carta sobre la sobrepoblación de perros" CLAVE 11
LECTURAS CON AUDIO: "Un día sin inmigrantes" GUIÓN Y CLAVE 11
AUDIOS: "Árboles sin raíces" GUIÓN Y CLAVE 12
ENSAYO: "El quinto país del planeta" GUIÓN 13
CONVERSACIONES: "Una encuesta" ESQUEMA Y GUIÓN 14

El bienestar social 15

LECTURAS: "Levantate: alzá la voz"
CLAVE 15
ILUSTRACIÓN CON AUDIO: "La falta y la escasez de agua en el mundo"
GUIÓN Y CLAVE 15
AUDIOS: "La pobreza en América Latina" GUIÓN Y CLAVE 16
ENSAYO: "La felicidad interna bruta"
GUIÓN. 16
CONVERSACIONES: "Tu abuela busca tu comprensión" ESQUEMA Y GUIÓN 18

La conciencia social. 19
LECTURAS: "Carta abierta del poeta Javier Sicilia" CLAVE 19
ILUSTRACIÓN CON AUDIO: "Conciencia social" GUIÓN Y CLAVE 19
AUDIOS: "Conciencia social en el sector emprendedor" GUIÓN Y CLAVE 20
ENSAYO: "Hazle frente al ciberacoso"
GUIÓN. 21
CONVERSACIONES: "El Concurso del Modelo de las Naciones Unidas" ESQUEMA Y GUIÓN 22

CAPÍTULO DOS: LA CIENCIA Y LA TECNOLOGÍA

El acceso a la tecnología 24
LECTURAS: "Maestranzas de noche"
CLAVE 24
ILUSTRACIÓN CON AUDIO: "Computadoras y teléfonos, herramientas del desarrollo"
GUIÓN Y CLAVE 24
AUDIOS: "Una computadora por niño"
GUIÓN Y CLAVE 25
ENSAYO: "Derecho a Poseer y Portar Amas NO es una Concesión del Estado"
GUIÓN. 26
CONVERSACIONES: "Estresada" ESQUEMA Y GUIÓN 26

Los efectos de la tecnología en el individuo y en la sociedad. . . 27

LECTURAS: "La innovación tecnológica, la solución para la crisis de España"
CLAVE 27
ILUSTRACIÓN CON AUDIO: "Cómo comprar en Internet" GUIÓN Y CLAVE 27
AUDIOS: "La ONU celebra el primer Día Mundial de la Radio"
GUIÓN Y CLAVE 28
ENSAYO: "BOOK, un producto revolucionario" GUIÓN 29
CONVERSACIONES: "Un nuevo celular"
ESQUEMA Y GUIÓN 29

El cuidado de la salud y la medicina 30
LECTURAS: "Carta al Dr. Lázaro Pérez"
CLAVE 30
LECTURAS CON AUDIO: "La obesidad en los niños" GUIÓN Y CLAVE 30
AUDIOS: "Romero Epazote: medicina tradicional mexicana"
GUIÓN Y CLAVE 31
ENSAYO: "Alimento chatarra en escuelas, Veracruz"
GUIÓN. 31
CONVERSACIONES: "Un problema"
ESQUEMA Y GUIÓN 32

Las innovaciones tecnológicas 33
LECTURAS: "El gadget que te avisa cuando te roban la cartera" CLAVE 33
LECTURAS CON AUDIO: "NAO el robot humanoide" GUIÓN Y CLAVE 33
AUDIOS: "La importancia de los prototipos en el proceso de innovación"
GUIÓN Y CLAVE 34
ENSAYO: "Cámaras de seguridad en los colegios" GUIÓN 34
CONVERSACIONES: "Adicta a la computadora" ESQUEMA Y GUIÓN 35

Los fenómenos naturales 36
LECTURAS: "La noche más corta; Cómo funciona un eclipse" CLAVE 36

v

ILUSTRACIÓN CON AUDIO: "La mariposa monarca, un fenómeno migratorio de la naturaleza" GUIÓN Y CLAVE 36

AUDIOS: "Semillas andinas, cinco mil años de sabiduría genética" GUIÓN Y CLAVE 37

ENSAYO: "Cuidemos nuestros árboles" GUIÓN. 38

CONVERSACIONES: "Agencia Comunitaria de Alertas" ESQUEMA Y GUIÓN 39

La ciencia y la ética 40

LECTURAS: "Ciencia y moral: la ciencia está cuestionada por sus implicaciones potencialmente peligrosas" CLAVE 40

LECTURAS CON AUDIO: "La eutanasia" GUIÓN Y CLAVE 40

AUDIOS: "Nuevas tecnologías de la educación" GUIÓN Y CLAVE 41

ENSAYO: "Desacuerdo por posible debate" GUIÓN. 41

CONVERSACIONES: "El ADN" ESQUEMA Y GUIÓN 42

CAPÍTULO TRES: LA VIDA CONTEMPORÁNEA

La educación y las carreras profesionales. 43

LECTURAS: "Carta de solicitud de constancia de trabajo" CLAVE 44

ILUSTRACIÓN CON AUDIO: "Educación primaria en Centroamérica" GUIÓN Y CLAVE 44

AUDIOS: "Los hologramas y las carreras profesionales" GUIÓN Y CLAVE 45

ENSAYO: "Comunicaciones en el siglo XXI: puerta de entrada al mundo profesional" GUIÓN. 46

CONVERSACIONES: "Jueza Judy" ESQUEMA Y GUIÓN 47

El entretenimiento y el ocio 48

LECTURAS: "Santuario histórico de Machu Picchu"; "El plano de Machu Picchu" CLAVE 48

LECTURAS CON AUDIO: "Cartagena de Indias" GUIÓN Y CLAVE 48

AUDIOS: "Frontón, potencial mundial que nace en la calle" GUIÓN Y CLAVE 48

ENSAYO: "Familia Ciber Café en Detroit" GUIÓN. 49

CONVERSACIONES: "Viaje a Cuba" ESQUEMA Y GUIÓN 50

Los estilos de vida 51

LECTURAS: "La casa en Mango Street" CLAVE 51

LECTURAS CON AUDIO: "Parque biosaludable" GUIÓN Y CLAVE 51

AUDIOS: "Tu basura mi música" GUIÓN Y CLAVE 52

ENSAYO: "Educación para el consumo responsable" GUIÓN. 52

CONVERSACIONES: "El uso de las redes sociales" ESQUEMA Y GUIÓN 53

Las relaciones personales 54

LECTURAS: "La familia contemporánea: la familia chilena en el tiempo" CLAVE 54

ILUSTRACIÓN CON AUDIO: "Relaciones humanas" GUIÓN Y CLAVE 54

AUDIOS: "Cómo ser más sociable en tres simples pasos" GUIÓN Y CLAVE 54

ENSAYO: "¿Cómo educar a un niño?" GUIÓN. 55

CONVERSACIONES: "Día sin tecnología" ESQUEMA Y GUIÓN 56

Las tradiciones y los valores sociales 57

LECTURAS: Tape porã CLAVE. 57

LECTURAS CON AUDIO: "Mañanita: Virgen de Guadalupe" GUIÓN Y CLAVE 57

AUDIOS: "Charla: educación y valores sociales" GUIÓN Y CLAVE 57

ENSAYO: "Tradiciones navideñas perdidas" GUIÓN. 58

CONVERSACIONES: "Ciberacoso" ESQUEMA Y GUIÓN 59

El trabajo voluntario 60

LECTURAS: "Ecuador—
Ofrecerse como voluntario" CLAVE. 60

ILUSTRACIÓN CON AUDIO:
"Trabajos voluntarios" GUIÓN Y CLAVE 60

AUDIOS: "¿Qué se siente al ser voluntario?"
GUIÓN Y CLAVE 61

ENSAYO: "Brigada de dentistas españoles en
Nicaragua" GUIÓN. 62

CONVERSACIONES: "Visita de medianoche"
ESQUEMA Y GUIÓN 64

CAPÍTULO CUATRO: LAS IDENTIDADES PERSONALES Y PÚBLICAS

La enajenación y la asimilación . . . 65

LECTURAS: "Los pájaros" CLAVE. 66

LECTURAS CON AUDIO: "Los indígenas
aislados" GUIÓN Y CLAVE 66

AUDIOS: "Inmigrantes en los pueblos:
integración total" GUIÓN Y CLAVE 66

ENSAYO: "Por la erradicación del Racismo
en España" GUIÓN. 67

CONVERSACIONES: "Cómo llevarse bien"
ESQUEMA Y GUIÓN 68

Los héroes y los personajes históricos 69

LECTURAS: "¿Sabes quién es Juan Diego?"
CLAVE 69

LECTURAS CON AUDIO: "José Martí,
símbolo de Cuba y de América"
GUIÓN Y CLAVE 69

AUDIOS: "Homenaje a Mercedes Sosa"
GUIÓN Y CLAVE 70

ENSAYO: "Entrevista sobre Héroes Cotidianos"
GUIÓN. 70

CONVERSACIONES: "El show de héroes"
ESQUEMA Y GUIÓN 72

La identidad nacional y la identidad étnica 73

LECTURAS: "La balada de los dos abuelos"
CLAVE 73

ILUSTRACIÓN CON AUDIO: "América Latina
y sus estereotipos" GUIÓN Y CLAVE 73

AUDIOS: "Afrolatinos: La revista Ébano de
Colombia" GUIÓN Y CLAVE 73

ENSAYO: "El 5 de mayo" GUIÓN 74

CONVERSACIONES: "El disfraz étnico"
ESQUEMA Y GUIÓN 75

Las creencias personales. 76

LECTURAS: "El manual de Carreño"
CLAVE 76

ILUSTRACIÓN CON AUDIO: "Amuletos para
atraer la suerte en Año Nuevo"
GUIÓN Y CLAVE 76

AUDIOS: "Receta para tener dinero todo
el mes" GUIÓN Y CLAVE 77

ENSAYO: "El fin justifica los medios"
GUIÓN. 77

CONVERSACIONES: "Una invitación"
ESQUEMA Y GUIÓN 78

Los intereses personales. 79

LECTURAS: "La jubilación y los trenes modelo"
CLAVE 79

LECTURAS CON AUDIO: "Me gusta leer"
GUIÓN Y CLAVE 79

AUDIOS: "Curso de observación de las aves"
GUIÓN Y CLAVE 80

ENSAYO: "Sueño: Vidajuego" GUIÓN 80

CONVERSACIONES: "Una conversación
por casualidad" ESQUEMA Y GUIÓN 81

La autoestima 82

LECTURAS: "El coaching ontológico"
CLAVE 82

ILUSTRACIÓN CON AUDIO:
"Sube tu autoestima estando de tu parte"
GUIÓN Y CLAVE 82

AUDIOS: "¿Caminas con seguridad?"
GUIÓN Y CLAVE 82

ENSAYO: "Para triunfar debes fracasar"
GUIÓN. 83

CONVERSACIONES: "La juventud, encuestas"
ESQUEMA Y GUIÓN 84

CAPÍTULO CINCO: LAS FAMILIAS Y LAS COMUNIDADES

Las tradiciones y los valores. 85

LECTURAS: "El nacimiento de las tortugas" CLAVE 86

ILUSTRACIÓN CON AUDIO: "La fiesta de las tortillas de hinojo" GUIÓN Y CLAVE 86

AUDIOS: "Planificaciones de reuniones familiares" GUIÓN Y CLAVE 86

ENSAYO: "Los jóvenes perpetúan las tradiciones en la Semana Santa de Icod" GUIÓN. 87

CONVERSACIONES: "Una fiesta de gala" ESQUEMA Y GUIÓN 88

Las comunidades educativas. 89

LECTURAS: "El invierno estudiantil sacude Chile" CLAVE 89

ILUSTRACIÓN CON AUDIO: "Educación diferenciada, una carta a la Administración de Educación" GUIÓN Y CLAVE 89

AUDIOS: "Consejo educativo amazónico multiétnico" GUIÓN Y CLAVE 90

ENSAYO: "La educación en casa a examen" GUIÓN. 90

CONVERSACIONES: "Una agencia que ayuda a estudiantes" ESQUEMA Y GUIÓN. 91

La estructura de la familia...92

LECTURAS: "Carta del Teniente Roberto Estévez a su padre" CLAVE. 92

LECTURAS CON AUDIO: "La emancipación de los jóvenes" GUIÓN Y CLAVE 92

AUDIOS: "Aumenta la diversidad de la estructura familiar cubana" GUIÓN Y CLAVE 92

ENSAYO: "Matrimonia a temprana edad" GUIÓN. 93

CONVERSACIONES: "Mis padres me regañan" ESQUEMA Y GUIÓN 95

La ciudadanía global 96

LECTURAS: "Los Médicos Sin Fronteras" CLAVE 96

LECTURAS CON AUDIO: "Fiesta familiar" GUIÓN Y CLAVE 96

AUDIOS: "Puerto Pinasco, el pueblo donde nació la amistad" GUIÓN Y CLAVE 97

ENSAYO: "Orquesta Sinfónica Simón Bolívar de gira por 5 ciudades estadounidenses con Gustavo Dudamel" GUIÓN 98

CONVERSACIONES: "Los lugares desconocidos" ESQUEMA Y GUIÓN 99

La geografía humana 100

LECTURAS: "Cuando era puertorriqueña" CLAVE 100

LECTURAS CON AUDIO: "Lingüicidio" GUIÓN Y CLAVE 100

AUDIOS: "El poblamiento de América" GUIÓN Y CLAVE 101

ENSAYO: "Cumbre de las Américas" GUIÓN. 101

CONVERSACIONES: "Una cena hondureña" ESQUEMA Y GUIÓN 103

Las redes sociales 104

LECTURAS: "Un hospital para la ignorancia; Estructura de la sociedad mapuche" CLAVE 104

ILUSTRACIÓN CON AUDIO: "¡Activagers, la nueva red social para mayores de 40 en español!" GUIÓN Y CLAVE 104

AUDIOS: "Las nuevas tecnologías y la familia" GUIÓN Y CLAVE 104

ENSAYO: "Las redes sociales y los jóvenes" GUIÓN. 105

CONVERSACIONES: "No se fía de ti" ESQUEMA Y GUIÓN 106

CAPÍTULO SEIS: LA BELLEZA Y LA ESTÉTICA

La arquitectura. 107

LECTURAS: "Adobe para mujeres: Proyecto 2011" CLAVE 108

LECTURAS CON AUDIO: "Una arquitecta para 1.000 millones de personas" GUIÓN Y CLAVE 108

AUDIOS: "Luz verde para que Apple se establezca en el edificio de Tío Pepe de Madrid" GUIÓN Y CLAVE 109
ENSAYO: "Puente de mayo, destino Bilbao" GUIÓN. 109
CONVERSACIONES: "Un viaje a Guatemala" ESQUEMA Y GUIÓN 110

Las definiciones de la belleza 111

LECTURAS: "Mientras por competir con tu cabello" CLAVE 111
LECTURAS CON AUDIO: "Cien por ciento wayúu" GUIÓN Y CLAVE. 111
AUDIOS: "Consejos para elegir zapatos" GUIÓN Y CLAVE 112
ENSAYO: "La evolución del ideal de belleza femenino a lo largo de la historia del arte" GUIÓN. 112
CONVERSACIONES: "Los ídolos" ESQUEMA Y GUIÓN 113

Las definiciones de la creatividad 114

LECTURAS: "Instrumentistas mapuches llegan a deslumbrar escena santiaguina"; "Instrumentos de los mapuches" CLAVE 114
ILUSTRACIÓN CON AUDIO: "La Alhambra de Granada, España" GUIÓN Y CLAVE 114
AUDIOS: "El arte de mi padre refleja su alegría de vivir" GUIÓN Y CLAVE 115
ENSAYO: "Reportaje artesanías del Ecuador" GUIÓN. 115
CONVERSACIONES: "Las vitrinas" ESQUEMA Y GUIÓN 117

La moda y el diseño 118

LECTURAS: "Una carta de solicitud" CLAVE 118
LECTURAS CON AUDIO: "Paco Rabanne, el modista vasco" GUIÓN Y CLAVE. 118
AUDIOS: "Las vitrinas venezolanas al día" GUIÓN Y CLAVE 118

ENSAYO: "Crónica: el alto precio de la moda" GUIÓN. 119
CONVERSACIONES: "La quinceañera" ESQUEMA Y GUIÓN 120

El lenguaje y la literatura 121

LECTURAS: "Hay un país en el mundo" CLAVE 121
ILUSTRACIÓN CON AUDIO: "Jorge Volpi: leer la mente" GUIÓN Y CLAVE 121
AUDIOS: "Guía para analizar poemas" GUIÓN Y CLAVE 121
ENSAYO: "El silbo de La Gomera" GUIÓN. 122
CONVERSACIONES: "Una conversación con Borges" ESQUEMA Y GUIÓN. 123

Las artes visuales y escénicas 124

LECTURAS: "El Museo del Prado"; "Plano de Madrid" CLAVE 124
ILUSTRACIÓN CON AUDIO: "Agenda cultural" GUIÓN Y CLAVE 124
AUDIOS: "Jorge Luis Borges, el de las milongas y Julio Cortázar, el del jazz" GUIÓN Y CLAVE 124
ENSAYO: "¿Qué le da valor al arte?" GUIÓN. 125
CONVERSACIONES: "Trabajo local voluntario" ESQUEMA Y GUIÓN 126

ÍNDICE GENERAL PARA EL MANUAL PARA ESTUDIANTES 127
CRÉDITOS. 135

Dear Colleagues:

The latest format of the Advanced Placement® Spanish Course and Exam challenges us teachers to develop opportunities for our students to grow intellectually and linguistically. We have developed *Triángulo Aprobado* as an advanced program for World Languages and Cultures to meet this challenge. *Triángulo Aprobado* is more than a text preparation drill book; it is a comprehensive, flexible and integrated program directed at bettering our students' awareness of the Spanish language and the cultures where it defines daily life.

The tasks on the exam reflect just about every human manner of communication imaginable. The fact that the College Board initiated the reconstruction of the World Languages and Cultures exams with a series of claims about language learning objectives and then developed a series of tasks designed to show how well a student has met those goals is a clear indicator of just how important focus on human interconnectedness has become to effective language teaching. The College Board's global themes speak to all of human experience past, present and future. Thus, the content possibilities are endless, ever changing and forever relevant. The suggested sub-themes are but the beginning of how the global themes can be developed. *Triángulo Aprobado* suggests points of contact among them so that you can develop ever deepening and expanding activities in your classrooms.

Triángulo Aprobado gives you practice with each of the exam's communication tasks as you explore each subtheme in a wide variety of genres such as letters, posters, paintings, oral interviews and the like. There is an abundance of texts and audios which can be combined to provide projects, units, activities, and, yes, even drill work. However, we hope you will not use *Triángulo Aprobado* as a drill book but rather as a resource for advanced intellectual growth.

SOME THOUGHTS FOR OUR COLLEAGUES
THE GLOBAL THEMES AND SUBTHEMES

Triángulo Aprobado has always had a thematic structure and we are pleased to see the College Board follow our lead. The importance of using themes to reinforce the infrastructure of language curriculum cannot be overstated. Although our chapters and units are in the order of the global and subthemes as published by the College Board, they can be used in any order. In fact, you may want to connect a subtheme from one global theme with a subtheme from another global theme. They interconnect, which offers endless variations of texts and audios. We have chosen a country to highlight on the opening page of each chapter. You will find a flag stuck in the country's map in the headline banner. In addition, there is an image and statement about the country in the lower right corner. Use them as a point of departure for exploring the current affairs of that country.

The image below shows that the Global Themes intersect just as the cultures of the six countries relate as well. This book is filled with images chosen to provoke thought, investigation and conversation.

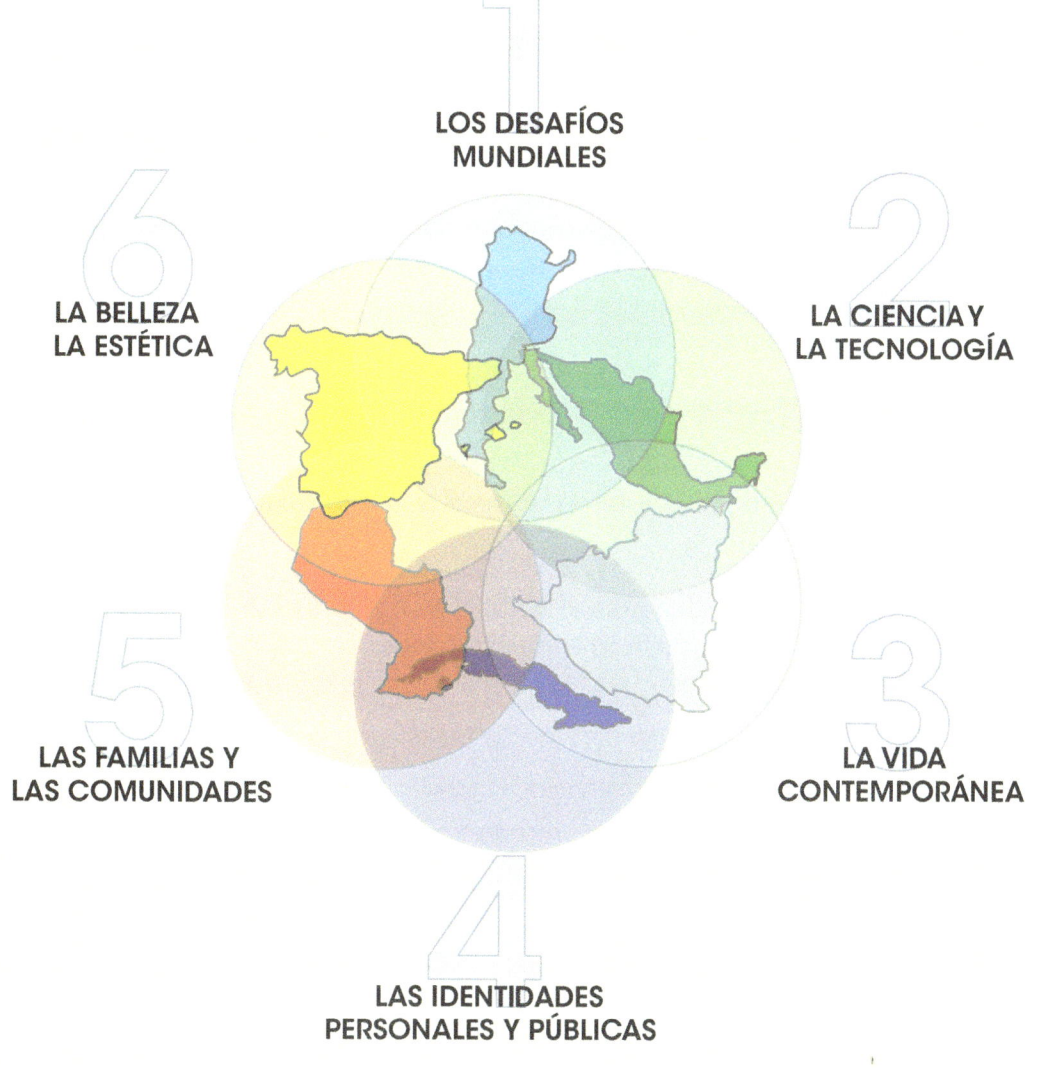

1 LOS DESAFÍOS MUNDIALES
2 LA CIENCIA Y LA TECNOLOGÍA
3 LA VIDA CONTEMPORÁNEA
4 LAS IDENTIDADES PERSONALES Y PÚBLICAS
5 LAS FAMILIAS Y LAS COMUNIDADES
6 LA BELLEZA LA ESTÉTICA

Some thoughts:

▲ Start the year with subthemes and material that are accessible to your students. Some of the texts are complex; so start with the ones you know they will enjoy and which will be at their level of intellectual and linguistic development.
▲ Don't expect of your students in September what you want them to do in May; but expect them to do and to do a lot.
▲ Use *Triángulo Aprobado's* texts, images and audios as points of departure for discussion, writing and projects. This *Triángulo* has so many authentic resources that they should not be wasted on mere drill.

THE TASKS

The new format provides practice in the three modes of communication—interpretive which includes reading, listening and observing, interpersonal, which includes writing messages, virtual and otherwise, and conversing with others and presentational, which underscores the importance of writing essays and giving oral presentations.

The multiple-choice section of the exam offers **READING COMPREHENSION** questions based on information in an article, letter, poster, chart or table, web page or literature including poetry, short story and excerpts from longer tracts. These questions can be factual or inferential.

Some thoughts:

▲ Use these readings as stimuli for general discussions.
▲ Ask students what they remember, what they agree with or don't, rather than pillorying them with detailed questions about the reading. In other words, keep it general at first and then ask them to reread and fill in what they missed.
▲ Use the task questions without the four response choices and then when the students are ready add the four choices.

The multiple-choice half of the exam offers **AUDIO SELECTIONS** either alone or in conjunction with readings or graphics. The Introducción always gives valuable clues to meaning and so students should orient themselves by reading the Introducción for place and theme before listening.

Some thoughts:

▲ This format allows students to read the questions ahead of time; therefore, they should learn to guess what the general direction of the questions is and listen (and read) for it.
▲ Because students will hear each audio twice (except on the Interpersonal Speaking), they should try to answer as many of the informational type questions during the one minute before the second hearing as possible. Remember that the exam allots 15 seconds to answer each question. Leave the inferential questions for last when the students have a more complete overview of the audio.
▲ In the beginning of the year, assign responsibility for certain questions to pairs and groups so that they learn how to focus on specific things. Being able to home in on needed information becomes particularly important when students are listening for information that is relevant to a theme or topic, a skill required particularly in the Free Response portion of the exam.

There are a number of **CHARTS, TABLES AND IMAGES** included in the Fuentes. Deciphering these is just another interpretive skill that has to be practiced.

Some thoughts:

▲ Find various types of charts in Spanish—pie and bar—on the internet and practice reading and interpreting them.
▲ Ask students to make questions for each other based on the information in the chart. This is a way of focusing on how a chart is organized.
▲ Ask students to describe an image to one another without one of them seeing it. Then the partner has to draw what she hears or he can ask questions to further his understanding. There is a lot of thinking and Spanish that can be accomplished.

We have always thought that **THE FREE RESPONSE SECTION** of the exam is the key to student performance and we still do. The free response section has four tasks—interpersonal writing and speaking and presentational writing and speaking. Together these tasks cover all the major ways in which we use language. Because the emphasis is on strong ability to communicate with poise, anytime you can elicit informal conversation in class, do so.

THE INTERPERSONAL WRITING TASK is based on an email which the student has to imagine having received. Students these days write a lot of emails and tweets and so this should be a natural exercise for them. Remember that the response must be in the Ud. or Uds. forms, not the tú or vosotros form. Although there is a 60-word minimum, no one can highlight their thinking and language skills in so few words.

Some thoughts:

▲ Have students indicate the questions and requests in the email and then respond to all of them. Since the students have only ten minutes to organize and write they will need to write quickly and completely. Insist they be thorough and well organized in their responses.
▲ Have students practice different greetings and closings at different levels of formality.
▲ Students can write an email to one another and receive an email or a voice message in response.

XIII

THE INTERPERSONAL SPEAKING TASK requires students to be self-possessed so they can think quickly because the outline of the conversation doesn´t give much opportunity to anticipate what to say. There is always a salutation and a farewell so various formal and informal ones should be practiced. See the glossary in the student edition for some help. Students must fill the twenty seconds with their answer and they should be as thorough and complete as possible. If they can´t think of what to say from experience, they should invent.

Some thoughts:

▲ At first, practice without the pressure of the twenty seconds and the recorded voice. One strategy is to have one student with the script (the recorded voice) and the other with the outline of the conversation (the student). They can switch roles. Use the results of this activity to discuss vocabulary and responses.

▲ Eventually practice with the machinery the students will use in May. Do not let them pause or stop the recording at any time except between the Interpersonal Speaking task and the Presentational Speaking task.

▲ Since the introduction to each simulated conversation presents a situation, students can use the setup to do a role play. To give the role play a focus, the teacher could suggest different attitudes for one of the speakers such as sweet and positive, in a hurry, grumpy, very polite, etc.

THE PRESENTATIONAL WRITING TASK, a persuasive essay, is the central academic task of the exam. The three sources will most likely present different aspects of or perspectives on the topic rather than opposing opinions. The instructions in English say "viewpoints" which can be interpreted differently than the Spanish "puntos de vista". The Fuente número 2 is a source which gives additional information on the topic. Because the objective is to persuade, the students must develop an opinion and support it by citing ideas from the three Fuentes. If a Fuente does not support their opinion, it should be refuted. However, the main intellectual challenge for the students is to develop an essay that discusses the topic rather than one that lists various underdeveloped points. Avoiding this pitfall can be difficult for many high school students unless they have frequent practice. Obviously classes of more than 15 students or classes with young and intellectually immature students present an enormous challenge for the teacher in developing this skill. Nevertheless, improving the students' capacity to write the presentational essay is one of the best ways to produce careful, thoughtful and well-articulated thinking.

Some thoughts:

▲ Start small and build; work on this task paragraph by paragraph. The thesis paragraph, a paragraph developing one idea and the conclusion paragraph can be worked on separately.

▲ Have students submit an outline which includes the thesis statement, the main points and the conclusion along with the completed essay. Have another student read the same essay and prepare an outline of what he has read. Thus, these two students can compare their outlines. If they match pretty well, then the organization is clear. If it does not match, then the communication is probably poorly articulated.

▲ To demonstrate what good organization and development of ideas are, use some of the lecturas and have students prepare an outline of the order the author uses in presenting the ideas. A fruitful discussion would be whether and why the lectura is a list or a discussion.

THE PRESENTATIONAL SPEAKING TASK can be a useful tool in summing up a classroom project, an activity or a series of activities and so too its objective as a cultural comparison is a kind of summing up to the exam. Students must pay as much attention to the cultural point as seen through a Spanish speaking lens as they do to the more familiar and known points of their own culture. This oral presentation should be more about effect and impact in a community than a retelling of what the point of the comparison is. In the classroom training, the teacher should insist that this be a two-minute oral essay with a thesis, a defense and discussion and a conclusion. If you expect this level of thinking as they practice, the students will produce well-rounded, robust presentations at exam time. Granted this is a tall order but it can be done and done effectively.

Some thoughts:

▲ Start without the pressure of the two minutes and allow students more time to prepare and more time to present. Over time decrease the amount of time to speak and to prepare.
▲ Those classmates who are the audience should learn to be active listeners. They should be given guidance in what to listen for and should be held responsible for understanding the speech (interpretive mode) and then giving feedback (interpersonal speaking or writing). No student should listen passively. There is too little class time to practice and every moment should be taken advantage of.
▲ After a presentation, the class should discuss cultural points that could have been used as the main points of the comparison.

THE QUESTION OF CULTURE

This is now the World Languages and Cultures Course and Exam and so all aspects of the exam present a wide range of culturally authentic materials. In *Triángulo Aprobado* we have chosen authentic materials that illuminate the global themes as they affect life in Spanish speaking communities. We include additional cultural information and practice as suggested by the global themes and sub-themes. There are simply too many things that one could know but then this program is not about learning factoids. It's about being curious about how people in other places go about making their lives meaningful. *Triángulo Aprobado's* Cápsulas Culturales and Preguntas Culturales can be used by students and teachers to explore places, events, people, products, practices and perspectives.

CÁPSULA CULTURAL These short compositions present a wide range of interesting cultural matters as suggested by something in the article and/or audio of the multiple choice section of *Triángulo Aprobado*. At the conclusion of each Cápsula, there is a topic called Comparaciones that can be used for further comparison of the home culture with Spanish speaking cultures.

PREGUNTAS CULTURALES On the vocabulary page at the end of each subtheme, you will find questions pertaining to a product found in the Spanish speaking world. The questions are designed to elicit thought about what the products is, how it is used and why it is used. The questions are not necessarily designed as essential questions but, nevertheless, they are designed to lead to investigation and thought. Taken together the three questions can be used as a foundation for a project or activity. Each subsequent question of the three asks for a higher level of critical thinking.

VOCABULARY

We have singled out vocabulary from the multiple choice readings and audios. They are bolded in their context to show how they are used. The Spanish definition of each vocabulary word can be found at the end of each subtheme on a special page designed to look like a classified section of a newspaper. There are approximately 30 words and expressions per chapter and there are repeats. If a word is important in several texts it should be worked on by the students in several different contexts. Also, given the fact that a teacher might start with a chapter other than Chapter 1, it makes sense to include it in the list of those words that are, indeed, *Esencial*, *Importante* or *Util*. The *Útil* group includes idioms and transitional words. Teaching vocabulary to be used actively is a hit and miss proposition. People learning a language generally restrict themselves to the words they are sure of and they recall only the most familiar. Nevertheless, spend as much time as possible reminding students of the importance of developing a broad vocabulary. Use any excuse to use new vocabulary and to have students circumlocute or otherwise cope with words they don't know.

Triángulo Aprobado has a triple glossary—Spanish/Spanish, Spanish/English and English/Spanish—of the words we have singled out along with the chapter and subtheme number where they can be found in context.

Some thoughts:

▲ Give students the opportunity to recall words through brainstorming exercises. Brainstorm vocabulary appropriate to a theme (immigration), a situation (in trouble with your parents), a place (in a rainforest), at a particular event (an election in Mexico), a time (1492), an article or audio you have studied or are about to study, etc. This is always a good advance organizer and segues into a reading or audio.

▲ If you ask students to repeat a presentation or writing, give them the challenge of including different vocabulary. They might change the focus from here and now to another country in a different era, for example.

▲ Multiple-choice questions and answers are repositories of advanced vocabulary. From time to time use the incorrect answers to discuss nuance and appropriateness of vocabulary.

TRIÁNGULO APROBADO EXPLORER

The materials in *Triángulo Aprobado: Manual para Estudiantes* are supplemented by the activities developed in Explorer. Every attempt has been made to attract students to their use. These activities can be assigned as homework or they can be used in class. We recommend they be used as preparation for class as supplemental material and that the materials from the *Manual para Estudiantes* be used in class. These are extra texts and audios representing the various tasks and they are accessible to the students.

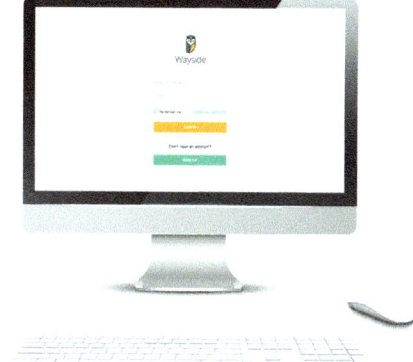

In addition, Explorer holds many videos whose audio track we have used in our audio program. You will have access to the uncut version of the videos. Instead of presenting the task as an audio, you may wish to have your students see the video. These videos can only be accessed through Explorer; they are not on the DVD for *Triángulo Aprobado*.

The teacher will be able to find the following resources in Explorer:
- ▲ All raw and edited audio/video materials
- ▲ Essential images found in the *Manual para Estudiantes*
- ▲ Scripts
- ▲ Sample mid-year and final exams
- ▲ Grade book and roster
- ▲ File repository called *Mis archivos privados*
- ▲ Rubrics for World Languages and Cultures pertaining to the interpersonal and presentational speaking and writing tasks

The student will be able to find the following resources in Explorer:

1. **Preview**: Understand vocabulary and prepare for the content
   - ▲ Preview vocabulary with a set of flash cards.
   - ▲ Study and learn vocabulary from the *Manual para Estudiantes*.
   - ▲ Test vocabulary retention with a matching quiz.
   - ▲ Organize thinking through a forum or an open-ended questionnaire.

2. **Main Activity**: Read or listen to solidify content and vocabulary understanding

3. **Post Activities**: Reinforce understanding and promote further study
   - ▲ *Cápsula Cultural* is a forum with external links that provide scaffolding and help in order to start discussion.
   - ▲ Post-tasks target content through a discussion forum or an open-ended questionnaire.
   - ▲ *Preguntas culturales* focus on products, practices, and perspectives through a discussion forum. Scaffolding is provided through external links chosen to help start the discussion.

4. **Additional Activity**: Students can expand interpersonal writing and speaking and presentational writing and speaking tasks with the aid of external links.

RESCURSOS PARA LOS PROFESORES: The *Triángulo Aprobado* Explorer provides access to audios, videos and images featured in the *Manual para Estudiantes* and supplementary thematic materials. In addition, AP® rubrics and audio scripts and answer keys are available for unrestricted download by the teacher. The audio/video/visual materials are for projecting in the classroom; but, because they are copyright protected, they may not be downloaded without permission of Wayside Publishing.

EXAM INSTRUCTIONS

Instead of printing and recording the instructions for each task in *Triángulo Aprobado, Manual para Estudiantes*, we print them once here. You will be able to access the recorded instructions for the audio portions on the DVD.

Lecturas

Instrucciones

| You will read one or more selections. Each selection is accompanied by a number of questions. For each question, choose the response that is best according to the selection and mark your answer on your answer sheet. | Vas a leer uno o varios textos. Cada texto va acompañado de varias preguntas. Para cada pregunta, elige la mejor respuesta según el texto e indícala en la hoja de respuestas. |

Lecturas con audio or Ilustraciones con audio

Instrucciones

| You will listen to one or more audio selections. Some audio selections may be accompanied by reading selections. When there is a reading selection, you will have a designated amount of time to read it. For each audio selection, first you will have a designated amount of time to read a preview of the selection as well as to skim the questions that you will be asked. Each selection will be played twice. As you listen to each selection, you may take notes. Your notes will not be scored. After listening to each selection the first time, you will have 1 minute to begin answering the questions; after listening to each selection the second time, you will have 15 seconds per question to finish answering the questions. For each question, choose the response that is best according to the audio and/or reading selection and mark your answer on your answer sheet. | Vas a escuchar una o varias grabaciones. Algunas grabaciones van acompañadas de lecturas. Cuando haya una lectura, vas a tener un tiempo determinado para leerla. Para cada grabación, primero vas a tener un tiempo determinado para leer la introducción y prever las preguntas. Vas a escuchar cada grabación dos veces. Mientras escuchas, puedes tomar apuntes. Tus apuntes no van a ser calificados. Después de escuchar cada selección por primera vez, vas a tener 1 minuto para empezar a contestar las preguntas; después de escuchar por segunda vez, vas a tener 15 segundos por pregunta para terminarlas. Para cada pregunta, elige la mejor respuesta según la grabación o el texto e indícala en la hoja de respuestas. |

(NARRADORA) Bienvenidos al Capítulo #, GLOBAL THEME Subtheme, Lecturas con Audio. Primero tienes 4 minutos para leer la fuente número 1. **(4 minutos)**

Or

(NARRADORA) Bienvenidos al Capítulo #, GLOBAL THEME Subtheme, Ilustraciones con Audio. Primero tienes 1 minutos para leer la fuente número 1. (1 minutos)

(NARRADORA) Deja de leer. Ahora pasa a la fuente número 2. Tienes 2 minutos para leer la introducción y prever las preguntas. **(2 minutos)**

(NARRADORA) Ahora escucha la fuente número 2. **(Duración de la grabación)**

(NARRADORA) Ahora tienes un minuto para empezar a responder a las preguntas para esta sección. Después de un minuto vas a escuchar la grabación de nuevo. **(1 minuto)**

(NARRADORA) Ahora escucha de nuevo. **(Duración de la grabación)**

(NARRADORA) Ahora termina de responder a las preguntas para esta selección. **(15 segundos por pregunta)**

(NARRADORA) Fin de la grabación para el Capítulo #, GLOBAL THEME, Subtheme, Lecturas con Audio.

Audios

(NARRADORA) Bienvenidos al Capítulo #, GLOBAL THEME, Subtheme, Audios.

Instrucciones

| You will listen to one or more audio selections. Some audio selections may be accompanied by reading selections. When there is a reading selection, you will have a designated amount of time to read it. For each audio selection, first you will have a designated amount of time to read a preview of the selection as well as to skim the questions that you will be asked. Each selection will be played twice. As you listen to each selection, you may take notes. Your notes will not be scored. After listening to each selection the first time, you will have 1 minute to begin answering the questions; after listening to each selection the second time, you will have 15 seconds per question to finish answering the questions. For each question, choose the response that is best according to the audio and/or reading selection and mark your answer on your answer sheet. | Vas a escuchar una o varias grabaciones. Algunas grabaciones van acompañadas de lecturas. Cuando haya una lectura, vas a tener un tiempo determinado para leerla. Para cada grabación, primero vas a tener un tiempo determinado para leer la introducción y prever las preguntas. Vas a escuchar cada grabación dos veces. Mientras escuchas, puedes tomar apuntes. Tus apuntes no van a ser calificados. Después de escuchar cada selección por primera vez, vas a tener 1 minuto para empezar a contestar las preguntas; después de escuchar por segunda vez, vas a tener 15 segundos por pregunta para terminarlas. Para cada pregunta, elige la mejor respuesta según la grabación o el texto e indícala en la hoja de respuestas. |

(NARRADORA) Primero tienes 1 minuto para leer la introducción y prever las preguntas.
(1 minuto)

(NARRADORA) Ahora escucha la selección. **(Duración de la grabación)**

(NARRADORA) Ahora tienes un minuto para empezar a responder a las preguntas para esta selección. Después de un minuto vas a escuchar la grabación de nuevo. **(1 minuto)**

(NARRADORA) Ahora escucha de nuevo. **(Duración de la grabación)**

(NARRADORA) Ahora termina de responder a las preguntas para esta selección.
(15 segundos por pregunta)

(NARRADORA) Fin de la grabación para el Capítulo #, GLOBAL THEME, Subtheme, Audios.

Correos Electrónicos

Instrucciones

| You will write a reply to an e-mail message. You have 15 minutes to read the message and write your reply. Your reply should include a greeting and a closing and should respond to all the questions and requests in the message. In your reply, you should also ask for more details about something mentioned in the message. Also, you should use a formal form of address. | Vas a escribir una respuesta a un mensaje electrónico. Vas a tener 15 minutos para leer el mensaje y escribir tu respuesta. Tu respuesta debe incluir un saludo y una despedida, y debe responder a todas las preguntas y peticiones del mensaje. En tu respuesta, debes pedir más información sobre algo mencionado en el mensaje. También debes responder de una manera formal. |

Ensayo

(NARRADORA) Bienvenidos al Capítulo #, GLOBAL THEME Subtheme, Ensayo. Tienes un minuto para leer las instrucciones de este ejercicio. **(1 minuto)**

Instrucciones

You will write a persuasive essay to submit to a Spanish writing contest. The essay topic is based on three accompanying sources, which present different viewpoints on the topic and include both print and audio material. First, you will have 6 minutes to read the essay topic and the printed material. Afterward, you will hear the audio material twice; you should take notes while you listen. Then, you will have 40 minutes to prepare and write your essay. In your persuasive essay, you should present the sources' different viewpoints on the topic and also clearly indicate your own viewpoint and defend it thoroughly. Use information from all of the sources to support your essay. As you refer to the sources, identify them appropriately. Also, organize your essay into clear paragraphs.	Vas a escribir un ensayo persuasivo para un concurso de redacción en español. El tema del ensayo se basa en las tres fuentes adjuntas, que presentan diferentes puntos de vista sobre el tema e incluyen material escrito y grabado. Primero, vas a tener 6 minutos para leer el tema del ensayo y los textos. Después, vas a escuchar la grabación dos veces; debes tomar apuntes mientras escuchas. Luego vas a tener 40 minutos para preparar y escribir tu ensayo. En un ensayo persuasivo, debes presentar los diferentes puntos de vista de las fuentes sobre el tema, expresar tu propio punto de vista y apoyarlo. Usa información de todas las fuentes para apoyar tu punto de vista. Al referirte a las fuentes, identifícalas apropiadamente. Organiza también el ensayo en distintos párrafos bien desarrollados.

(NARRADORA) Ahora vas a empezar este ejercicio. Tienes 6 minutos para leer el tema del ensayo, la fuente número 1 y la fuente número 2. **(6 minutos)**

(NARRADOR) Deja de leer. Pasa a la fuente número 3. Tienes 30 segundos para leer la introducción. **(30 segundos)**

(NARRADOR) Ahora escucha la fuente número 3. **(Duración de la grabación)**

(NARRADOR) Ahora escucha de nuevo. **(Duración de la grabación)**

(NARRADOR) Ahora tienes 40 minutos para preparar y escribir un ensayo persuasivo. **(40 minutos)**

(NARRADOR) Fin de la grabación para el Capítulo #, GLOBAL THEME, Subtheme, Ensayo.

Conversaciones

(NARRADOR) Bienvenidos al Capítulo I, LOS DESAFÍOS MUNDIALES, El bienestar social, Conversaciones. Tienes 1 minuto para leer las instrucciones para este ejercicio. **(1 minuto)**

Instrucciones

You will participate in a conversation. First, you will have 1 minute to read a preview of the conversation, including an outline of each turn in the conversation. Afterward, the conversation will begin, following the outline. Each time it is your turn to speak, you will have 20 seconds to record your response. You should participate in the conversation as fully and appropriately as possible.	Vas a participar en una conversación. Primero, vas a tener 1 minuto para leer la introducción y el esquema de la conversación. Después, comenzará la conversación, siguiendo el esquema. Cada vez que te corresponda participar en la conversación, vas a tener 20 segundos para grabar tu respuesta. Debes participar de la manera más completa y apropiada posible.

(NARRADOR) Ahora vas a empezar este ejercicio. Tienes 1 minuto para leer la introducción. **(1 minuto)**

(NARRADOR) En este momento va a comenzar la conversación. Ahora presiona el botón "Record".

(TONE) (VOICE) TONE **(20 segundos)** TONE

(VOICE) TONE **(20 segundos)** TONE

(VOICE) TONE **(20 segundos)** TONE

(VOICE) TONE **(20 segundos)** TONE

(VOICE) TONE **(20 segundos)** TONE

(NARRADOR) Fin de la grabación para el Capítulo #, GLOBAL THEME Subtheme, Conversaciones.

Discursos

(NARRADORA) Bienvenidos al Capítulo IV, LAS IDENTIDADES PERSONALES Y PÚBLICAS, Los héroes y los personajes históricos, Discursos. Tienes un minuto para leer las instrucciones para este ejercicio. **(1 minuto)**

Instrucciones

You will make an oral presentation on a specific topic to your class. You will have 4 minutes to read the presentation topic and prepare your presentation. Then you will have 2 minutes to record your presentation. In your presentation, compare your own community to an area of the Spanish-speaking world with which you are familiar. You should demonstrate your understanding of cultural features of the Spanish-speaking world. You should also organize your presentation clearly.	Vas a dar una presentación oral a tu clase sobre un tema cultural. Vas a tener 4 minutos para leer el tema de la presentación y prepararla. Después vas a tener 2 minutos para grabar tu presentación. En tu presentación, compara tu propia comunidad con una región del mundo hispanohablante que te sea familiar. Debes demostrar tu comprensión de aspectos culturales en el mundo hispanohablante y organizar tu presentación de una manera clara.

(NARRADORA) Ahora vas a empezar este ejercicio. Tendrás cuatro minutos para leer el tema de la presentación y prepararla. **(4 minutos)**

(NARRADORA) Tienes dos minutos para grabar tu presentación. Presiona el botón "Record" o suelta el botón "Pause" ahora. Empieza a hablar después del tono. TONE **(2 minutos)** TONE

(NARRADORA) Fin de la grabación para el Capítulo #, GLOBAL THEME, Subtheme, Discursos.

LOS AUTORES

Barbara Gatski teaches Spanish at the Millbrook School in Millbrook, New York, where she is the Department Head of World Languages. She has taught AP® Language for over twenty years. Barbara received a Fulbright Grant and lived and taught in Argentina in 2004-2005. She received her Masters Degree in Spanish Language and Literature from Middlebury College. A Table Leader for ETS, Barbara has served on the early leadership team which is responsible for selecting the samples for the reading and ensuring the consistent application of rubrics. She has edited for McDougal-Littell and continues to volunteer for the Fulbright Program.

John McMullan is a teacher and textbook writer. He has taught AP® Spanish Language and Literature and is currently teaching at the Millbrook School. John is a consultant for College Board and participates as a leader in the correction of the spoken portion of the Advanced Placement® Spanish Language Exam. He received his BA in Spanish from Hamilton College and his Masters Degree from Middlebury College. He co-authors *Triángulo* with his wife Barbara Gatski. In his spare time he enjoys fishing and gardening and an occasional asado.

| LECTURAS | LECTURAS CON AUDIOS | AUDIOS | CORREOS ELECTRÓNICOS | ENSAYOS | CONVERSACIONES | DISCURSOS |

DESAFÍOS MUNDIALES

| temas económicos | medio ambiente | filosofía y religión | población y demografía | bienestar social | conciencia social |

RAÚL CASTRO: "CINTURÓN MÁS APRETADO Y CERO REFORMAS PARA EL AÑO VENIDERO"

CUBA: LA ECONOMÍA SE HUNDE

SÚMATE A LA CAMPAÑA MUNDIAL

ALZA LA VOZ CONTRA LA POBREZA

JAVIER SICILIA, POETA: "ESTAMOS HASTA LA MADRE"

CARTA ABIERTA LUEGO DEL ASESINATO DE SU HIJO

EL SIGLO XX SE HA CARACTERIZADO POR GRANDES CAMBIOS EN…

AGRICULTURA ORGÁNICA Y MEDIO AMBIENTE

SU MENOR CIFRA EN MÁS DE CUATRO DÉCADAS

MIGUEL DE UNAMUNO: "CREO CREER…"

MI RELIGIÓN

Menos mexicanos indocumentados van por "sueño americano"

ÍNDICE ARGENTINO

CÁPSULAS CULTURALES

CLASIFICADOS CON VOCABULARIO Y PREGUNTAS CULTURALES

"¿Las Malvinas son argentinas?"

1

Los temas económicos

Lecturas

MANUAL PARA ESTUDIANTES página 2

"Cuba: la economía se hunde, las remesas crecen"

CLAVE

1. **C** (Línea 6. "…yo diría "lamento…y otras críticas."")
2. **D** (Deducción)
3. **B** (Línea 8. "…las cifras económicas…endereza su rumbo…")
4. **B** (Línea 10. "La culpa como…el imperialismo norteamericano.")
5. **A** (Línea 30. "…un verdadero bálsamo salvador.")
6. **B** (Línea 43. "El reciente anuncio…el tiempo deseado…")
7. **D** (Línea 49. "…como tope por transacción…")
8. **A** (Se refiere al punto que coincide con la línea que indica el porcentaje de crecimiento de vuelos y los años 2009 y 2010.)
9. **A** (El crecimiento más grande de vuelos y el número más grande de envíos coinciden en el año 2009.)
10. **B** (Deducción)
11. **A** (En el artículo se habla de los últimos 10 años (línea 31) y la tabla de desde el año 2005 y el gráfico desde el año 2006. El artículo no habla de "una bienvenida", ni de "un boom", ni de una economía mejor en el futuro.)

Lecturas con audio

MANUAL PARA ESTUDIANTES página 5

 FUENTE NÚMERO 2

"Carlos Slim encabeza la lista de los más ricos"

(ARRARÁS) Por primera vez en la historia un mexicano ha sido oficialmente declarado como el hombre más rico del mundo. Se trata del magnate Carlos Slim cuya fortuna según la revista FORBES se calcula en 53.500 millones de dólares. Hace dos años yo entrevisté a Carlos Slim en su mansión del D.F. Estuve allí. Él nos dio acceso total a las cámaras de al Rojo Vivo para ver su casa eh a la cual nunca le había abierto las puertas a otro periodista y también hablamos sobre muchos temas incluyendo cómo **logró** su imperio y secretos de su vida. Veamos.

(ARRARÁS) Cuando uno tiene tanto dinero, la gente espera a veces demasiado de uno, o usted no le presta atención a lo que la gente piensa.

(SLIM) Ah, mira. Yo creo que podría ser malo, cuando te, cuando te falta y muy malo si te cuando te sobra, si eso va a echar a perder tu vida, la de tus hijos y abandonas el trabajo. Si tus hijos, no, no se educan por eso, si no se forman, si no trabajan. El trabajo es una responsabilidad social pero también es una necesidad emocional.

(ARRARÁS) Porque hay veces que el dinero, en vez de traer la felicidad lo que trae es la infelicidad. En muchos casos la gente se abruma porque tiene tanto, que, que solamente vive, para, para velar el dinero. ¿Eso a usted no le ha sucedido?

(SLIM) No, no. Es distinto dinero que negocios. Es distinto una empresa que dinero en el banco. Dinero en el banco, pues, este, eso quién sabe lo que va a hacer uno y está a lo mejor, afligido de que si invierte acá o lo mete allá o lo mete en otro lado, pero la empresa pues lo que hace es este invertir, buscar que se opere con eficacia, que siga desarrollándose, que compita. Estamos en un mundo muy competitivo en donde todo el mundo compite con todo el mundo.

(ARRARÁS) ¿Usted se siente que está haciendo todo lo suficiente para tener una contribución contundente aquí en México ahora?

(SLIM) No. Todavía falta mucho por hacer.

(ARRARÁS) ¿En qué área?

(SLIM) En salud, educación y empleo, que es como, como, se combate la pobreza.

Buscamos mi esposa y yo tener lugares dónde nos encontráramos, una casa grande donde uno está por un lado y otro el por otro, así no se integra la familia. De hecho mis tres hijas dormían en la misma habitación y mis tres hijos durante muchos años desde niños durmieron en la misma habitación.

Era una mujer sabia. Yo creo que hay gente que puede ser muy brillante. Puede ser gente, muy, que ha leído mucho, académica y la **sabiduría** no es necesariamente haber estudiado mucho. **La sabiduría** creo yo es, las personas cuando saben qué hacer y qué no hacer, qué está bien y qué está mal, qué sí y qué no. Mi mamá tenía una **sabiduría** en ese sentido formidable.

(ARRARÁS) Slim ha donado más de 10.000 millones de dólares, una séptima parte de su fortuna a entidades benéficas en México y a obras para combatir la pobreza en América Latina.

CLAVE

1. **B** (Línea 3. "…por el papel…en su futuro.")
2. **A** (Línea 12. "…usted piensa algo…bueno para México.")
3. **C** (Línea 39. "…a lo largo…buscan precisamente eso.")
4. **D** (Línea 46. "…hay una brecha…y cómo actúa…")
5. **A** (Línea 6. "El nos dio…a otro periodista…")
6. **B** (Línea 14. "Yo creo que podría…abandonas tu trabajo.")
7. **C** (Línea 28. "…pero la empresa…desarrollándose, que compita.")
8. **D** (Línea 50. "Mi mamá tenía una sabiduría…")
9. **C** (Deducción)
10. **A** (Las fuentes presentan dos lados diferentes de la personalidad de Slim.)

Audios

MANUAL PARA ESTUDIANTES página 7

🔊 "La crisis ninja y otros misterios de la economía actual"

(LAURA ESPIAU) Si comprendes cómo el problema de **las hipotecas subprime** en Estados Unidos alcanzó el nivel de una crisis financiera mundial pero te gustaría profundizar un poco en aspectos técnicos entonces éste no es tu libro. En cambio, si buscas una explicación en un lenguaje sencillo y claro sobre las causas y la magnitud de esta crisis, si te interesan cuestiones tales como en qué se parecen **los presupuestos** generales del estado, a la economía de tu casa, o cómo algo que sucede en Odessa, Texas puede afectar a tu bolsillo, entonces este sí es tu libro, La crisis ninja y otros misterios de la economía **actual**. Leopoldo Abadía es su autor y se hizo famoso el año pasado por el boom de su blog en el que de manera sencilla explicaba el origen y los conceptos **clave** de la **actual** crisis económica y financiera, lo que él llama la crisis ninja. Ninja porque ninjas son los que reciben **las hipotecas subprime**, no income, no job, no assets. Es decir, personas sin **ingresos**, sin trabajo y sin propiedades.

Dice el autor, ingeniero industrial, de 75 años y antiguo profesor del IESE durante 31 años, que él no sabe nada de economía y que para redactar el ya célebre informe se puso una condición a sí mismo, no escribir nada que no entendiera él mismo, y por eso, también nosotros entendemos en el libro, qué es **una hipoteca subprime** o qué son y cómo funcionan las agencias de rating, pero no se trata solamente de eso. No es simplemente una lista de definiciones o una explicación lineal de cómo hemos llegado hasta la situación **actual**. La crisis ninja y otros misterios de la economía actual abarca otras cuestiones, tantas como las que Leopoldo Abadía discute con su amigo en el bar del pueblo imaginario de San Quirico y van apuntando en **servilletas** de papel.

Pueden hablar de la responsabilidad individual y la responsabilidad social en esta crisis, de la importancia de que cada ser humano tenga su propio modelo según el cual se estructura y se equilibra su vida, y de que, como en la globalización, todo está relacionado a nivel político, económico y cultural, también hace falta un modelo global que explique al mundo, para que se entienda, cómo hay que saber que en cualquier modelo, si tiras de un hilito todo se mueve. Por eso, lo que sucede en Odessa, Texas, afecta a los vecinos de San Quirico.

El autor reflexiona también sobre la actitud a adoptar frente a la crisis, porque hasta en las peores situaciones se puede **salir bien parado** y **sacarle partido**. Otras **servilletas** hablan incluso de las relaciones de pareja, la familia y los amigos y es justamente la suma de todas estas **servilletas** la que conforma el libro de Leopoldo Abadía y su forma de comunicar clara, sencilla y cercana.

CLAVE

1. **B** (El libro es el enfoque del audio.)
2. **D** (Línea 4. "…entonces, éste no es tu libro…")
3. **D** (Línea 4. "…si buscas una…sencillo y claro…")
4. **B** (Línea 6. "…si te interesan…de tu casa…")
5. **C** (Línea 16. "Es decir personas…y sin propiedades.")
6. **D** (Línea 20. "…no escribir nada…en el libro…")
7. **A** (Línea 26. "…abarca otras cuestiones…servilletas de papel.")
8. **A** (Línea 35. "…también hace falta…todo se mueve.")

Ensayo

MANUAL PARA ESTUDIANTES página 8

🔊 FUENTE NÚMERO 3

"Latinoamérica enfrenta la crisis económica global"

(SERGIO NEGRETE CÁRDENAS) Nicolás Eyzaguirre es desde el mes de noviembre Director del Departamento Hemisferio Occidental, el Departamento las Américas del Fondo Monetario Internacional. Va a compartir con nosotros sus puntos de vista sobre las perspectivas que tienen las economías latinoamericanas durante la crisis económica mundial. ¿Qué impacto va a tener esta crisis global sobre América latina?

(NICOLÁS EYZAGUIRRE) Este año 2009 va a ser el peor año para la economía mundial en 60 años y por tanto pensar que ehh América Latina puede quedar libre de algún efecto negativo sería una ilusión. Ehh lo que sí creemos es que tal vez ehh América Latina, no obstante ehh la brusca desaceleración de la economía mundial, se va a mantener creciendo si bien a una tasa bastante ehh más modesta que lo que lo ha venido haciendo ehh en los últimos años.

15 (SERGIO NEGRETE CÁRDENAS) ¿Qué cree usted que pueden hacer los gobiernos para tratar de reducir el impacto en la crisis?

(NICOLÁS EYZAGUIRRE) Bueno, quisiera en primer lugar decir que han hecho mucho. Vemos cómo ehh políticas que han sido adoptadas durante el último tiempo han preparado la región
20 para resistir mucho mejor eventuales temporales que vengan desde afuera. Para ser más concreto en que las situaciones fiscales, las situaciones de deuda, los sistemas financieros, ehh la flexibilidad de las políticas monetarias y cambiarias son hoy en día mucho mayores que lo que fueron en el pasado. Estamos
25 pensando que todavía hay países ehh que pueden mejorar sus sistemas financieros y posiblemente esos van a estar al apoyo del Fondo. Hay países que pueden tener un poquitito mayor dificultades cambiaría y eso también lo podemos ayudar desde el Fondo.

(SERGIO NEGRETE CÁRDENAS) El Salvador pidió recientemente 30 un acuerdo con el Fondo Monetario Internacional, un acuerdo precautorio. ¿Ve usted a otros países haciendo lo mismo siguiendo un camino similar?

(NICOLÁS EYZAGUIRRE) El Salvador recurrió al Fondo a través de, con un mecanismo precautorio pero con el compromiso 35 cierto de los candidatos de mantener ciertos lineamientos de política económica. Es una de las formas que usted estabiliza y evita que la economía sufra de mayor volatilidad. Es dándoles a los agentes económicos cierta certidumbre respecto a cuáles van a ser las políticas futuras. Ese es un caso. 40

Conversaciones

MANUAL PARA ESTUDIANTES página 9

 "Cómo ganar plata"

Fede	• Te saluda y te pide un consejo.
Tú	• Reacciona y recomiéndale algo.
Fede	• Te da una explicación.
Tú	• Responde afirmativamente y dale otra recomendación.
Fede	• Reacciona y continúa la conversación.
Tú	• Contéstale afirmativamente dando detalles.
Fede	• Te hace una pregunta.
Tú	• Reacciona afirmativamente dándole una explicación.
Fede	• Continúa la conversación.
Tú	• Proponle una alternativa y despídete.

(TONE)

(FEDE) Hola. Otra vez me encuentro sin plata. Hay una fiesta la semana que viene y quiero llevar a Luciana. ¿Qué voy a hacer? TONE (20 segundos) TONE

(FEDE) No, no creo que sea posible. Como que estamos pasando esta crisis internacional... ¿No te pasa a ti lo mismo? TONE (20 segundos) TONE

(FEDE) Sí, de acuerdo. ¿Has tenido que pedir plata a otros alguna vez? ¿Por qué? TONE (20 segundos) TONE

(FEDE) ¿Crees que debo pedirles plata a mis padres? ¡Tú sabes cómo son! TONE (20 segundos) TONE

(FEDE) Bueno. Creo que no voy a la fiesta. No vale la pena. TONE (20 segundos) TONE

LOS DESAFÍOS MUNDIALES

Los temas del medio ambiente

Lecturas

MANUAL PARA ESTUDIANTES página 11

"Agricultura orgánica y medio ambiente"

CLAVE

1. **C** (Línea 20. "…agricultura orgánica, ecológica…sanos y abundantes.")
2. **A** (Uso de antecedentes históricos, definiciones científicas y lenguaje académico.)
3. **B** (Deducción)
4. **C** (Línea 5. "…la pérdida de…contaminación ambiental.")
5. **B** (Línea 10. "…la creciente preocupación…de los animales…")
6. **A** (Línea 13. "…al creciente y…como agricultura orgánica…")
7. **B** (El título de la tabla es "Ciclos…".)
8. **C** (Según la tabla, el producto que se produce es el alimento.)
9. **D** (La tabla y el artículo ponen énfasis en la importancia de cómo producir productos sustentables.)
10. **C** (Todos los elementos del medio ambiente son interdependientes.)

Ilustración con audio

MANUAL PARA ESTUDIANTES página 14

 **FUENTE NÚMERO 2**

"Cómo plantar un árbol"

(LOCUTOR) Este programa "Nuestro rincón del mundo" fue emitido por Radio Araucano el 27 de septiembre de 2011. Es acerca de cómo adoptar un árbol, programa caritativo internacional. Juan Molinero entrevista a Mercedes de Roble, 5 arbolista y especialista para Árboles Adoptados.

(JUAN MOLINERO) Sra. de Roble. Bienvenida. Vamos a empezar por el principio. ¿Cómo recomienda Ud. que se elija el lugar más apropiado donde plantar un árbol?

(MERCEDES DE ROBLE) Pida, pida, a algún grupo encargado del medio ambiente o a un arbolista que le asesore a las 10 autoridades locales que le faciliten el mejor reglamento de plantar. Tendrá que asegurarse, por ejemplo, de que el lugar donde va a plantarlo se encuentre lo suficientemente alejado de edificios y de otros árboles para que las raíces y las ramas tengan espacio para **crecer**. 15

(JUAN MOLINERO) Así que hay que encontrar bastante espacio para el futuro crecimiento del árbol. Y, ¿cómo se planta? ¿Es preferible cultivar un árbol de su **semilla** o de su **postura**?

(MERCEDES DE ROBLE) De **las posturas** pero hay que 20 empezar con su **semilla**. Puede esparcir **semillas** en semilleros o en contenedores. Éstos deben ser de preferencia biodegradables, rellenarse con arena, **abono** orgánico y tierra o puede comprar **las posturas** que estén ya listas para ser plantadas. 25

(JUAN MOLINERO) Cuando era niño me gustaba cultivar mis margaritas de **semillas**. Teníamos margaritas por todas partes de nuestra casa. Fíjese. Bien, bien, ¿cuáles son los criterios ambientales para elegir una especie y no otra?

(MERCEDES DE ROBLE) Las especies que **crecen** en forma 30 natural en donde Ud. vive tienen más probabilidades de sobrevivir y de acoger a las aves, a los insectos beneficiosos y a otras especies animales y vegetales. Es más beneficioso para el medio ambiente plantar especies diversas que plantar muchos árboles de la misma variedad. 35

(JUAN MOLINERO) De acuerdo, es muy importante atraer a los pájaros y a las mariposas. Mis margaritas siempre atraían a aves de distintas índoles. Bien, bien. Y, ¿cuándo se planta? ¿Cuáles son las mejores condiciones de temporada para el cultivo de un árbol? 40

(MERCEDES DE ROBLE) Según el lugar y el régimen de precipitaciones, un arbolito necesitará de 50 a 70 litros de agua a la semana. Por ejemplo, durante las estaciones más lluviosas que suelen ser durante los meses de abril y mayo o septiembre y noviembre. Bien, depende del hemisferio. 45 Probablemente tendrá que protegerlo también del **ganado**, las malas hierbas y los animales tanto silvestres como domésticos.

(JUAN MOLINERO) Estoy muy de acuerdo. No me gustan las mascotas; por acá **crecen** como malas hierbas. Cuando era niño…Bien, bien. Muchas gracias. ¿Vamos a salir a plantar un 50 árbol? ¿Qué le parece?

Los temas del medio ambiente 5

LOS DESAFÍOS MUNDIALES

(MERCEDES DE ROBLE) Muchas gracias a Ud. Sí, me gustaría salir a plantar un árbol.

CLAVE

1. **A** (Las sonrisas y la dedicación)
2. **C** (§3. "Sostenga siempre la…por el tronco.")
3. **A** (No se mencionan las otras opciones.)
4. **A** (No se mencionan las otras opciones.)
5. **C** (Línea 14. "…las ramas tengan espacio para crecer.")
6. **B** (Línea 30. "Las especies que…probabilidades de sobrevivir…")
7. **C** (Línea 43. "…durante las estaciones…septiembre y noviembre.")
8. **A** (Línea 46. "…también del ganado…silvestres como domésticos.")
9. **B** (El riego es la única opción mencionada en las dos fuentes.)
10. **D** (Las dos fuentes dan consejos sobre cómo y dónde antes de plantar un árbol.)

Audios

MANUAL PARA ESTUDIANTES página 15

🔊 "Los glaciares del sur argentino están desapareciendo"

(LOCUTOR) Ushuaia es la postal del fin del mundo. La ciudad más al sur del planeta, al pie de la cordillera Darwin, en la Tierra del Fuego. Aquí, al borde del Antártico, los glaciares son parte esencial del paisaje, pero los efectos del calentamiento global
5 están comenzando a cambiar lo que fotos como ésta, del glaciar Upsala, claramente muestran.

(JORGE REBASSA) Esta es la foto de l928. Usted puede ver cómo el hielo cubre la totalidad del valle. En cambio, esta foto fue tomada en el mismo punto en el año 2004 y se ve cómo donde
10 antes había hielo ahora hay roca expuesta y se ha formado un lago.

Y el, allí tenemos el frente del hielo en claro **retroceso**. Desde 1978 ahora todos los glaciares de la Patagonia están en **retroceso**.

15 (LOCUTOR) Ushuaia es un destino turístico ideal que atrae a unos 300.000 visitantes por año. Una de las actividades más populares es **la caminata** por los glaciares. En esta agencia de viajes la demanda por este tipo de paquetes ha caído a la mitad. El **derretimiento** comienza a preocupar.

20 (LUIS TURI) Lo que nos preocupa es que con **el retroceso** del glaciar, el glaciar va perdiendo masa, o sea no sólo frente, sino masa y volumen, y va cada vez se va poniendo con mayor **pendiente**, ¿no? Entonces concretamente a nosotros nos complica mucho la seguridad sobre sobre el hielo, ¿no?

(LOCUTOR) Pero, mucho más **preocupante** aún es **la amenaza** 25 de que el deshielo afecte las reservas de agua dulce de la ciudad. En verano durante la temporada seca los glaciares proveen casi el 80% de las reservas de agua de la ciudad.

(RODOLFO ITURRASPE) ¿Qué es lo que vamos a perder? La seguridad que nos dan los glaciares de que en todo momento 30 hay agua aunque no llueva, aunque haga calor, aunque estemos en un período seco. Tenemos que ehh buscar nuevas fuentes de agua para superar esos momentos de escasez.

(LOCUTOR) Desde los 70 los glaciares han perdido el 60% de su superficie. A este ritmo en 30 años más, podrían desaparecer 35 hasta de las postales.

CLAVE

1. **D** (Línea 1. "La ciudad más al sur del planeta." "…al borde del Antártico.")
2. **D** (Línea 5. "…están comenzando a…Upsala claramente muestran.")
3. **B** (Línea 19. "El derretimiento comienza a preocupar.")
4. **A** (Línea 25. "...mucho más preocupante…de la ciudad.")
5. **B** (Deducción)

Ensayo

MANUAL PARA ESTUDIANTES página 16

🔊 **FUENTE NÚMERO 3**
"Desechos electrónicos"

(LOCUTORA) CPR Centro de Producciones Radiofónicas presenta "Desechos electrónicos"

¿Qué hacemos con los desechos electrónicos? Esa es la gran pregunta que deben hacerse los países industrializados. El avance tecnológico genera gran cantidad de basura que daña el planeta. 5 Teléfonos celulares, baterías, electrodomésticos son sólo algunas de las cosas que se acumulan en el mundo.

Desde hace varias décadas comenzó a popularizarse el término obsolescencia programada. Lo que quiere decir que los productos se diseñan y se fabrican para que duren cierto 10 período de tiempo y dejen de funcionar. El objetivo es que el consumidor deba sustituir el producto por otro nuevo.

La obsolescencia programada surgió al mismo tiempo que la producción en masa y la sociedad de consumo. Se comenzó a crear la necesidad de adquirir cosas más nuevas antes de lo 15 necesario.

La bombilla, ampolleta, foco, o bombita es el primer producto que fue producido bajo las normas de obsolescencia programada. (Ruido de sirena) La más antigua del mundo se encuentra en una estación de bomberos de California, EE.UU. y 20 lleva más de 100 años encendida; pero ésta fue creada antes de la obsolescencia programada.

En 1924 en Ginebra, hubo una reunión secreta de los empresarios relacionados a la electricidad. Allí decidieron
25   controlar la producción de las bombillas para que la gente las comprara con regularidad. Si duraba mucho era una desventaja para la economía. Por eso establecieron un máximo de 1000 horas de vida útil para cada una y el productor que se excedía debía pagar severas multas. Los ingenieros ya no ponían sus
30   fuerzas en crear bombillas más resistentes sino que buscaban lograr cómo hacerlas más frágiles.

No sólo sucede con las bombillas sino también con productos electrónicos. En el año 2003 ingresaron a China unos nueve millones de computadoras usadas en EE.UU. y sólo una mínima
35   parte podía ser reciclada. Lo demás produjo una enorme contaminación.

Muchos otros residuos electrónicos se envían a Ghana y el 80% no se puede reparar. Brasil decidió entonces impedir que los desechos tecnológicos ingresen en su territorio y prohibió que
40   se importen bienes de consumo usados.

Los desechos electrónicos son considerados como peligrosos. Entre los componentes que contaminan se pueden encontrar millones de kilos de plomo, cadmio, mercurio y material plástico que ponen en riesgo el medio ambiente y los seres vivos.   45

Cada tres segundos se inventa un nuevo producto. Un nuevo producto. Resulta imposible mantener este crecimiento ilimitado porque el planeta no es ilimitado. No es ilimitado. La acumulación de los residuos tecnológicos es sólo una de las consecuencias negativas.   50

Diversos especialistas afirman que una solución es fabricar productos con elementos biodegradables o que puedan ser reutilizados y de esta manera producir menor daño ambiental.

CPR Centro de Producciones Radiofónicas presentó "Desechos electrónicos" www.cpr.org.ar   55

Conversaciones

MANUAL PARA ESTUDIANTES página 17

 "Club del medioambiente"

Malena	• Te saluda y te hace una pregunta.
Tú	• Salúdala y responde afirmativamente.
Malena	• Te responde y te hace una pregunta.
Tú	• Responde negativamente.
Malena	• Te hace algunas preguntas.
Tú	• Responde dándole tus disculpas y proponle una alternativa.
Malena	• No está de acuerdo y te hace una pregunta.
Tú	• Reacciona y propón un acuerdo que les satisfaga a Uds. dos.
Malena	• Te responde.
Tú	• Contesta dando una alternativa y despídete.

(TONE)

(MALENA) Hola. ¿Sabes que estoy organizando un club del medio ambiente y me gustaría que te unas al club? TONE (20 segundos) TONE

(MALENA) Muy bien, sabía que podría contar contigo. ¿Podrías juntarte con nosotros mañana en la cafetería? TONE (20 segundos) TONE

(MALENA) Ah. ¿No? Pero no entiendo. ¡No lo puedo creer! (Con intención) ¿Por qué no quieres o por qué no puedes ser miembro de mi club? TONE (20 segundos) TONE

(MALENA) Bueno, pero que mi club está a un nivel local y, además, es mío. ¿Estás en otro club ahora? TONE (20 segundos) TONE

(MALENA) Bueno, creo que con un poco de trabajo podemos ser líderes en un movimiento activista. ¿No crees? Bueno, nos vemos mañana. TONE (20 segundos) TONE

LOS DESAFÍOS MUNDIALES

El pensamiento filosófico y la religión

Lecturas

MANUAL PARA ESTUDIANTES página 19

"Mi religión"

CLAVE

1. **A** (Línea 8. "…buscar la verdad…en la verdad…")
2. **B** (Es un juego entre palabras cuya combinación indica una aproximación a la fe y no una llegada cierta.)
3. **B** (Línea 20. "…quiero que Dios exista." Querer es del corazón, el razonamiento de la cabeza.)
4. **C** (Línea 26. "Sólo espero de…descanso por la verdad…")
5. **C** (Línea 32. "Que busquen ellos…arrancaremos a Dios…")
6. **D** (La levadura pone en marcha y no es el producto final, el pan.)

Lecturas con audio

MANUAL PARA ESTUDIANTES página 20

🔊 **FUENTE NÚMERO 2**

"La experiencia de Juan Andrés"

(JUAN ANDRÉS) Llevo desde el año 89 haciendo el camino con mi hermano Manolo ¿eh?, a posteriori se unió el pequeño, luego se ha unido mi hermano el mayor y la motivación pues es un poquito, pues entre religiosa y
5   deportiva.

Lo mejor que se le puede decir a **un peregrino** que va a empezar, que quiere hacerlo, que tiene ilusión por hacerlo, cuidarse los pies y se cuida los pies con unos buenos calcetines y unas buenas botas.

10   Y luego, **no tener prisa**. El camino siempre se anda **paso a paso**. Es un paso primero y otro paso después. No tiene vuelta de hoja. Desgraciadamente ehh ehh hay ahora, ahora mismo, bajo mi punto de vista ¿eh?, hay pocos **peregrinos** y muchos turigrinos. Hay mucho turista que hace el camino a Santiago para hacer unas vacaciones cómodas, tranquilas, 15 baratas relativamente y y que no van con ningún ánimo de, de, de hacer **un peregrinaje** espiritual. El peregrino tiene que tener una cosa clara: **El peregrino** no puede **exigir** nada. **El peregrino** acepta lo que le dan ¿eh?, lo utiliza, procura mantenerlo y dejarlo en la mayor, en las mejores condiciones 20 posibles. El turigrino **exige**, no le importa cómo quedan las cosas y se rompen y aparte pues quieren, **exigen** como se creen que porque paguen tres euros, por ejemplo, pueden **exigir** un montón de cosas. Cosas que **un peregrino** no hace.

Yo, yo pienso que el el camino te **engrandece**. Cada vez que 25 lo haces, vas **engrandeciendo** espiritualmente, como persona. ¿Te das cuenta lo poco que **hace falta**, las pocas cosas que te **hacen falta** para vivir? Haciendo el camino, ¿qué es lo que llevas? Una mochila. Con eso vives. Todas esas son cosas, esos pequeños detalles, esas enseñanzas que te van saliendo y 30 van haciendo poco a poco, pues son lo que te **engrandecen** espiritualmente, como persona, ¿eh?

CLAVE

1. **D** (Línea 2. "…descubrir el tamaño…aguarda al peregrino.")
2. **D** (Línea 15. "…una experiencia personal espiritual…")
3. **A** (Línea 12. "…creando una conexión…eterna y universal.")
4. **A** (Deducción)
5. **D** (Línea 20. "…Compostela se convierte…apóstol enterrado allí…")
6. **D** (Línea 1. "Llevo desde el…haciendo el camino…")
7. **A** (Línea 19. "El peregrino acepta lo que le dan.")
8. **A** (Línea 25. "Yo pienso que…espiritualmente como persona.")
9. **D** (Línea 27. "¿Te das cuenta…falta para vivir?")
10. **A** (Línea 15. "…una experiencia personal espiritual…", Línea 26. "…vas engrandeciendo espiritualmente como persona.")
11. **B** (Línea 32. "…lo importante no…camino en sí…", Línea 29. "Todas esas son…espiritualmente como persona.")

Audios

MANUAL PARA ESTUDIANTES página 22

🔊 "José Gregorio Hernández, el siervo de Dios"

(LOCUTOR) José Gregorio Hernández, el siervo de Dios: un ejemplo en el ejercicio de la profesión de la medicina.

La Catedral de Santiago de Compostela

8   El pensamiento filosófico y la religión

José Gregorio Hernández, médico venezolano también conocido popularmente como el médico de los pobres por su atención
5 esmerada y gratuita a hombres, mujeres y niños de escasos recursos, lo que le valió el reconocimiento para la posteridad del título de "El siervo de Dios", cuya causa de canonización se ha introducido, antes de ser beatificado por la iglesia católica. José Gregorio Hernández **destacó** por su trabajo **realizado** en los
10 campos de la medicina y la biología.

Nació en un pequeño pueblo de la serranía del estado Trujillo llamado Isnotú, el 26 de octubre de 1864, y tras **realizar** sus estudios universitarios, se licenció en Medicina, donde **destacó** por su dedicación y esfuerzo. José Gregorio Hernández fue
15 director del Laboratorio Nacional de Venezuela y profesor de bacteriología en la Universidad Central de Venezuela; también ocupó el cargo de director del Hospital Vargas de Caracas.

Además de su labor profesional en medicina, en 1910 **tomó los hábitos** de cartujo y se recluyó durante algunos meses en un
20 monasterio de **la orden**; sin embargo, al año siguiente regresaría a su país. Entre 1915 y 1916 **realizó** diversos viajes por Francia y España para ampliar sus conocimientos en ciencias. Es autor de varias obras científicas y entre ellas merece **destacarse** su Tratado de Bacteriología. Murió en 1919 en Caracas a **consecuencia** de
25 un trágico y absurdo accidente automovilístico cuando en la ciudad capital el número de vehículos era muy bajo; acaso no superaba los 100 automóviles.

Y a pesar que en el seno de nuestras creencias bastante folclóricas se le **venere**, atribuyéndosele poderes, y, de **realizar**
30 **milagros** verdaderos, e incluso, se le idolatre en la santería muy practicada en el área del Caribe, José Gregorio Hernández es **paradigma** de la profesión médica en Venezuela.

Veintiséis de octubre, natalicio del siervo de Dios, el médico de los pobres. Un ejemplo de verdadera vocación de servicio y
35 **cumplimiento** con orgullo, humildad y gran responsabilidad del juramento hipocrático para nuestras nuevas generaciones de galenos y profesionales en general.

CLAVE

1. **C** (El audio ofrece muchos datos sobre la vida de Hernández.)
2. **A** Línea 9. "…destacó por su…y la biología."
3. **B** (Línea 18. "Además de su…tomó los hábitos…")
4. **C** (Línea 21. "…realizó diversos viajes…conocimientos en ciencias.")
5. **C** (Línea 24. "Murió en 1919…absurdo accidente automovilístico…")
6. **D** (Línea 29. "…se le venere, atribuyéndosele poderes…")
7. **A** (Línea 31. "…es paradigma de la profesión médica…")

MANUAL PARA ESTUDIANTES página 23

🔊 FUENTE NÚMERO 3
"No me voy a quitar el velo"

(MUJER) Pues, que hagan lo que quieran. No me voy a quitar el velo. Hablamos de libertad, ¿verdad? Se habla mucho de la libertad en este país. Pues, yo quiero mi libertad. Quiero mi libertad. Quiero que me respeten como soy. Si yo llevo el velo, es por opción mía, por mi religión porque yo respeto mi religión.   5

No digo que las demás hermanas, que no, no vayan con la carita tapada, no la respeten; solamente que cada uno tenemos formas distintas de, de llevar nuestra religión. Viste. O sea, si a mí me dices tú, eh, quítate el velo, aunque me estés apuntando con un arma, yo qué sé. No me lo voy a quitar. No me lo voy a quitar,   10
es tan simple como eso.

O sea. Pueden si quieren multarme, hacer lo que quieran conmigo, pero no me van a quitar el velo, porque es mi decisión. Se habla como te he dicho antes, se habla de la libertad, pero tú dime ¿de qué libertad, de qué libertad   15
estamos hablando? ¿Libertad para quién? Porque nosotros los musulmanes, no tenemos libertad, porque por cualquier cosita, nos están atacando, o tenemos libertad pero con condiciones. Con las condiciones que ellos quieren y no con la condición nuestra. Es así de fácil.   20

LOS DESAFÍOS MUNDIALES

Conversaciones

MANUAL PARA ESTUDIANTES página 24

 "Un asunto de importancia filosófica"

Oswaldo	• Te saluda y te hace una pregunta.
Tú	• Salúdalo, dale una respuesta negativa y explícale por qué.
Oswaldo	• Reacciona.
Tú	• Contesta y pregúntale sobre lo que acaba de decirte.
Oswaldo	• Te responde y te hace otra pregunta.
Tú	• Responde y pregúntale sobre el propósito de su llamada.
Oswaldo	• Reacciona y te hace otra pregunta.
Tú	• Contesta con detalle y dale unas excusas para terminar la llamada.
Oswaldo	• Responde y te da un dato más.
Tú	• Reacciona y despídete.

(TONE)

(OSWALDO) Muy buenas tardes. Habla Oswaldo Oleuba. ¿Está el dueño de la casa? TONE (20 segundos) TONE

(OSWALDO) Ah, comprendo. Si Ud. tiene 21 años, ¿me podría contestar unas preguntas? TONE (20 segundos) TONE

(OSWALDO) Bueno. No importa. Soy director de la empresa Sondeos Alado y voy a hacerle unas preguntas sobre la reencarnación. Primero, ¿cree Ud. en la reencarnación y por qué? TONE (20 segundos) TONE

(OSWALDO) Bueno. Hay un grupo financiero que quiere saber más de las actitudes de su pueblo acerca del presente asunto. Si fuera Ud. a volver a la tierra, ¿qué o quién le gustaría ser y por qué? TONE (20 segundos) TONE

(OSWALDO) Muy bien. Gracias. Y ¿sabe quién soy yo de veras? Soy tu tatarabuelo del siglo XVI y me gustaría conocerte mejor. TONE (20 segundos) TONE

LOS DESAFÍOS MUNDIALES

La población y la demografía

Lecturas

MANUAL PARA ESTUDIANTES página 26

"Carta sobre la sobrepoblación de perros"

CLAVE

1. **D** (Línea 14. "Todo esto es…de esta especie…")
2. **B** (El artículo está repleto de cifras, datos y lenguaje científico.)
3. **D** (Línea 17. "…es un problema…nosotros estamos involucrados.")
4. **D** (Línea 45. "…los médicos veterinarios juegan…de sus animales.")
5. **C** (Línea 59. "…realizar estrategias efectivas…de nuevos cachorros.")
6. **A** (Fauna se refiere a animales y nociva se refiere a algo dañino.)
7. **B** (Deducción)

Lecturas con audio

MANUAL PARA ESTUDIANTES página 28

 **FUENTE NÚMERO 2**

"Un día sin inmigrantes"

(LOCUTOR) "Un día sin inmigrantes"

CONTROL CORRIDO MEXICANO

(PATRÓN) Aquí tienes el pago de este mes…

(HISPANA) Pero es… es sólo la mitad…

5 (PATRÓN) Lo siento, no tienes "**Green Card**".

(HISPANA) Ah, pero usted me dijo…

(PATRÓN) Lo tomas o lo dejas.

(HISPANA) Y yo trabajé igual que los demás…

(PATRÓN) Eres ilegal. No tienes "**Green Card**".

10 (HISPANA) Pero usted…

(PATRÓN) Si no te vas pronto, te denuncio por ilegal. Largo, largo de aquí… ¡Go ahead! ¡Go ahead!

CONTROL CORRIDO MEXICANO

(LOCUTORA) Inmigrantes. Hispanos. Espaldas mojadas.
15 **Indocumentados** en Estados Unidos.

(LOCUTOR) 12 millones de hombres y mujeres que fueron buscando el sueño americano y sólo encontraron la pesadilla de un país discriminador.

VOZ HABLANDO INGLÉS

(LOCUTORA) Un proyecto de ley aprobado en la Cámara de Representantes de Estados Unidos **a fines del** 2005 convierte en delito el ser **indocumentado**. 20

(LOCUTOR) También penaliza a quienes los ayuden o empleen.

(LOCUTORA) El proyecto prevé la construcción de un muro de más de mil kilómetros en la **frontera** con México. 25

(VOCES) ¡Somos trabajadores y no criminales!

(LOCUTOR) El pasado 10 de abril, más de tres millones de inmigrantes, con camisetas blancas y ondeando banderas, inundaron las avenidas de 136 ciudades norteamericanas. 30

(LOCUTORA) Nueva York, Los Ángeles, Atlanta, Washington… ríos de hispanos exigiendo su derecho al trabajo en igualdad de oportunidades y salarios.

(LOCUTOR) Exigiendo el derecho a la educación de sus hijos e hijas y a servicios médicos. 35

(LOCUTORA) Una reforma migratoria integral que legalice a los residentes **indocumentados**.

(VOCES) ¡SÍ, SE PUEDE!... ¡SÍ, SE PUEDE!

(LOCUTOR) El 10 de abril del 2006 se dividió la historia de los inmigrantes en Estados Unidos. 40

(HOMBRE) ¡Antes, era el silencio y el miedo!

(LOCUTORA) Ahora, el gigante ha despertado.

(VOCES) ¡SÍ, SE PUEDE!... ¡SÍ, SE PUEDE!

LOS DESAFÍOS MUNDIALES

(MUJER) ¿Qué pasaría si un día no hubiera inmigrantes en este país, ah?... ¿Un día, solo un día sin mexicanos en Los Ángeles, ah?...

(HOMBRE) Un día sin campesinos, sin albañiles ni chicas de servicio…

(MUJER) Ah, sin nadie que recoja la siembra ni atienda los comercios…

(HOMBRE) Eso, y los hoteles, las escuelas, los hospitales, sin cocineros ni personal de limpieza…

(MUJER) ¡Ay, un día, sólo un día sin inmigrantes!... ¡Aay, ahí los quiero ver!

(LOCUTOR) Una producción de Radialistas Apasionadas y Apasionados

CLAVE

1. **D** (El propósito del artículo es confirmar lo que afirma el título.)
2. **A** (Línea 12. "…los datos señalan…en suelo estadounidense." También, los párrafos 3-7 contradicen a varios candidatos.)
3. **B** (Línea 20. "El artículo atribuye…por el cruce.")
4. **C** (Línea 29. "En Estados Unidos…las mismas condiciones…")
5. **C** (Es una escena en la calle y varias voces se actúan entre sí.)
6. **B** (Línea 28. "El pasado 10 de…136 ciudades norteamericanas.")
7. **A** (Línea 36. "Una reforma migratoria…los residentes indocumentados.")
8. **C** (Línea 48. "Sin nadie que…personal de limpieza…")
9. **D** (Línea 6. "…las estadísticas muestran…problema menor ahora…" Línea 44. "¿Qué pasaría si…los quiero ver.")
10. **C** (Línea 45. "La prensa reveló…ciento se opone.")

Audios

MANUAL PARA ESTUDIANTES página 30

 "Árboles sin raíces"

(LOCUTOR) Ya es el sexto país más poblado de la Tierra con 175 millones de habitantes. Y su población sigue aumentado.

(LOCUTOR) Ahora el censo arroja la preocupante cifra de 175 millones.

(LOCUTORA) No es un país con bandera ni geografía.

(LOCUTOR) No está en el mapa ni tiene fronteras.

(LOCUTORA) Es el país de los migrantes.

(LOCUTOR) El país de las migrantes.

(LOCUTORA) Una nación de **desterrados** dispersa por el mundo.

(LOCUTOR) Son exiliados económicos.

(LOCUTORA) Refugiadas del desempleo.

(LOCUTOR) Desahuciados de su cultura.

(LOCUTORA) Espaldas mojadas.

(LOCUTOR) Ojos mojados también, dejando atrás los hijos, la familia, el idioma, la comida…

(LOCUTORA) …la manera de ser y de reír.

(LOCUTOR) 175 millones de seres humanos. La mitad, mujeres. La mitad de la mitad, niños y niñas.

(LOCUTORA) Según los datos de la Organización Internacional de Migraciones, en esta cifra se cuentan solamente los "legales". El número de los "ilegales" es imposible de calcular.

(LOCUTOR) ¿Cuántos millones más habrá que sumar en la patria de los sin patria?

(LOCUTORA) América Latina se ha ido especializando en exportar gente, **mano de obra** barata.

(LOCUTOR) Miles y miles se van de México y de Centroamérica.

(LOCUTORA) Se van de Ecuador, de Colombia, de Perú, de Haití, de República Dominicana…

(LOCUTOR) Se van en lanchas clandestinas. Cruzan la frontera en camiones de ganado, en cajas de mercancía, **a pie**.

(LOCUTORA) Se van en aviones, en barcos, en cualquier transporte autorizado o prohibido. Se van sin quererse ir.

(LOCUTOR) Ganan mucho menos que los nacionales de los países a donde llegan. Y **a pesar de** esto, o precisamente por esto, los miran con odio, porque les quitan los puestos de trabajo, porque son diferentes.

(CONTROL VOZ DE INMIGRANTE) Yo fui perseguido como delincuente por no tener papeles. Aquí llegamos a vivir hasta 25 personas todos inmigrantes en un piso de menos de 75 metros cuadrados donde los niños no tienen sitio para jugar y mi horario de trabajo era de lunes a domingo con jornadas de más de 15 horas diarias y así fue por mucho tiempo.

(LOCUTORA) Ganan más que en sus países de origen, donde no ganaban nada. Y mandan **remesas** de dinero a sus familias alejadas.

12 La población y la demografía

(LOCUTOR) Para México, estas **remesas** constituyen el segundo rubro de ingresos, después del petróleo.

50 (LOCUTORA) En Centroamérica, **las remesas** de migrantes representan el primer ingreso nacional. Países convertidos en **limosneros** de los compatriotas emigrados.

(LOCUTOR) Ganan menos, ganan más, pero siempre pierden. Porque están alejados de los suyos.

55 (CONTROL VOZ DE INMIGRANTE) Correremos siempre el mismo riesgo. Preferimos morirnos en la raya o en la frontera que seguir muriéndonos de hambre en nuestra tierra.

(LOCUTORA) José Saramago recuerda a su abuelo campesino abrazando los árboles de su huerto, **despidiéndose** de ellos, uno
60 por uno, como a hijos e hijas de la tierra.

(LOCUTOR) En el país de los migrantes no hay árboles. Ni siquiera raíces. Sólo la nostalgia.

CLAVE

1. **D** (El audio presenta datos, información y ejemplos personales.)
2. **B** (Deducción)
3. **D** (Línea 9. "Una nación de…por el mundo.")
4. **B** (Línea 37. "…los miran con…porque son diferentes.")
5. **C** (Línea 59. "…despidiéndose de ellos…de la tierra.")

Ensayo

MANUAL PARA ESTUDIANTES página 32

 **FUENTE NÚMERO 3**
"El quinto país del planeta"

CONTROL MÚSICA MODERNA

(LOCUTORA) España, Italia, Alemania, Estados Unidos y Japón, son los destinos más comunes para los hombres y mujeres que no encuentran en sus países posibilidades de trabajo.

EFECTO AVIÓN DESPEGANDO 5

(LOCUTOR) Ahora mismo, mientras escuchas este programa, muchísimas personas están haciendo maletas y abandonando sus hogares en busca de un futuro mejor.

(LOCUTORA) La mitad de estas personas son mujeres. Y cada vez más deciden viajar por su cuenta, solas. Luego se las 10 ingeniarán para llevar consigo a sus familiares.

(MUJER 1) Cada vez que recuerdo, me duele, porque pienso cuántas venimos así. Aquí se sale adelante. Hay un poquito más de posibilidades. Pero se sufre mucho, empezando por el tipo de trabajo, el idioma. Hay gente que nos ve mal. Nos miran de 15 arriba para abajo. Gente de nuestra propia raza que nos trata mal.

EFECTO AVIÓN DESPEGANDO

(LOCUTORA) A pesar de las dificultades, cada 58 segundos emigra un latinoamericano o una latinoamericana.

(MUJER 2) No. No toda la gente sale por dinero, no, sino, 20 también, por realización personal. Yo vivo en España desde hace varios años ya y tengo un buen trabajo. Sí. No, no me puedo quejar. Yo soy contadora y también especialista en auditoría.

(LOCUTOR) La fuga de cerebros es otro aspecto de la migración. Casi 400 mil científicos e ingenieros de países 25 pobres trabajan en investigación en países industrializados.

(LOCUTORA) Jamaica y Ghana, por ejemplo, tienen más doctores formados en sus escuelas fuera de sus países que dentro.

LOS DESAFÍOS MUNDIALES

30 (LOCUTOR) Y de la India, salen los mejores ingenieros informáticos directos para Silicon Valley, en California.

(LOCUTORA) Pero hoy, 18 de diciembre, Día Internacional del Migrante y la Migrante, pensamos en los que van de mano de obra barata, los sin papeles, las explotadas sexualmente, los que
35 mantienen la economía subterránea de los países ricos.

EFECTO AVIÓN DESPEGANDO

(LOCUTOR) Obreros y campesinos, amas de casa, indígenas, enfermeras, maestras, carpinteros, secretarias, albañiles, costureras, empleadas domésticas, forman parte de los 175 millones de migrantes que andan por el mundo buscándose la 40 vida.

(LOCUTORA) Son tantos, son tantas, que si habitaran juntos en un mismo territorio, éste sería el quinto país más poblado del planeta.

Conversaciones

MANUAL PARA ESTUDIANTES página 33

 "Una encuesta"

Jorge	• Se presenta y te hace unas preguntas.
Tú	• Salúdalo, contesta afirmativamente y hazle una pregunta.
Jorge	• Responde y te pide algo.
Tú	• Responde con detalles.
Jorge	• Te hace otra pregunta.
Tú	• Responde con detalles y una anécdota.
Jorge	• Te hace otra pregunta.
Tú	• Responde con detalles y unos ejemplos.
Jorge	• Te hace una pregunta.
Tú	• Contesta con unos ejemplos y despídete.

(TONE)

(JORGE) Aló. ¿Hablo con un estudiante que toma clases de secundaria? ¿Me permite hacerle un par de preguntas sobre la demografía de su colegio? TONE (20 segundos) TONE

(JORGE) Espere. Todo se aclarará dentro de poco. Describa, por favor, el origen étnico y racial de la composición de los estudiantes de su colegio. TONE (20 segundos) TONE

(JORGE) Bien. Por favor, ¿ha tenido Ud. conversaciones con sus compañeros de clase sobre algunas experiencias culturales que hayan sido diferentes a las de Ud.? TONE (20 segundos) TONE

(JORGE) Bien. ¿Son sus mejores amigos del mismo grupo social y étnico que Ud.? Explique por qué sí o por qué no. TONE (20 segundos) TONE

(JORGE) Esta es la última pregunta. ¿Qué ha aprendido Ud. de la diversidad cultural y social de otros? ¿Hay algunas lecciones personales? Gracias. TONE (20 segundos) TONE

LOS DESAFÍOS MUNDIALES

El bienestar social

Lecturas

MANUAL PARA ESTUDIANTES página 35

"Levantate: alzá la voz"

CLAVE

1. **C** ("Sumate a la campaña mundial…")
2. **C** ("Convocan" y los logos al pie del cartel)
3. **D** ("…recordale a los gobiernos…")
4. **B** (Deducción)
5. **A** ("…que cumplan las…para el 2015")
6. **B** ("…desde las 18:00…de octubre 2007")

Ilustración con audio

MANUAL PARA ESTUDIANTES página 36

🔊 **FUENTE NÚMERO 2**

"La falta y la escasez de agua en el mundo"

(LOCUTOR) Bienvenidos a Nuestro Rincón del Mundo. Hoy investigamos el agua. Tenemos en nuestros estudios al Profesor Juan Molinero y Garufa Solteroamor, quienes nos van a informar sobre el estado del agua **potable** en el mundo.
5 Buenos días.

(JUAN MOLINERO) Buenos días.

(GARUFA SOLTEROAMOR) Buenos días. La cuestión del acceso al agua **depurada** pide de urgencia a escala mundial. Todavía hay personas que no se benefician de agua **potable**
10 y segura. Además, **la escasez** de agua se acrecentará en las décadas que vienen.

(JUAN MOLINERO) Hablemos **a las claras** de la situación **actual**. Sé que, lamentablemente, en primer lugar, hay 141 millones de personas que no tienen acceso al agua **potable**.
15 Y, en segundo lugar, este número se incrementa si incluimos a aquellos 653 millones de personas que no disponen de una red de suministro de agua debidamente **saneada** y segura.

Tortuga gigante

(GARUFA SOLTEROAMOR) Y, en tercer lugar, si consideramos el ámbito urbano, a nivel general, un 40% de la población mundial, o sea aproximadamente 2600 millones de personas, 20 no tiene acceso al agua **depurada**. Todo aquello se traduce en enfermedades, problemas del medio ambiente y la muerte de 1.800.000 niños al año, víctimas de diarrea por el consumo de agua contaminada. Entonces, en resumidas cuentas, hay más de un tercio de la población mundial que enfrenta 25 diariamente una vida sin condiciones sanitarias.

(JUAN MOLINERO) Como consecuencia, el futuro no es propicio. Según informes de la FAO, la Organización de las Naciones Unidas para la Alimentación y la Agricultura, se puede ver que "*Para el año 2025, 1.800 millones de personas vivirán en* 30 *regiones con absoluta escasez de agua, y…*" de aquí a 2050 un 42% de la población mundial podría vivir en zonas con **escasez** de agua.

(GARUFA SOLTEROAMOR) Sí, y la **escasez** de agua va a impactar principalmente a países del Cercano Oriente y del 35 Oriente Medio además de muchas zonas de África. Pero otras zonas del mundo sufrirán también. A mí no me parecen fáciles las soluciones.

(JUAN MOLINERO) Bueno, **pese a** los retos, hay oportunidades de negocio muy prometedoras para 40 reformarlos. Desde los innovadores startups hasta las grandes empresas especializadas en gestionar agua, hay lugar para renovar infraestructuras hídricas incluyendo acceso y purificación.

(GARUFA SOLTEROAMOR) Esto me parece una conversación 45 para otra entrevista. Muchas gracias y ha sido un gran placer.

(JUAN MOLINERO) Bueno. Igualmente. Gracias. Adiós.

(LOCUTOR) Muchas gracias. Adiós. Espero que vengan a charlar con nosotros en el futuro.

CLAVE

1. **B** (Los países con colores se concentran en África.)
2. **B** (Se predice que un 32% del mundo padecerá de una escasez de agua en 2025.)
3. **A** (Habrá más gente—8.900 millones—y menos agua—42% escasez y falta de agua.)
4. **A** (Línea 9. "Todavía hay personas…décadas que vienen.")
5. **D** (Línea 39. "…hay oportunidades de…acceso y purificación.")
6. **A** (Suministro significa distribución y provisión.)
7. **B** (Línea 45. "Esto me parece…para otra entrevista.")

El bienestar social **15**

LOS DESAFÍOS MUNDIALES

Audios

MANUAL PARA ESTUDIANTES página 37

🔊 "La pobreza en América Latina"

(PEDRO JIMÉNEZ, LOCUTOR) La lucha contra la pobreza es una de las metas de las naciones latinoamericanas. **Sin embargo**, no todas han logrado grandes **avances** en este campo y la Comisión Económica para América Latina, CEPAL, emitió hace poco **un informe** de la realidad en nuestros países, incluido el Ecuador. Inicialmente **señalaron** que en nuestro país había aumentado la pobreza entre los años 2008 y 2009.

La pobreza en América Latina se extiende por todos los 20 países y casi una decena de territorios caribeños que la integran. Desde México hasta el sur es un conglomerado de 570 millones de habitantes de los cuales 180 millones viven en condiciones de pobreza según **un informe** reciente de la CEPAL. La CEPAL es la Comisión Económica para América Latina y el Caribe, un organismo de las Naciones Unidas surgido hace 62 años para contribuir al **desarrollo** económico de la región y tiene su sede en Chile. **Si bien** esta comisión estima que durante este año habrá una mínima reducción de la pobreza, el estudio de 9 países entre el 2008 y el 2009 **señala** que esta condición mejoró sólo en Brasil, Argentina, Uruguay, Chile, Paraguay y República Dominicana; pero que la pobreza aumentó en países como Costa Rica, México y Ecuador.

De nuestro país **señala** que la pobreza pasó del 39% al 40.2%. Esto es aproximadamente 150 mil pobres más en tan sólo un año, llevando **las cifras** de la pobreza en Ecuador a 5.220.000 personas.

Byron Medina es uno de ellos. Vive en este **asentamiento** en las afueras de Guayaquil desde hace 5 años. Es de Esmeraldas, pero se vino dejando todo atrás.

(BYRON MEDINA) Allá está todo lo nuestro, todas sus raíces, pero tenemos que buscar otra forma de vivir por nuestros hijos.

(PEDRO JIMÉNEZ, LOCUTOR) Y a pesar de su condición, dice que no todos los pobres son iguales.

(BYRON MEDINA) Hay unos que tienen la suerte de comer un una vez al día y vemos otros que no tenemos la suerte ni de comer dos vec dos días, de comer dos días a la semana. Entonces no creo que todos los pobres seamos iguales.

(PEDRO JIMÉNEZ, LOCUTOR) Y es que también hay ecuatorianos que son menos que pobres. Son aquellos que viven en la extrema pobreza, en **la marginalidad** extrema, en la indigencia. En las ciudades a veces es fácil verlos desambulando por las calles todo el día y en las noches llegan para refugiarse bajo los puentes.

Sin embargo, la extrema pobreza en el Ecuador manda sobre todo en las áreas rurales y también zonas urbano-marginales, como ésta.

Son personas que sobreviven **apenas** con un dólar al día y a veces menos. Reciben muy poca asistencia. Y según las **cifras** de CEPAL, en América Latina hay 72 millones de personas que viven en la extrema pobreza. En nuestro país, desde hace algunos años, se manejan **cifras** relacionadas con el 12% de la población. Esto es aproximadamente un millón y medio de ecuatorianos, viviendo en estas condiciones.

Este **informe** de la CEPAL, fue, **sin embargo**, cuestionado por el presidente Rafael Correa el sábado pasado. Y precisamente desde Chile la Secretaria Ejecutiva de la CEPAL Alicia Barcena hace algunas **aclaraciones** a las **cifras** del **informe** en una entrevista que publica hoy el diario EL COMERCIO donde **señala** que la pobreza en el Ecuador, sí, se redujo pero en menos de medio punto. **Apenas** bajó del 42,7% en el 2008 al 42,2% en el año 2009. Pedro Jiménez, Ecuavisa.

CLAVE

1. **B** (Línea 1. "La lucha contra…las naciones latinoamericanas.")
2. **B** (Línea 14. "…para contribuir al…de la región…")
3. **A** (Línea 26. "Byron Medina es…en está asentamiento…")
4. **D** (Línea 33. "Hay algunos que…vez al día.")
5. **A** (Línea 55. "…la Secretaria Ejecutiva…cifras del informe…")

Ensayo

MANUAL PARA ESTUDIANTES página 39

🔊 **FUENTE NÚMERO 3**
"La felicidad interna bruta"

(ROBERTO RODRÍGUEZ-MARCHENA) Gedeón. Buenas noches. Gracias por venir y, sobre todo, gracias por este tema.

(GEDEÓN SANTOS) Muy bien.

16 El bienestar social

LOS DESAFÍOS MUNDIALES

(ROBERTO RODRÍGUEZ-MARCHENA) Tienes la palabra.

(GEDEÓN SANTOS) Bueno. Mira. Ehh me llamó mucho la atención y por eso traje el tema de que en Brasil en días pasados. Bueno, recién el sábado concluyó desde el jueves pasado hasta el sábado un cónclave mundial que se había convocado sobre felicidad interna bruta. Ehh este es un concepto que viene manejándose desde los años 60 cuando un monje que es una especie de rey de una ciudad o de un país budista que se llama Bután, que está entre la India y China en las montañas del Himalaya, un pequeñito país con 700,000 habitantes quizás menos que tiene un sólo policía que tiene una o dos calles que es un 70% de bosques. Es un país que desde el punto de vista de las mediciones del producto interno bruto es sumamente pobre pero resulta que cuando se hacen análisis ellos se sienten muy felices. Entonces, este rey ehh ha planteado la idea de que ehh se cree este índice, índice de felicidad bruta. Entonces, desde esa época para acá se ha venido más o menos escuchando el tema pero no es hasta que vienen estas crisis fuertes que el tema vuelve y se pone en tapete. La crisis mundial ahora lo ha puesto de moda otra vez y de hecho, por eso, se hace el cónclave y ya es el quinto que se hace el consecutivo.

(ROBERTO RODRÍGUEZ-MARCHENA) ¿Este fue el quinto?

(GEDEÓN SANTOS) Este fue el quinto, sí, que ya se hace. Entonces......

(ROBERTO RODRÍGUEZ-MARCHENA) Y en él participaron ¿qué tipo de profesionales?

(GEDEÓN SANTOS) Ahí participan, ahí participan sicólogos, antropólogos, filósofos, economistas, etc, y sociólogos y sociólogos.

(ROBERTO RODRÍGUEZ-MARCHENA) Multidisciplinario totalmente.

(GIDEÓN SANTOS) Multidisciplinario porque la idea es entender que no se puede medir a la sociedad sólo a partir de sus variables económicas sino que hay otras variables de otro tipo que también influyen en la vida de la sociedad y que son a veces más importantes incluso que las propias variables económicas.

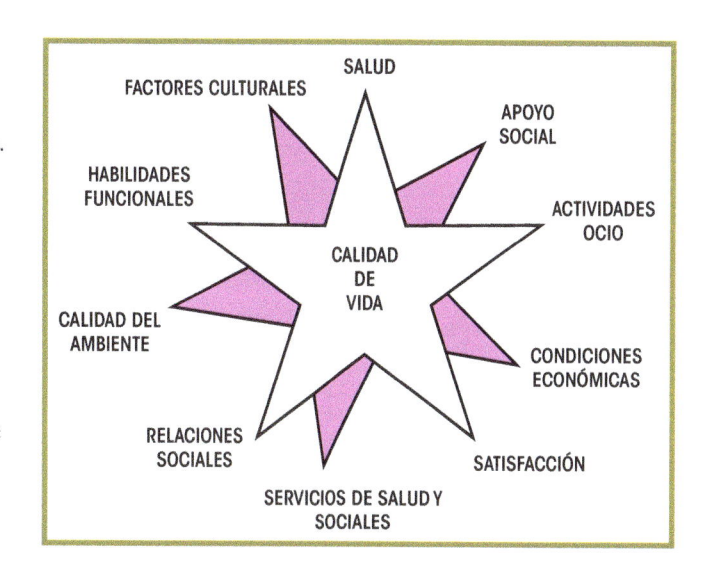

(ROBERTO RODRÍGUEZ-MARCHENA) Porque los seres humanos no somos homus económicus.

(GEDEÓN SANTOS) Verdad. También somos homus sociales, homus filosóficus, etc., culturales etc. Bueno, yo he querido entonces hacer una comparación entre los diferentes índices más importantes. Saqué unos cuatro para que tengamos una idea de cómo funciona esto y la importancia que tiene incluso para nuestras vidas aunque no lo sepamos.

(ROBERTO RODRÍGUEZ-MARCHENA) Muy bien.

(GEDEÓN SANTOS) Y el primero que saqué ehh fue el índice que es el más conocido de todos, que es el Producto Interno Bruto...

(ROBERTO RODRÍGUEZ-MARCHENA) ...Producto Interno Bruto...

(GEDEÓN SANTOS) Para que la gente tenga una idea: el Producto Interno Bruto es la suma de lo que un país produce, comercia, vende ehh en un año. Aproximadamente...

(ROBERTO RODRÍGUEZ-MARCHENA) ...Las riquezas que se producen...

(GEDEÓN SANTOS) ...las riquezas que se producen...

(ROBERTO RODRÍGUEZ-MARCHENA) ...que produce todo el mundo...

(GEDEÓN SANTOS) ...todo el mundo incluyendo nacionales o extranjeros. Y, eso lo diferencia del producto nacional bruto que antes nada más era medir lo que producían los nacionales. Este mide también lo que producen los extranjeros. Es decir zonas francas, ehh inversionistas no ehh no no dominicanos.

El bienestar social

LOS DESAFÍOS MUNDIALES

Conversaciones

MANUAL PARA ESTUDIANTES página 40

🔊 **"Tu abuela busca tu comprensión"**

Abuela	• Te saluda y te pide algo.
Tú	• Salúdala y hazle una pregunta.
Abuela	• Continúa la conversación.
Tú	• Cortésmente contradice lo que te ha dicho y explícate.
Abuela	• Continúa la conversación.
Tú	• Reacciona y dale tu opinión al respecto.
Abuela	• Continúa la conversación.
Tú	• Reacciona y dale una alternativa para su futuro.
Abuela	• Responde y te pide tu opinión.
Tú	• Apoya su idea y despídete afectuosamente.
Abuela	• Reacciona.

(TONE)

(ABUELA) Aló. ¿Quieres acompañarme a visitar un asilo de ancianos? Estoy pensando en mudarme. TONE (20 segundos) TONE

(ABUELA) ¿Cómo? No te oí bien pero no importa. ¿Sabes que en cinco años seremos la mayoría en este país? TONE (20 segundos) TONE

(ABUELA) Escúchame bien. Es cierto y debes prepararte porque cuando empieces a trabajar vas a estar trabajando para nosotros. Muchas gracias. TONE (20 segundos) TONE

(ABUELA) En realidad, no quiero hacer esto pero habrá muchos otros de mi edad ahí y francamente prefiero mi música, mis revistas y mis programas de radio. Nada de esto de hop-hip ni del programa "La carretera increíble a ninguna parte". TONE (20 segundos) TONE

(ABUELA) Gracias, mi amor, pero estoy pensando en dejar de conducir el carro. Todo mi mundo se está achicando. ¿No es cierto? TONE (20 segundos) TONE

(ABUELA) Bueno, gracias por tus consejos. Adiós. Espera, espera. ¿No quieres acompañarme? Se te olvidó… TONE

Lago Titicaca

LOS DESAFÍOS MUNDIALES

La conciencia social

Lecturas

MANUAL PARA ESTUDIANTES página 42

"Carta abierta del poeta Javier Sicilia"

CLAVE

1. **D** (Línea 13. "Estamos hasta la madre de ustedes, políticos…" Línea 38. "De ustedes, criminales…")
2. **B** (Deducción)
3. **A** (Línea 20. "…porque sólo tienen imaginación para la violencia…")
4. **D** (Línea 47. "…su violencia se…subhumana, demoniaca, imbécil…")
5. **D** (Línea 71 entre otras. "…y no dije nada.")
6. **B** (Línea 76 entre otros ejemplos. "…debemos hablar con…grito de indignación…")
7. **B** (Línea 80. "Además opino que…a esta nación.")

Ilustración con audio

MANUAL PARA ESTUDIANTES página 44

🔊 FUENTE NÚMERO 2
"Conciencia social"

(VOCES DE NIÑOS) My name is Edna.
My name is Margarita.
My name is Sonia.
My name is Nicolás.
5 My name is Victoria.
My name is Andrea.
My name is William.

(LOCUTOR) En las vacaciones intersemestrales un grupo de estudiantes de la Universidad Javeriana cambia el descanso y
10 los paseos por la responsabilidad social.

(DANIEL HURGA, UNIVERSIDAD JAVERIANA) Pues, eso es un interés total ya en querer dar a los demás y en no pensar tanto en uno sino en querer dar. Eh, inicialmente fue una cosa de amigos pero a medida que se creció necesitamos buscar más
15 gente y encontramos gente muy comprometida, que que que quiere darles a los niños, que le gusta labor social.

(LOCUTOR) El grupo estudiantil javeriano Conciencia Social Colombia **en conjunto con** estudiantes de la institución norteamericana del estado de Filadelfia, Swarthmore College,
20 desarrollan un proyecto educativo en la localidad de Suba con 42 niños y preadolescentes. La mayoría de ellos pertenecientes a núcleos familiares en situación de **desplazamiento** y condiciones de pobreza.

(CAMILA LEYVA, UNIVERSIDAD SWARTHMORE) De repente también en las actividades de arte que hemos hecho, pintando
25 el mural, hablando también hemos hecho **una maqueta** de los de las comunidades de donde, de los barrios de donde vienen los niños y hablando de cómo de **las problemáticas** que hay ahí, y como que a través de estos proyectos ahí uno va viendo qué temas, eh qué temas enfrentan los jóvenes y niños de acá
30 de Suba.

(LOCUTOR) El proyecto educativo se desarrolla en cuatro áreas fundamentales: la justicia social, inglés, artes y tecnología en los cuales los estudiantes de la universidad les transmiten sus conocimientos y habilidades a los niños,
35 quienes **además de** aprender se divierten con ellos.

(CRISTINA SUÁREZ, Niña A) Eh, lo que más me gusta de estos talleres es, que uno aprende a respetar.

(LUISA FERNANDA FORERO, Niña B) **Chéveres**. Eh, porque nosotros nos podemos expresar libremente sin tener que estar
40 **peleando** y a veces no tener nada con qué divertirnos.

(DAVID GONZÁLEZ, UNIVERSIDAD JAVARIANA) Bueno, primero que todo pues como son niños que vienen de situación de **desplazamiento**, pues vienen de una manera muy desorganizada mentalmente. Entonces, uno debe
45 como administrador, le está enseñado como una manera de organizar y mirar cómo pueden ellos enfocar eso, organizando su vida como pueden enfocar eso, a no cometer tantos errores.

(LOCUTOR) Los representantes de administración de
50 empresas, sicología y el Swarthmore College esperan tener próximamente mucho más apoyo de otras carreras para continuar comprometidos con la causa.

LOS DESAFÍOS MUNDIALES

CLAVE

1. **A** (Presentan sus principios.)
2. **D** (Dos de los principios mencionan directamente la comunidad. El tercero habla de servicio.)
3. **B** (Deducción)
4. **A** (Las manos están entrelazadas.)
5. **C** (Línea 12. "…querer dar a…en querer dar.")
6. **A** (Línea 17. "El grupo estudiantil…estado de Filadelfia…")
7. **D** (Línea 21. "La mayoría de…condiciones de pobreza…")
8. **B** (Línea 38. "…uno aprende a respetar." Línea 40. "…sin tener que estar peleando…")
9. **D** (Los testimonios del audio resumen los principios de la página de inicio de la fundación.)

Audios

MANUAL PARA ESTUDIANTES página 45

🔊 "Conciencia social en el sector emprendedor"

(FRANCISCO MACKINLAY) Mi nombre es Francisco MacKinlay. Tengo 38 años. Estoy casado, tengo tres hijos y uno en camino y, la verdad que para mí, es un orgullo estar acá ehh.

Pero bueno, de repente me dijeron, vos estás haciendo responsabilidad social empresaria, y les dije, ah, qué bueno, este, y de ¿qué se trata? Y no, de lo que estás haciendo. Entonces, bueno, la idea es que yo les cuente qué es lo que hago. Lo que yo quiero es tratar de contagiarlos, de de **animar**los, porque frente a todos los que escuchábamos la presentación de Fede que no es, **en gran parte,** es un relato de lo que está pasando, creo que los medios nos inundan con un montón de información que después de escuchar uno dice, y, y ¿yo? ¿Qué puedo hacer frente a esto? Si yo no soy una multinacional ni estoy en el gobierno, pero la verdad que lo que yo quiero es **animar**los a que desde el lugar en el cual uno está y en la empresa donde, en la cual a uno le toca trabajar, puede empezar a generar un cambio; y como decía Rodolfo, con que una persona o dos en algún momento se contagien, y los empleados que uno tiene, capten el 50 por ciento de los valores que uno les quiere transmitir y ellos se los transmitan a sus hijos y así de generación en generación. Creo que así es cómo vamos a producir el cambio que todos queremos para nuestras familias, para nuestro país.

Entonces, la mayoría de los choferes desgraciadamente tienen muy poca **formación** incluso algunos vienen con el registro y uno le hace una prueba de manejo y no saben manejar. Lo vemos reflejado en los diarios cuando hay accidentes, y en la mayoría de los accidentes que tenemos hoy desgraciadamente hay un camión involucrado. Muchas veces es porque el chofer no sabe manejar o porque iba mal dormido. Entonces, uno puede no escuchar, no importarle o poner manos a la obra y agregar a ese plan de negocios determinadas cosas que por ahí **en el corto plazo,** como decían, no trae **un retorno.** No vamos a ver reflejado en el cuadro de resultados al final pero creo que un negocio no es solamente tener más dinero a fin de año y darles más dinero a los accionistas. Si pudimos salvar vidas, si pudimos ayudar a otra gente, creo que eso también, también es negocio.

Yendo a lo concreto, ehh imagínese un chofer de larga distancia que sale de viaje y por ahí se pasa una semana sin volver a su casa. El domingo si pudo volver, si pudimos conseguirle la carga para volver, llega a su casa. La mujer tiene los chicos que le saltaron encima toda la semana. Quiere salir con sus amigas a tomar un café. El chofer dice que quiere dormir. No, quedate con los chicos. No estuviste toda la semana y, encima, pretendés. Entonces, ¿cómo se puede combatibilizar una vida familiar con un trabajo así?

Bueno, la verdad. Todavía no encontré la respuesta; pero, por lo menos, me puse a trabajar. Entonces, lo que hicimos **averiguando** a ver qué podíamos hacer, muchas veces uno quiere inventar la rueda pero hay muchas cosas que ya están inventadas. Encontramos una fundación que se llama ASPAC, que tiene un lema que dice que formando una mujer se salva una familia. Y entonces lo que empezamos a hacer en la empresa es a convocar a las mujeres de los choferes para que vinieran a la empresa. Se juntan. Toman su cafecito. Se empiezan a formar. Les damos **talleres**. No yo, pero vienen especialistas que le dan, a enseñarles a tejer, a bordar, hacer, este, ehh manualidades. De hecho, el primer año hicieron pesebres que pudieron vender a fin de año y con esa plata poderles comprarles regalos a sus hijos y, de paso, también ven el lugar donde trabaja el marido, la problemática que hay en la empresa porque no están ajenas, están ahí, y pueden llegar a entender más el trabajo de sus maridos y los maridos también ven que las mujeres, este, se interesan por su trabajo. A su vez les damos **talleres** de de educación. Muchas veces vemos que no hay educación. No es no está en la agenda como primer punto de nuestros gobernantes, lamentablemente.

Entonces, estamos **armando** un programa de capacitación. Queremos articular al gobierno para conseguir un terreno, poner una pista a las empresas de camiones para que pongan sus camiones y los choferes puedan usarlos, al **sindicato** para que también apoyen este proyecto porque va a haber más choferes, más mano de obra. Ellos también van a poder, este, recibir **los aportes** de los empleados y de las empresas, y, bueno, la verdad que esto parece un mega proyecto, algo imposible, pero la verdad que, bueno, gracias a la ayuda de de otras fundaciones y grandes empresas que quieren ayudar a las PYMES. Estoy seguro que lo vamos a lograr.

CLAVE

1. **C** (Línea 7. "Lo que yo quiero es tratar de contagiarlos, de animarlos…")
2. **A** (Línea 18. "…los empleados que…generación en generación.")
3. **C** (Línea 36. "Si pudimos salvar…también es negocio.")
4. **A** (Línea 69. …estamos armando un programa de capacitación.")
5. **B** (Línea 72. "…al sindicato para…apoyen este proyecto…")

Ensayo

MANUAL PARA ESTUDIANTES página 47

🔊 FUENTE NÚMERO 3

"Hazle frente al ciberacoso"

(LOCUTORA) Pasamos mucho tiempo en línea, enviamos mensajes de texto, publicamos comentarios y compartimos material. Estar conectados es una parte importante de nuestras vidas pero comunicarse con alguien en línea es exactamente lo mismo que hablar con los demás en la vida real.

Todos aprecian los buenos modales y a nadie le gusta que los demás se burlen, y que se digan chismes o mentiras pero la verdad es que hay algunas personas que sí tratan de hacer daño o maltratar a los demás en línea. Esto se llama ciberacoso y es una situación en la que todos pierden. La persona acosada se siente mal. El intimidador da una mala imagen de sí mismo. Este comportamiento puede causar problemas con las autoridades de la escuela o incluso con la policía.

Si alguien te acosa o intimida en línea es importante que no respondas porque los *bullies* están buscando que la víctima reaccione. Bloquéalos si puedes y si no ignóralos. Si la situación continúa, guarde la debida evidencia del incidente y pídale ayuda a un adulto. No temas defenderte o salir en defensa de alguna otra persona que sufra un ciberacoso. Por lo general este tipo de comportamiento cesa bastante rápido cuando alguien interviene; y cuando te estés comunicando en línea, recuerda la importancia de tratar a los demás como te gusta que te traten a ti.

Aprende a comportarte. Estar conectado en línea es parte de tu vida. Así que antes de hacer clic, para y piensa.

LOS DESAFÍOS MUNDIALES

Conversaciones

MANUAL PARA ESTUDIANTES página 49

🔊 "El Concurso del Modelo de las Naciones Unidas"

Camilo	• Te saluda y te hace una pregunta.
Tú	• Salúdalo y contesta.
Camilo	• Continúa la conversación.
Tú	• Contesta dándole detalles de lo que sabes.
Camilo	• Continúa la conversación.
Tú	• Reacciona negativamente.
Camilo	• Continúa la conversación.
Tú	• Proponle otra opción.
Camilo	• Continúa la conversación.
Tú	• Dale tus disculpas y despídete.

(TONE)

(CAMILO) Hola. ¿Sabes que el Concurso del Modelo de las Naciones Unidas es a fines de este mes? TONE (20 segundos) TONE

(CAMILO) Bueno, necesito tu ayuda. Vamos a representar el país de Colombia y aunque sabemos algo, no conocemos mucho. Tienes alguna idea sobre Colombia, ¿no? TONE (20 segundos) TONE

(CAMILO) Bueno. ¿Esto es todo? Creí que sabías más. TONE (20 segundos) TONE

(CAMILO) Bueno, no quería insultarte. De todas formas, podemos investigar la política internacional de Colombia y representar muy bien el país. TONE (20 segundos) TONE

(CAMILO) Lo que pasa es que no podemos cambiar de país. ¿Quieres hacerlo o no? TONE (20 segundos) TONE

La conciencia social

| LECTURAS | LECTURAS CON AUDIOS | AUDIOS | CORREOS ELECTRÓNICOS | ENSAYOS | CONVERSACIONES | DISCURSOS |

CIENCIA Y TECNOLOGÍA

| acceso a la tecnología | efectos de la tecnología | salud y medicina | innovaciones tecnológicas | fenómenos naturales | ciencia y ética |

¿ES ESPAÑA UN PAÍS INNOVADOR?
LA INNOVACIÓN ES LA SOLUCIÓN

EL CIENTÍFICO NO ESCUCHA EL CONSEJO DE LAS ESTRELLAS Y PIERDE…
LA CIENCIA ESTÁ CUESTIONADA

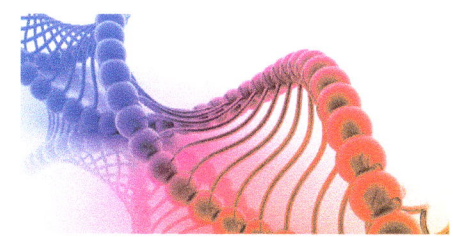

RAMÓN SAMPEDRO SUFRIÓ UN ACCIDENTE Y QUEDÓ INMOVILIZADO
UNA CONFESIÓN REAL

MAESTRO CARLOS SOLA LUQUE: EN LA CASA HAY UNA GEOGRAFÍA DE…
MEDICINA MEXICANA TRADICIONAL

PABLO NERUDA: "CADA MÁQUINA TIENE UNA PUPILA ABIERTA…" 
MAESTRANZAS DE LA NOCHE

LA IDEA ES SIMPLE PERO EFECTIVA
El dispositivo que asusta a los carteristas

ÍNDICE MEXICANO

CÁPSULAS CULTURALES

CLASIFICADOS CON VOCABULARIO Y PREGUNTAS CULTURALES

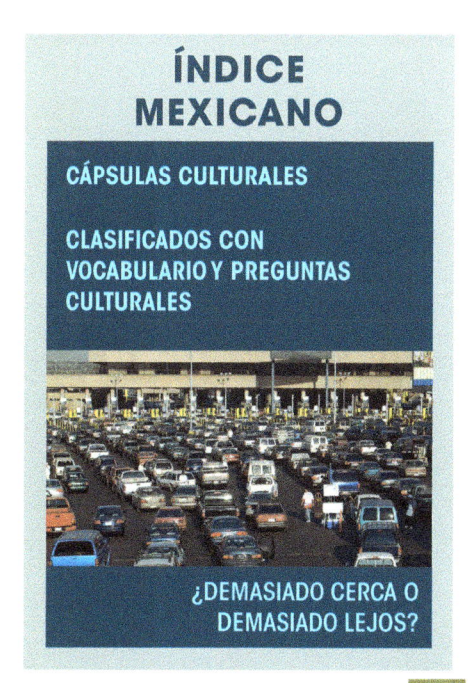

¿DEMASIADO CERCA O DEMASIADO LEJOS?

23

LA CIENCIA Y LA TECNOLOGÍA

El acceso a la tecnología

Lecturas

MANUAL PARA ESTUDIANTES página 52

"Maestranzas de noche"

CLAVE

1. **B** (Verso 3. La tierra es testigo del dolor y de la desconsolación que la rodea.)
2. **C** (Verso 4. "…los caldos en que el bronce derritió su dolor.")
3. **D** (Verso 5. Son las sombras de los obreros que aparecen y desaparecen rápidamente como un ave por la noche.)
4. **D** (Verso 8. Es un sonido chillante y escalofriante que produce ansiedad.)
5. **B** (Verso 9. El poeta narra y describe aquí.)
6. **B** (Verso 11. Un gancho, una herramienta que se usa en una fundidora, tiene la forma de un signo de interrogación.)
7. **A** (Hay un sentido de desesperación por todo el poema.)

Ilustración con audio

MANUAL PARA ESTUDIANTES página 53

🔊 **FUENTE NÚMERO 2**

"Computadoras y teléfonos, herramientas del desarrollo"

(CARLOS MARTÍNEZ) El uso de las tecnologías de la información y las comunicaciones, las TIC, facilitan el desempeño de las empresas y aumentan su eficacia.

Sin embargo, en los países en desarrollo, **a menudo** las pequeñas y microempresas no las utilizan, incluso cuando podrían tener acceso, por considerarlas demasiado onerosas o porque no confían en ellas.

Al introducir nuevas tecnologías en los procesos administrativos se puede reducir el tiempo que se requiere para crear una nueva empresa o para realizar actividades de importación y exportación señaló Marta Pérez Cusó, economista de la UNCTAD.

La experta señaló cuáles son las tendencias globales y regionales en la difusión del uso de tecnologías como la telefonía móvil, Internet y banda ancha.

¿De qué manera el uso de las tecnologías de la información puede apoyar la iniciativa empresarial de las mujeres?

(MARTA PÉREZ CUSÓ) Por ejemplo, puede ofrecer un mayor acceso a financiación. En algunos casos, también puede ofrecer también un acceso más directo a información **a través**, por ejemplo, de servicios de mensajería corta, y puede ofrecer también una mayor flexibilidad para el uso del tiempo y por tanto permitir a las mujeres acceder a la información que necesitan, en el momento más conveniente para ellas.

(CARLOS MARTÍNEZ) ¿Qué pueden hacer los gobiernos para impulsar estas tecnologías en pos del desarrollo?

(MARTA PÉREZ CUSÓ) Bueno, pueden hacer varias cosas. Una de ellas sería facilitar el desarrollo de una estruc infraestructura **asequible**, que llegue no sólo a los principales centros económicos, pero también a zonas rurales, y otras zonas, en las que **actualmente**, se cuenta con menos acceso, en particular, las áreas donde vemos que la brecha es más importante, en cuanto al acceso a banda ancha en zonas rurales. Para ello se necesita crear un marco competitivo, fomentar la competencia en el sector de telecomunicaciones.

LA CIENCIA Y LA TECNOLOGÍA

Otro ámbito de actuación podría ser la adecuación del marco regulatorio para que se puedan desarrollar los servicios de **banca a través de** la telefonía móvil. Existen ahora, particularmente conocemos un gran número de iniciativas en
40 países africanos, la oportunidad de transferir y de recibir dinero a través del teléfono móvil. Aplicables al caso de América Latina, por ejemplo, en el en el ámbito de la telefonía, del acceso a la banca y a servicios financieros a través de la telefonía móvil. En América Latina no están muy desarrollados. Mientras que en
45 África hay más de 50 servicios de telefonía móv eh de banca y telefonía móvil, en América Latina sólo hay quince servicios.

(CARLOS MARTÍNEZ) Escuchábamos a Marta Pérez Cusó, economista de la UNCTAD. Carlos Martínez, Naciones Unidas, Nueva York.

CLAVE

1. **C** (Las líneas del gráfico representan el acceso latinoamericano y su atraso en comparación con otros países.)
2. **B** (La línea que representa el teléfono celular está a 18% aproximadamente en 2009.)
3. **B** (La línea que representa el Internet está a 43% aproximadamente y empieza en 1992. La línea que representa la banda ancha móvil empieza en 2003.)
4. **A** (Línea 4. "…a menudo las…podrían tener acceso…")
5. **A** (Línea 18. "…puede ofrecer un…acceso a financiación.")
6. **D** (Línea 27. "…facilitar el desarrollo de una estructura asequible…")
7. **A** (El gráfico ilustra que América Latina está atrasada en el acceso TIC y el audio habla de la importancia de facilitar el acceso TIC.)

Audios

MANUAL PARA ESTUDIANTES página 55

🔊 "Una computadora por niño"

5 (LOCUTOR) Una computadora por niño: Es nuestro nombre y nuestra visión. Queremos crear oportunidades de **aprendizaje** para los niños de **escasos** recursos del mundo, proveyendo a todos y cada uno la computadora más resistente, de menor costo, de menor consumo y con conectividad, y esta
10 computadora es la del proyecto "Una computadora por niño".

Saluden a la XO, una computadora sin igual, **diseñada** para soportar condiciones extremas en áreas remotas. Viene con un software que contiene actividades que ayudan a los niños a aprender, explorar, crear y compartir sin importar el idioma que
15 hablen o donde viven.

La XO los conecta entre sí, y al mundo y a un futuro mejor. Somos una organización **sin fines de lucro** lo que hace a estos niños nuestra misión, no nuestro mercado. Es por ello que donde sea que vaya la XO hay cinco principios fundamentales, en los que todos están de acuerdo. 20

Primero: Los niños se vuelven propietarios de su computadora. Deben ser libres de poder llevarlas a sus casas y usarlas cuando quieran hacerlo. Ese es el objetivo.

Segundo: Nos concentramos en educación temprana, esto significa niños alrededor de 6 a 12 años aproximadamente. 25

Tercero: Saturación. Tenemos que pensar en un gran número de computadoras. Así, **aulas** y escuelas enteras reciben su computadora. De esta manera nadie queda sin su XO.

Cuarto: Conexión a Internet. Los niños deben tenerla, porque, hay cosas interesantes para aprender de Internet. 30

Quinto: Software libre: las computadoras deben tener software libre y **gratuito**. Entonces, las computadoras se pueden actualizar solas a través de Internet y adaptarse a las necesidades del niño. Entonces en una cáscara de nuez estamos nosotros, una organización que fabrica una computadora pequeña para servir 35 a una gran causa, llevando educación a todas partes del mundo con una computadora por niño.

CLAVE

1. **C** (Línea 1. "Una computadora por…y nuestra visión." Línea 13. "Somos una organización sin fines de lucro…")
2. **A** (Línea 4. "…la computadora más…de menor consumo…")
3. **B** (Línea 9. "…ayudan a los…idioma que hablen…")
4. **B** (Línea 13. "…lo que hace…no nuestro mercado.")
5. **D** (Línea 18. "…usarlas cuando quieran hacerlo.")
6. **C** (Línea 23. …aulas y escuelas…sin su XO.")
7. **D** (Línea 27. "…deben tener software libre y gratuito.")
8. **B** (Línea 30. "…en una cáscara de nuez estamos nosotros…" y deducción.)

El acceso a la tecnología

LA CIENCIA Y LA TECNOLOGÍA

Ensayo

MANUAL PARA ESTUDIANTES página 57

🔊 **FUENTE NÚMERO 3**

"Derecho a Poseer y Portar Amas NO es una Concesión del Estado"

(DAVID JIMÉNEZ RAMÍREZ) Es preocupante el criterio carente de fundamento recientemente externado por funcionarios públicos en torno al derecho de poseer y portar armas por parte de los ciudadanos costarricenses. Confunden ellos, con
5   aires de malsana oficialidad, entre un derecho y una concesión con el motivo último de confundir a la opinión pública. En su afán de avanzar la política explícita de desarme de la población civil, confunden además entre bienes públicos (calles, parques, plazas y demás espacios públicos) y bienes de dominio
10 privado. Estos últimos están integrados por objetos, materiales susceptibles de valoración económica, e inmateriales como los derechos, también los bienes muebles e inmuebles construidos o adquiridos de manera lícita, con fuentes económicas patrimoniales propias de la persona.

Aunque el Estado cuenta con la potestad soberana de imperio,   15
otorgada por el pueblo para administrar, controlar, regular y mantener un registro actualizado de las armas existentes en el país y de sus poseedores públicos y privados, todo bajo el marco legal, regulatorio y sancionatorio del estado de derecho, resulta improcedente que el estado pueda auto designarse la   20
atribución de dar en concesión a los ciudadanos bienes que no le pertenecen y que no están bajo dominio público; son propiedad privada de las personas en el ejercicio de su libertad, uso y disposición. Mucho menos puede el Estado pretender concesionar la capacidad y la oportunidad al ciudadano de   25
defender su vida, la de su familia y su patrimonio ante una agresión ilegítima.

El respeto a la libertad de los ciudadanos en su derecho a poseer armas, garantiza el equilibrio democrático necesario entre los posibles excesos y abusos de poder de sus gobernantes y la   30
potestad del pueblo de mantener el balance y control sobre el estado. Además, asegura la posibilidad del pueblo de colaborar en la construcción y solidificación de un país más seguro. Éste fue un comentario de David Jiménez Ramírez.

Conversaciones

MANUAL PARA ESTUDIANTES página 58

🔊 "Estresada"

Graciela	• Te saluda y te hace una pregunta.
Tú	• Salúdala, contesta y hazle una pregunta.
Graciela	• Te lo explica.
Tú	• Reacciona y hazle una pregunta según la situación.
Graciela	• Contesta.
Tú	• Dale un consejo y explícale por qué lo debe cumplir.
Graciela	• Reacciona y continúa la conversación.
Tú	• Contesta dando detalles y anímala.
Graciela	• Te responde.
Tú	• Dale un consejo específico y despídete cortésmente.

(TONE)

(GRACIELA) Hola. ¿Eres tú? ¿Con quién hablo? TONE (20 segundos) TONE

(GRACIELA) No me funciona la computadora. No sé qué hacer. TONE (20 segundos) TONE

(GRACIELA) En realidad se me ha bloqueado. TONE (20 segundos) TONE

(GRACIELA) Pero, no hay nada. He perdido todo. Todo. He perdido todos mis documentos, música, fotos… ¿Te ha pasado algo igual? Nunca en mi vida. ¿Qué harías? TONE (20 segundos) TONE

(GRACIELA) Gracias. Creo que voy a comprarme otra. Buena idea, ¿no? TONE (20 segundos) TONE

LA CIENCIA Y LA TECNOLOGÍA

Los efectos de la tecnología en el individuo y en la sociedad

Lecturas

MANUAL PARA ESTUDIANTES página 60

"La innovación tecnológica, la solución para la crisis de España"

CLAVE

1. **B** (Los encabezados en negrilla plantean los criterios de desarrollo.)
2. **A** (Línea 6. "Innovación es todo…conocimiento, genera valor.")
3. **B** (Línea 22. "El conocimiento de…los procesos productivos…")
4. **D** (Línea 28. "…para pensar la…con mayor calidad.")
5. **C** (Línea 35. "…Su Majestad el…una organización…"; Línea 40. "Ante tal impulso, se creó Cotec…")
6. **A** (Línea 43. "…no existe precedente…tipo de iniciativa.")
7. **B** (Línea 47. "…requiere apoyo político…de empresas nacionales…")
8. **B** (No hay una respuesta explícita. Hay solo sugerencias para cómo crear un ámbito de innovación.")
9. **C** (El gráfico presenta diferentes áreas de voluntad y capacidad empresarial.)
10. **A** (Un 82,9% cree que se deteriora.)
11. **C** (El artículo ofrece una lista de sugerencias de mejora y el gráfico presenta una opinión mayoritaria negativa.)

Ilustración con audio

MANUAL PARA ESTUDIANTES página 62

🔊 **FUENTE NÚMERO 2**

"Cómo comprar en Internet"

(ISA WEIS) Hola a todos. ¿Qué tal? En este video os voy a contar un poquito sobre las compras por Internet porque es una cosa que me preguntáis mucho. Yo compro mucho por Internet, y os quiero explicar un poco por qué.

5 Bueno, lo primero es deciros que existen una multitud de tiendas online. Hoy en día podemos comprar de todo por Internet. Yo he comprado, pues, muchísimas cosas, en ropa, complementos, maquillaje, un traspuntín para Lana, para llevarla en el coche, reservas de hotel, entradas de cine, vamos,
10 prácticamente de todo. Hasta mis zapatos de novia los compré por Internet. Entonces, bueno, prácticamente de todo se puede comprar por Internet.

Ofrecen muchas **facilidades**. Las mayorías de tiendas, un poquitín con un poco de nombre, un poco estables, te dan la posibilidad de devolverlo, si no te gusta. Te hacen muchísimas 15 más ofertas que no tienen en tienda. Hay muchas tiendas online que tienen también tienda física, y si compras por la web, pues te hacen algunas ofertas, regalos, promociones, que no tienen en tienda; por ejemplo, Yves Rocher hace esto; también hace esto El Corte Inglés. Yo, en realidad, compro 20 prácticamente de todo por Internet, excepto, **alimentación**; lo que es **la alimentación** no me gusta comprarla por Internet, porque me gusta ir a la tienda y ver los productos. Los productos frescos. Bueno, los que están enlatados o lo que sea, sí los podría comprar por Internet, pero, bueno, no lo hago. 25

Bueno, ¿qué más cosas os quería contar? Ehh, la, ¿si son seguras? Me lo preguntáis mucho. Me preguntáis, si es seguro comprar por Internet, porque claro, hay eh tiendas que son españolas, que permiten pagar **contra reembolso**; pero las tiendas, por ejemplo, de maquillaje estadounidenses, tipo 30 Charlie Couture o Frost Larsen, todas éstas no permiten pagar **contra reembolso**.

Bueno, pues, no os tenéis que preocupar, porque utilizan lo que se llama **pasarelas de pago** seguras. Cuando metemos nuestro número de tarjeta de crédito, en el acto ese número 35 se encripta y viaja encriptado a través de la red, con lo cual no **corremos ningún peligro** de que nos cojan nuestro número de tarjeta, ni nada de eso. Utilizan **pasarelas** seguras. Además, tenemos la opción de pagar con PayPal. Hice un vídeo de cómo comprar, de cómo abrir una cuenta en PayPal, para 40 poder comprar con PayPal, para poder pagar.

PayPal es **una pasarela de pago** seguro que pertenece a eBay, y que lo que hace es que si tenemos algún problema, nosotros **reclamamos** a PayPal y ellos se entienden con el vendedor y a nosotros nos devuelven el dinero, con lo cual está muy bien. 45

Yo, normalmente, tengo una cuenta en PayPal, pero no la utilizo siempre, normalmente, la utilizo cuando compro por eBay, porque no sabes quién es el vendedor, quién está al otro lado. Entonces, bueno, como te fías un poquitín menos, digamos, pues, utilizo PayPal y si hay algún problema, pues, 50 los de PayPal te devuelven el dinero, pero cuando compro en tiendas, tipo el Corte Inglés, Yves Rocher, Costal, lo que sea, pago con tarjeta y no he tenido problemas jamás; y ya os digo que he comprado, vamos, muchísimo.

LA CIENCIA Y LA TECNOLOGÍA

CLAVE

1. **D** (El título del gráfico dice barreras y las actitudes que siguen implican reserva.)
2. **C** (Hay sólo un "aspecto social de la compra" indicada en color azul.)
3. **A** (Se usan palabras como desconfío, temo, incertidumbre, no sé, no hay, etc.)
4. **A** (Línea 3. "Yo compro mucho…poco por qué.")
5. **C** (Línea 6. "Hoy en día…todo por Internet.")
6. **B** (Línea 35. "…en el acto…corremos ningún peligro…")
7. **B** (Las dos fuentes hablan de tener cuidado implícita y explícitamente al comprar por Internet.)

Audios

MANUAL PARA ESTUDIANTES página 64

🔊 "La ONU celebra el primer Día Mundial de la Radio"

(ROCÍO FRANCO, locutora) En un mundo que cambia rápidamente debemos **sacar el máximo provecho a** la capacidad de la radio para conectar a las personas y las sociedades, para compartir conocimiento e información y fortalecer el entendimiento.

Así lo dijo la directora general de la UNESCO en un mensaje por el primer Día Mundial de la Radio que se celebra este lunes.

Irina Bokova indicó que desde la primera transmisión hace más de un siglo, la radio ha probado ser una fuente de información poderosa para movilizar el cambio social.

(IRINA BOKOVA, Directora General de la UNESCO) Una radio libre, independiente y pluralista es esencial para las sociedades saludables y es vital para **promover** los derechos humanos y las libertades fundamentales.

(ROCÍO FRANCO, locutora) Bokova destacó que la radio es el medio masivo de mayor **alcance** en el mundo, y que aún en la era de las nuevas tecnologías, sigue siendo la plataforma de comunicación más accesible.

(IRINA BOKOVA, Directora General de la UNESCO) Hoy en día no basta con comunicar. Debemos conectar más estrechamente a las personas y a las sociedades. La radio es uno de los medios más poderosos para tener puentes de respeto y entendimiento.

(ROCÍO FRANCO, locutora) El Día Mundial de la Radio fue establecido por la UNESCO cada 13 de febrero, para **conmemorar** la fecha en que se lanzó la radio de la ONU en 1946, hace 66 años.

La iniciativa nació de la Academia Española de Radio y fue presentada por el gobierno de España ante la UNESCO en septiembre de 2011. Rocío Franco, Naciones Unidas, Nueva York.

CLAVE

1. **A** (Línea 3. "…conectar a las…y las sociedades…")
2. **C** (Línea 6. "…en un mensaje…celebra este lunes.")
3. **D** (Línea 11. "Una radio libre, independiente…")
4. **B** (Línea 15. "…es el medio…en el mundo…")
5. **A** (Es la única respuesta que coincide con el contenido del reportaje.)

LA CIENCIA Y LA TECNOLOGÍA

Ensayo

MANUAL PARA ESTUDIANTES página 65

🔊 **FUENTE NÚMERO 3**

"BOOK, un producto revolucionario"

(LOCUTOR) Hola. Presentamos el nuevo dispositivo de conocimiento bio óptico organizado, de nombre comercial BOOK. BOOK es una revolucionaria ruptura tecnológica, sin cables, sin circuitos eléctricos, sin batería, sin necesidad de conexión. BOOK nunca se cuelga. BOOK nunca necesita ser reiniciado. Simplemente tienes que abrirlo y comenzar a disfrutar de sus enormes ventajas. Así es cómo funciona.

BOOK está construido con hojas de papel numeradas secuencialmente. Cada una de las cuales es capaz de almacenar miles de bits de información. Cada página es escaneada ópticamente registrando la información directamente en tu cerebro. Una simple sacudida de dedo nos lleva a la siguiente página. La mayoría de los BOOKS incluye una función de índice que señala la localización exacta de cualquier información seleccionada para su inmediata recuperación.

El accesorio opcional, marca páginas, permite abrir el BOOK en el punto exacto en el que fue dejada la sesión previa. Incluso si el BOOK se ha cerrado, el dispositivo manos libres también conocido como atril permite la correcta colocación de BOOK para su cómoda lectura sin necesidad de usar las manos.

BOOK es un producto respetuoso con el medio ambiente ya que está compuesto únicamente por materiales cien por cien reciclables. Bienvenido a la era que transformará tu manera de entender el mundo. Bienvenido a la experiencia BOOK.

Conversaciones

MANUAL PARA ESTUDIANTES página 66

🔊 "Un nuevo celular"

Onaroha	• Te saluda y te explica el propósito de la llamada.
Tú	• Salúdala y dale una respuesta con detalles.
Onaroha	• Te hace una sugerencia.
Tú	• Contesta dando la razón de tu selección. Hazle una pregunta.
Onaroha	• Continúa la conversación.
Tú	• Dale una razón contraria.
Onaroha	• Continúa la conversación.
Tú	• Completa su frase y dile que por ahora no te interesa y por qué.
Onaroha	• Reacciona y te pide algo.
Tú	• Dale una explicación de por qué quieres terminar la conversación y despídete cortésmente.

(TONE)

(ONAROHA) Hola. Muy buenos días. Te habla Onaroha. Soy tu servidora en asuntos electrónicos. Estoy llamando de la empresa de teléfonos celulares ¿En qué te puedo servir? TONE (20 segundos) TONE

(ONAROHA) Muy bien. Te ofrecemos un celular con sistema Android o con sistema OS. Los dos tienen cámaras y pantalla. ¿Cuál preferirías? TONE (20 segundos) TONE

(ONAROHA) No comprendo tu pregunta. Yo hago las preguntas. Tú contestas. No dependo de ti. TONE (20 segundos) TONE

(ONAROHA) No te olvides que eres la persona que quiere algo de mí. Te ofrezco los mejores celulares de segunda mano. No son de tercera mano porque, porque… TONE (20 segundos) TONE

(ONAROHA) No entiendo. Siempre tengo la última palabra. Tú, no. ¿Ud., sí? Estoy confundida. No se vaya Ud. ¿No te vayas tú? TONE (20 segundos) TONE

Los efectos de la tecnología en el individuo y en la sociedad

LA CIENCIA Y LA TECNOLOGÍA

El cuidado de la salud y la medicina

Lecturas

MANUAL PARA ESTUDIANTES página 68

"Carta al Dr. Lázaro Pérez"

CLAVE

1. **B** (Línea 2. Oncológica y cancerología son sinónimos.)
2. **C** (Aquí la palabra "corta" implica "insuficiente" o "de poca".)
3. **C** (Línea 14. "…después de una mamografía…")
4. **B** (Línea 23. "…fue darme un…este tortuoso camino…")
5. **D** (Línea 36. "…me hicieron sentir…fe y esperanza.")
6. **B** (Línea 39. "…del porqué de nuestro sentimiento de agradecimiento…" La mención de varios médicos y asistentes.)
7. **A** (Línea 44. "…así poder ayudar…del mismo mal…")

Lecturas con audio

MANUAL PARA ESTUDIANTES página 70

🔊 FUENTE NÚMERO 2

"La obesidad en los niños"

(LUPITA, locutora) Para Papás porque ser padres es un deporte extremo www.parapapas.com.

(GERALDO, locutor) Y, bueno, el tema de hoy, ya lo dijo Lupita antes de la cápsula, es obesidad en los niños, un
5   tema alarmante porque cada vez hay más niños **obesos**. Lo podemos ver en las calles, en las escuelas, en los parques en todo… Bueno, desgraciadamente cada vez hay menos niños en los parques y vemos muchos niños **obesos**. No, antes era como…. Ay, mira al gordito, pero ahora realmente es… Creo
10   que es al revés… Ahora ya es un flaquito. Ay, mira al niño flaquito, porque la generalidad de los niños son **obesos**. ¿Por qué pasa esto Paula? ¿Por qué ahora hay más niños **obesos** cada vez?

(PAOLA CERVANTES LAING, especialista en nutrición) Bueno,
15   antes que nada, la obesidad, en realidad, es una enfermedad, causada por muchos factores; desde factores ehh **hereditarios**, o sea de físicos y también los más importantes son los ambientales.

Vamos a empezar con los genéticos que, en realidad, si se
20   ha visto que o sea un niño con papás **obesos**, es mucho más susceptible a tener obesidad. Sin embargo, se ha visto que no sólo es la herencia genética, sino que también, tiene mucha importancia la herencia social. ¿A qué me refiero con esto? Pues, a la herencia de los hábitos, a la herencia de ehh ehh

de la conducta hacia la comida, y también la herencia a la 25
actividad física.

Hoy en día, **en especial**, en la actividad física se considera que es el principal factor de la obesidad de niños, porque lo que más se ha visto es lo que ha disminuido es la actividad en los niños. **En especial**, se ha visto es que lo que han hecho 30
muchos estudios respecto al factor que tiene la televisión en la obesidad infantil por dos cosas. Uno, porque se ha visto que entre más horas **esté un niño frente** a la televisión, se ve en las gráficas que el niño tiene más tendencia a la obesidad, porque pues… porque tiene menos actividad. Y, la otra es 35
porque ver televisión **tiende a** que los niños coman más golosinas.

(LUPITA) Claro, están viendo las imágenes y comes, creo que impulsivamente, ni siquiera te das cuenta de las cantidades que ingieres, ¿no? 40

(PAOLA) Sobre todo la mercadotecnia hacia las golosinas. Otro factor, también que se ha visto es que hoy en día los niños están más solos en la tarde. Entonces, en realidad, también **tienden más a** que pues si están viendo tele, vieron las papitas, van y se compran las papitas. Y, la otra es que ehh 45
también se ha visto, que el factor de estrés es muy importante en la obesidad infantil… ehh se ha visto que niños estresados, o con baja autoestima, también **tienden a** pasar esa parte emocional hacia la alimentación.

(LUPITA) Correcto. 50

CLAVE

1. **D** (La mayoría del artículo trata de la pregunta "¿Qué es la obesidad infantil?")
2. **A** (Línea 9. "…si hace 15…españoles eran obesos…" Línea 38. "…un cuadro de…alimentarias del mundo…")
3. **D** (Línea 25. "…dicen que estas…niño esté sano.")
4. **A** (Línea 40. "Un hecho alarmante…la dieta mediterránea…")
5. **A** (Línea 4. "…un tema alarmante…más niños obesos.")
6. **D** (Línea 17. "…también los más importantes son los ambientales.")
7. **C** (Línea 22. "…tiene mucha importancia…la actividad física.")
8. **B** (Línea 43. "...los niños están…compran las papitas.")
9. **B** (Las dos fuentes hablan de enfermedad y del gran número de niños obesos.)
10. **A** (Línea 25. "...dicen que estas familias están equivocadas."; Línea 16. "…causada por muchos factores…")

LA CIENCIA Y LA TECNOLOGÍA

Audios

MANUAL PARA ESTUDIANTES página 71

🔊 **"Romero Epazote: medicina tradicional mexicana"**

(LOCUTORA) Biblioteca digital de la medicina tradicional mexicana.

Se denomina medicina tradicional mexicana al sistema de conceptos, creencias, prácticas y recursos materiales y
5 simbólicos, destinados a la atención de diversos **padecimientos** y procesos desequilibrantes, **cuyo** origen **se remonta** a las culturas prehispánicas, pero que como toda institución social ha variado en el curso de los siglos, influida por otras culturas médicas, por los cambios en el perfil epidemiológico de las
10 poblaciones y por factores médicos de diversa **índole**.

(MAESTRO CARLOS SOLA LUQUE) Después de ciertas experiencias de investigaciones, soy un convencido de que en la casa hay una geografía de la salud. Pongo tres o cuatro ejemplos típicos. Si la casa tiene un pequeño jardín adelante,
15 de una familia indígena, que emigró al Distrito Federal, es muy probable que nosotros encontremos plantas que han sido elegidas con dos criterios, un criterio ornamental y un criterio utilitario. Otro ámbito importante de la casa es el baño porque generalmente es un lugar donde conviven higiene, cosmética
20 y medicina; y finalmente la cocina, en la cocina conviven la alimentación, fundamental para la vida, la gastronomía y la medicina.

La misma planta, el romero, que se puede utilizar para **un padecimiento** respiratorio, es utilizada para condimentar
25 alimentos. La misma planta, el epazote, que se utiliza para darles sabor a quesadillas o frijoles, es utilizada para las lombrices intestinales, verdad, ehh los áscaris lumbricoides; entonces, los ámbitos de la salud y la enfermedad, son mucho más que el hospital, la clínica o **el quirófano**.

30 (LOCUTOR) El maestro Carlos Sola Luque, es coordinador de investigación del proyecto biblioteca digital de la medicina tradicional mexicana.

CLAVE

1. **B** (El informe se enfoca en lo que se encuentra en un jardín de casa.)
2. **A** (Línea 3. "…sistema de conceptos, creencias…")
3. **B** (Línea 9. "…por los cambios en perfil epidemiológico…")
4. **B** (La geografía se refiere al espacio de la casa y la salud a la medicina.)
5. **D** (Línea 17. "…con dos …un criterio utilitario.")
6. **A** (Línea 24. "…para condimentar alimentos…para darles sabor…")
7. **A** (Línea 27. "…entonces, los ámbitos…o el quirófano.")
8. **A** (Es la única revista que habla de medicina y plantas.)

Ensayo

MANUAL PARA ESTUDIANTES página 73

🔊 **FUENTE NÚMERO 3**

"Alimento chatarra en escuelas, Veracruz"

(LOCUTORA) Bueno, y les comento que pese a que el Senado rechazó la iniciativa que prohibía la venta de comida chatarra, eso en los planteles educativos. "Pues, es muy importante que las escuelas también verifiquen la calidad nutritiva de los productos que se comercializan en las cooperativas escolares", 5
dijo el Regidor de Educación del Ayuntamiento de Veracruz e Integrante del Centro Juan Humberto Salas. Ud. sabe que es muy importante que esto se lleve a cabo, dado que son muchos los niños que cada vez tienen mayores problemas de obesidad.

(JUAN HUMBERTO SALAS, Regidor de Educación) Pues, si no 10
hacemos nada en casa, yo he estado diciéndoles que en en en nuestra casa nuestros padres de familia traten a toda costa de de tener ehh en ese sentido educados a nuestros hijos, que les enseñemos a comer, que les enseñemos a qué es lo que les hace bien y qué es lo que les hace mal para que de alguna manera, 15
independientemente de lo que vendan en las escuelas, ¿sí? ellos sabrán, si lo venden, si lo compran o no.

Pirámide alimenticia vegana

- Grasas 2 porciones: aceite, margarina 1 cucharada (5 ml)
- Frutas 2 porciones: una fruta mediana cortada o cocida ½ vaso (125 ml), zumo de frutas ½ vaso (125 ml), fruta desecada ¼ vaso (60 ml)
- Vegetales 4 porciones: verduras crudas 1 vaso (250 ml), zumo de verduras ½ vaso (125 ml), verduras cocinadas ½ vaso (125 ml)
- Legumbres, nueces y otros alimentos ricos en proteínas 5 porciones: sucedáneo de carne 1 onza (28 g), mantequilla de cacahuete 2 cucharadas (30 ml), legumbres cocidas o guisadas ½ vaso (125 ml), tofu o tempeh ½ vaso (125 ml), nueces ¼ vaso (60 ml)
- Cereales 6 porciones: pan 1 rebanada, grano o cereales cocidos ½ vaso (125 ml), cereales listos para el consumo 1 onza (28 g)

LA CIENCIA Y LA TECNOLOGÍA

Conversaciones

MANUAL PARA ESTUDIANTES página 74

🔊 "Un problema"

Eulalia	• Te llama y te explica algo.
Tú	• Salúdala, reacciona y hazle una pregunta.
Eulalia	• Te responde y continúa la conversación.
Tú	• Contéstale con detalles.
Eulalia	• Reacciona y te hace unas preguntas.
Tú	• Reacciona negativamente y proponle otra solución.
Eulalia	• Te hace una pregunta.
Tú	• Contesta con detalles.
Eulalia	• Continúa la conversación.
Tú	• Anímala y despídete.

(TONE)

(EULALIA) Hola. Perdona. Te llamo porque necesito tus consejos. Es que, es que viene el verano y quiero ir a la playa pero no estoy en muy buena forma. TONE (20 segundos) TONE

(EULALIA) Ehh. Espera, perdona. Necesito explicártelo. Estoy en muy mala forma porque no me gusta hacer ejercicio. ¿Qué debo hacer? TONE (20 segundos) TONE

(EULALIA) Bueno. Buena idea pero no creo que haya tiempo para hacer todo esto. Me han invitado para la semana que viene y ¿qué piensas? ¿No hay otro método más rápido? TONE (20 segundos) TONE

(EULALIA) Ah. ¿Sí? Bueno. ¿Qué harías en mi caso? TONE (20 segundos) TONE

(EULALIA) Bien, estoy de acuerdo. Yo sé que soy un poco tonta y que ningún chico va a salir conmigo. Seguro que nuestros amigos me van a rechazar y no voy a divertirme. TONE (20 segundos) TONE

El cuidado de la salud y la medicina

LA CIENCIA Y LA TECNOLOGÍA

Las innovaciones tecnológicas

Lecturas

MANUAL PARA ESTUDIANTES página 76

"El gadget que te avisa cuando te roban la cartera"

CLAVE

1. **D** (Línea 1, "…será imposible que se te pierda o te roben la cartera.")
2. **C** (Línea 3. "…conectada con tu smartphone…")
3. **B** (La comparación ayuda a entender la fuerza de la alarma.)
4. **A** (Línea 22. "El aparato se…como en distancia…")
5. **B** (España es el único país entre los cuatro que usa el euro.)

Lecturas con audio

MANUAL PARA ESTUDIANTES página 78

🔊 **FUENTE NÚMERO 2**

"NAO el robot humanoide"

(PEDRO FERRIZ, LOCUTOR) Fíjese que no es ciencia ficción. Es producto de ensueño que alguna vez fue ficción. Los robots llegan a México. Llegan para quedarse porque estamos viviendo una era en donde empieza la robótica. Hoy empieza.
5 No sabemos hasta dónde, pero mire, de aquí, a los próximos 30 años esto que parece un juguete curioso en 30 años va a ser un ser humano, prácticamente un ser humano. Tal vez le faltará lo que nosotros tenemos.

(ABRAHAM NAVA, REPORTERO) En muchas historias de
10 galaxias lejanas has visto robots que interactúan con humanos. Pocos imaginan que alguno les pueda **brindar** un tour por un museo o quizá ofrecer terapias a niños con autismo. La tecnología está más cerca de lo que la imaginación supone.

(NAO, EL ROBOT) Hola, me llamo Nao. Soy un robot
15 humanoide diseñado y fabricado en Francia. Tengo incluido un **software** y soy completamente programable. Soy autónomo y me puedo conectar al Wifi. Puedo reconocer tu cara, responder a tus preguntas.

(ABRAHAM NAVA, REPORTERO) Él es Nao uno de los robots
20 más famosos del mundo. Y a partir de este año iniciará su distribución en México.

(JUAN CARLOS CEDILLO, GERENTE DE PRODUCTO NAO) En México hay mucha, mucha investigación y mucho desarrollo en lo que es la robótica. No solamente a nivel de
25 universidades, también ya algunas preparatorias están este interesadas en desarrollarse en lo que a robótica se refiere.

(ABRAHAM NAVA, REPORTERO) Al momento hay una población de 2.000 Naos al nivel mundial. Unos habitan en laboratorios, otros en universidades y otros más juegan
30 el llamado deporte del hombre, pero no todo es escuela o entretenimiento. También pueden ayudar a la interacción de niños con autismo.

(NAO, EL ROBOT) Adivina qué deporte es...

(ABRAHAM NAVA, REPORTERO) Su historia, como cualquier
35 producto tecnológico, ha ocurrido vertiginosamente.

(MIGUEL ÁNGEL RAMÍREZ, DIRECTOR DE TECNOLOGÍA GRE) El desarrollo viene ya desde principios del 2002 más o menos un diseño que hizo ehh la empresa francesa. Ehh, pues, bueno, con inversión inversión extranjera en Francia se **logró**
40 llegar a un primer prototipo por allí del 2005 y pues, bueno, hasta el 2006 fue cuando se comenzó a comercializar ya el producto que se tuvo un prototipo inicial y ahorita estamos viendo. Esta es la tercera versión ya del producto.

(ABRAHAM NAVA, REPORTERO) El diseño está terminado
45 pero falta desarrollar todas sus capacidades y aunque hoy no está **disponible** para la iniciativa privada, quizá tampoco falta mucho para que todos tengan uno en casa.

CLAVE

1. **D** (Línea 1. "La GRE presentó…la compañía francesa…")
2. **C** (La GRE es una empresa japonesa pero no se explica en el artículo.)
3. **B** (Línea 12. "…son utilizados por…movimiento, entre otros.")
4. **B** (Línea 38. "…se puede encontrar en las siguientes versiones…")
5. **A** (Línea 2. "Es producto…vez fue ficción.")
6. **C** (Línea 17. "Puedo reconocer tu…a tus preguntas." Sólo puede ver y oír.)
7. **A** (Línea 30. "…no todo es escuela o entretenimiento.")
8. **B** (Línea 45. "…no está disponible para la iniciativa privada…")
9. **C** (Línea 31. "También pueden ayudar…niños con autismo.")
10. **C** (La fuente impresa usa muchos datos típicos de los que se usan para describir un producto. La fuente auditiva es una conversación amena sobre la historia y las características del robot que, además, se presenta en su propia voz.)

LA CIENCIA Y LA TECNOLOGÍA

Audios

MANUAL PARA ESTUDIANTES página 79

🔊 "La importancia de los prototipos en el proceso de innovación"

(LOCUTORA) Las empresas innovadoras utilizan la simulación y **el desarrollo** de prototipos como elemento central de su proceso de innovación. Se trata de jugar con un determinado producto o servicio para pensar sus funciones y diseño de múltiples
5   maneras hasta lograr concretar el modelo final que **aporta** verdadero valor al consumidor. En el legendario media-lab del Massachusetts Institute of Technology se acuñó en su día la frase "demo or die". Es decir, **las propuestas** de innovación que no se pueden mostrar con una maqueta o un prototipo, son inútiles
10 y deben ser rechazadas. "Enséñame cómo funciona ahora. No cómo crees que funcionará mañana." Además, los prototipos son una excelente excusa para provocar conversaciones entre personas de procedencias diversas porque **el reto** de demostrar algo **lima asperezas** entre equipos acostumbrados a lenguajes
15 distintos. Los prototipos enlazan culturas. Los prototipos unen. Que las empresas industriales y las de servicios innoven depende de que dispongan de las **herramientas** adecuadas para innovar. Actualmente existen innumerables programas de simulación por ordenador e impresoras en tres D que permiten crear un
20 modelo físico tridimensional a partir de **un boceto**. Ver y tocar una pieza inmediatamente después de haber sido dibujada es un factor diferencial para acelerar la innovación. Las empresas deben aprender a jugar con ideas y a prototipar porque una equivocación en el prototipo es un antídoto para el fracaso en la
25 realidad.

CLAVE

1. **A** (Línea 2. "…prototipos como elemento…proceso de innovación.")
2. **D** (Línea 5. "…que aporta verdadero valor al consumidor.")
3. **B** (Línea 10. "Enséñame cómo funciona…que funcionará mañana.")
4. **B** (Línea 14. "…entre equipos acostumbrados a lenguajes distintos.")
5. **C** (Línea 23. "…una equivocación en…en la realidad.")

Ensayo

MANUAL PARA ESTUDIANTES página 81

🔊 **FUENTE NÚMERO 3**
"Cámaras de seguridad en los colegios"

(LOCUTORA) En el video, captado por una de las diez cámaras de seguridad del colegio Delia Zapata Olivella en el norte de Bogotá, quedó registrado el momento en que estudiantes esconden en este zapato droga, vendida según directivos de la institución por ex alumnos del plantel educativo.

(SONIA FORERO, rectora del colegio Delia Zapata Olivella) La vigilancia ve que esos muchachos están como entregándose y guardando algo en los zapatos. Dan aviso a la policía, o sea antes de que suceda el hecho sirve para prevenir, pues, eso.

(LOCUTORA) En este otro video vemos un estudiante que intenta golpear a Sonia Forero rectora del colegio, según ella porque le exigió que no llevara puesto una prenda que no era de la institución.

(SONIA FORERO, rectora del colegio Delia Zapata Olivella) Estaba bajo el efecto de la droga en un estado alterado de excitación por un alucinógeno que había consumido dentro del colegio, y él niega y su mamá también lo niega y dice que era yo quien lo estaba agrediendo a él. Al ver el video obvio se nota perfectamente que él es quien intenta agredirme.

(LOCUTORA) Las cámaras instaladas en diferentes puntos del plantel han servido para detectar agresiones, robos y riñas. En el 2008 se presentaron ocho casos, en el 2009 la cifra bajó significativamente a dos.

(ESTUDIANTE) Puede ser incómodo. Uno se siente ehh como vigilado, como perseguido, pero siempre y cuando ayude en la seguridad está bien.

(FREDY HILARIÓN, padre de alumno) Antes de que existieran las cámaras dos veces le robaron el celular aquí a la salida del colegio. Desde que instalaron esas cámaras no ha vuelto a suceder ese caso.

(LOCUTORA) Este proyecto que ha causado polémica tiene un objetivo positivo para la Secretaría de Educación.

(SONIA FORERO, rectora del colegio Delia Zapata Olivella) Lo que quiere la Secretaría de Educación es prevenir a tiempo, es evitar las agresiones.

(LOCUTORA) En cinco colegios distritales ya se han instalado estas cámaras. La idea es hacer lo mismo en 198 más.

LA CIENCIA Y LA TECNOLOGÍA

Conversaciones

MANUAL PARA ESTUDIANTES página 82

🔊 "Adicta a la computadora"

Clara	• Te saluda y te hace una pregunta.
Tú	• Salúdala, contestando con detalles.
Clara	• Te hace unas preguntas.
Tú	• Continúa la conversación y hazle varias preguntas sobre su problema.
Clara	• Reacciona.
Tú	• Dale unos consejos apropiados.
Clara	• Reacciona y te contesta.
Tú	• Dale una alternativa.
Clara	• Reacciona.
Tú	• Despídete dándole unos deseos para el futuro.

(TONE)

(CLARA) Hola. ¿Cómo estás? (Pausa) Es que, este. No puedo dejar de estar en Facebook. Estoy pasando horas y horas siguiendo las vidas de mis amigos…y de sus amigos. ¿Te pasa igual? TONE (20 segundos) TONE

(CLARA) No entiendo. ¿Soy yo la única que pasa más de cuatro horas cada día en el Internet? ¿Qué debo hacer? ¿No hay otra alternativa, algo totalmente nuevo y distinto? ¿Otra red social que no sea tan adictiva? TONE (20 segundos) TONE

(CLARA) Pues, en realidad esto es muy personal pero si sabes de un dispositivo que me pueda ayudar a vencer esta adicción a Facebook, estaría muy agradecida. TONE (20 segundos) TONE

(CLARA) Gracias pero no sé si puedo dejar de estar en Internet. Tengo que hacer algo diferente con mi deseo de comunicarme con todo el mundo. TONE (20 segundos) TONE

(CLARA) Muy buena idea. Tengo que pensarlo. Sin embargo, gracias por tu ayuda. Se lo voy a contar a todos mis amigos. TONE (20 segundos) TONE

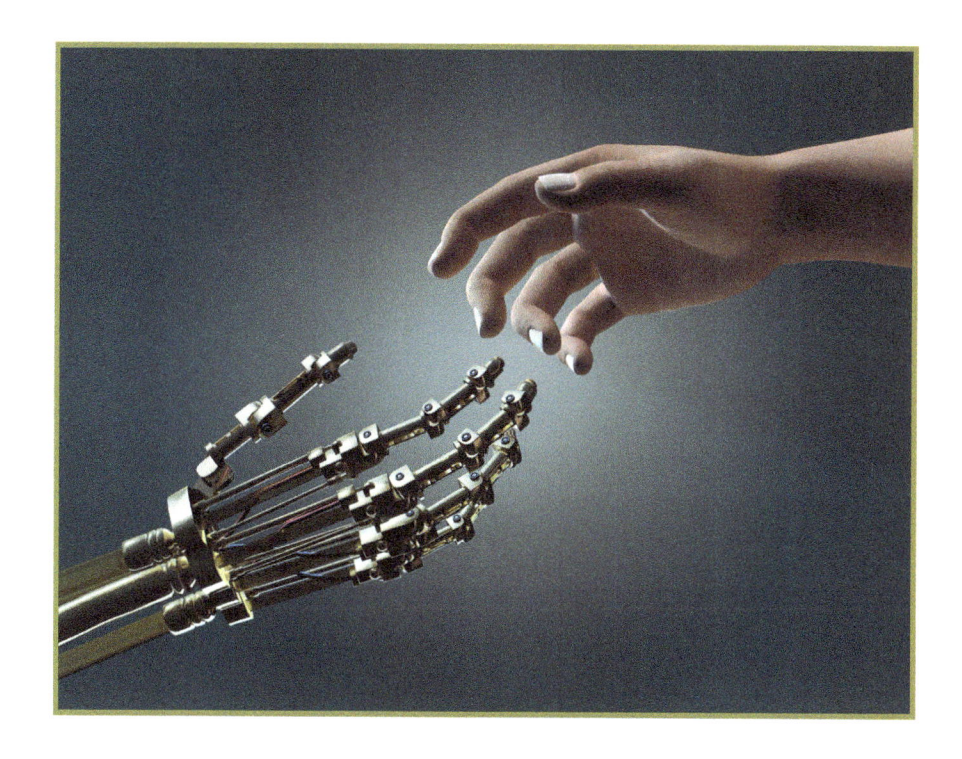

Las innovaciones tecnológicas

LA CIENCIA Y LA TECNOLOGÍA

Los fenómenos naturales

Lecturas

MANUAL PARA ESTUDIANTES página 84

"La noche más corta; cómo funciona un eclipse"

CLAVE

1. **C** (Línea 2. "…presenciar un fenómeno irrepetible."; Línea 4. "…para ver el eclipse…")
2. **A** (Línea 3. "La venta de…con mucha antelación.")
3. **B** (Línea 5. "Se iban como…a sus precios…")
4. **C** (Línea 11 "…nada igual se…del año 2233.")
5. **D** (El autor usa onomatopeya (acurrucaban) y personificación (darle la bienvenida) y metáfora (una noche).)
6. **A** (Línea 21. "Eran apenas las 2:01 p. m…" Línea 28. "Las lámpara en…luz se encendieron…")
7. **B** (Línea 24. "…duraría un tiempo…y 53 segundos.")
8. **D** (Línea 49. "Fueron mucho los…anunció el eclipse.")
9. **B** (Deducción)
10. **C** (Cuanto más cerca la luna esté de la tierra, cuanto más grande sea el área de sombra y la totalidad del eclipse.)
11. **D** (La astronomía es el estudio del movimiento de los astros.)

Ilustración con audio

MANUAL PARA ESTUDIANTES página 86

🔊 FUENTE NÚMERO 2

"La mariposa monarca, un fenómeno migratorio de la naturaleza"

(LOCUTOR) Parecen hojas pero véalas bien. Están por todas las ramas y son un verdadero fenómeno natural. Es la mariposa monarca.

(NATURALISTA 1) Viajan un poco más de 5.000 kilómetros.
5 Sin embargo, este insecto sin mapa, sin **brújula**, sin nada. Ehh yo todavía no me explico cómo es que a tanta distancia llegue al mismo lugar, siempre al mismo lugar y que además no sea la misma generación de mariposas que se va a la que viene. Cómo se transmiten esa información sigue siendo un
10 misterio. La hipótesis más relevante al respecto es de que es un mecanismo magnético, ¿sí?, pero todavía no se descubre **a ciencia cierta**.

(LOCUTOR) Y es que esto es lo más increíble.

(NATURALISTA 1) Las que se van de aquí no son las mismas
15 de las que regresan.

(LOCUTOR) Claro que no. En promedio una mariposa monarca vive sólo un mes. Así que ninguna de las que viaja de México o Canadá regresa aquí con vida. Es por todo esto que aquí en Michoacán son un verdadero símbolo que se pone en paredes, prendedores, **imanes**, en todas partes y más que eso. 20
Son parte hasta de las leyendas.

(NATURALISTA 2) Cuando llega la monarca este que es a finales del mes de octubre y principios de noviembre según la creencia, es de que son las almas de **los difuntos**.

(LOCUTOR) Y para verlas se puede hacer a caballo o 25
caminando sólo un poco. En las más de 56.000 **hectáreas** de bosque de esta hermosa reserva compartida por Michoacán y el estado de México.

(TURISTA 1) Precioso. Desde la mariposa y también los los árboles. Todo el paisaje está precioso. 30

(NATURALISTA 3) Se especula mucho sobre cuántos de estos insectos llegan hasta nuestro país. La forma oficial de contar a las mariposas monarcas es por medio de cuántas **hectáreas** de árboles se llenan de estos maravillosos seres. Y el año pasado fueron 5.75 **hectáreas**. Ojalá que este año sean muchas más. 35

(LOCUTOR) Es un verdadero milagro que como mexicano debe conocer.

(TURISTA 3) Para salir uno a la naturaleza y conocer lo que es nuestra naturaleza, nuestro país. Es un es una maravilla esto.

(NATURALISTA 4) Es un orgullo trabajar en este, en este 40
santuario. Es un espectáculo que pues afortunadamente lo tenemos aquí.

36 Los fenómenos naturales

LA CIENCIA Y LA TECNOLOGÍA

(NATURALISTA 5) Nos da paisaje. Nos da belleza. Nos da orgullo como país y es algo que debemos seguir motivando y fomentando en todo el mundo.

(LOCUTOR) Y está en México.

CLAVE

1. **C** (La narración que acompaña el mapa explica el viaje. Las flechas indican la dirección del viaje y las generaciones.)
2. **D** (Se ve que la sombra de la migración de las monarcas no llega al noroeste de Canadá.)
3. **A** (La narración del mapa no habla de los meses de septiembre y octubre.)
4. **D** (Línea 6. "Yo todavía no…generación de mariposas…")
5. **C** (Línea 24. "…es de que son…de los difuntos.")
6. **A** (Línea 32. "La forma oficial…árboles se llenen…")
7. **A** (Línea 43. "Nos da paisaje…orgullo como país…")

Audios

MANUAL PARA ESTUDIANTES página 87

🔊 **"Semillas andinas, cinco mil años de sabiduría genética"**

(ANTONIO LAFUENTE) La agricultura en los Andes tiene una tradición de cinco mil años. **La sabiduría** de esa tradición se ha ido acumulando en la genética de **unas semillas** nativas resistentes a las difíciles condiciones climáticas de la zona. **Unas semillas** que la Organización de las Naciones Unidas para la Agricultura y la Alimentación, la FAO, considera un **tesoro** mundial.

Tania Santibáñez, oficial de protección vegetal de la FAO, nos cuenta este proyecto. La FAO señala que **las semillas** autóctonas andinas son **un tesoro** mundial. ¿Qué es lo que las hace diferentes y mejores de otras **semillas**?

(TANIA SANTIBÁÑEZ) En especial, el tema de **las semillas** andinas casi como las hemos denominado, ehh son **semillas** que están desde hace más de cinco mil años, ¿no? Y **a pesar del** cambio climático y todos los, todos los problemas de todo tipo **esas semillas** continúan en el lugar y proveyendo seguridad o alimentaria a los pueblos que están ehh **alrededor de** estas semillas.

(ANTONIO LAFUENTE) Y son **semillas** que resisten bien, ¿verdad?, **las sequías** y las heladas.

(TANIA SANTIBÁÑEZ) Exactamente. Son **semillas** en el en el caso de la quínoa, por ejemplo, se tiene variedades de quínoa que pueden estar **al nivel del mar**, por ejemplo, y variedades de quínoa que están a más de cuatro mil metros como es en el altiplano boliviano o peruano.

(ANTONIO LAFUENTE) Sin embargo, en los últimos tiempos se ha dejado un poco de lado este cultivo.

(TANIA SANTIBÁÑEZ) Podríamos decir que se ha dejado de lado a la pequeña agricultura en los últimos años y se ha ido por el otro lado de la agricultura, la agricultura comercial; y al y al habernos, o al haberse olvidado la la pequeña agricultura, también se olvida todo lo que son **las semillas**, las costumbres y el modo de producción.

(ANTONIO LAFUENTE) ¿Cómo va a ayudar este proyecto a los agricultores de la región y a sus familias?

(TANIA SANTIBÁÑEZ) Bueno, este proyecto es un proyecto integral que ve todo lo que es el ciclo del sistema de **semillas**. ¿Sí? Desde ehh desde la norma o sea desde cómo se debe normar el tema de **semillas** hasta la comercialización, obviamente pasando por la producción. Este proyecto lo que **pretende** es **fortalecer** aquellas pequeñas empresas semilleristas y promover el uso de **la semilla** de calidad. Porque **una semilla** de calidad te va a dar mayor productividad, mayor producción; y, al tener todo eso, tú vas a tener mejores productos y esos productos lo que se va a hacer es llevar al mercado.

(ANTONIO LAFUENTE) El proyecto quiere también ayudar a enfrentar situaciones de volatilidad y alza de los precios de los alimentos como la que vivimos en este momento. ¿Cómo lo haría?

Los fenómenos naturales

LA CIENCIA Y LA TECNOLOGÍA

50 (TANIA SANTIBÁÑEZ) Nosotros promovemos, ehh como FAO y a través de la agricultura familiar, es que **fortalecemos** los sistemas locales allá ¿no es cierto? Entonces, ahí los pequeños agricultores no van a necesitar importar ningún tipo de productos. Entonces, van a estar ehh, van a ser **fortalecidos** en
55 su producción.

(ANTONIO LAFUENTE) Conversábamos con Tania Santibáñez, la representante de la FAO. Antonio Lafuente, Naciones Unidas, Nueva York.

CLAVE

1. **C** (Línea 14. "…desde hace más…y proveyendo seguridad…")
2. **D** (Línea 22. "…variedades de quínoa…boliviano o peruano.")
3. **C** (Línea 28. "Podríamos decir que…la agricultura comercial…")
4. **D** (Línea 40. "Este proyecto lo…productividad mayor producción…")
5. **A** (La respuesta sigue la trayectoria de la conversación.)

Ensayo

MANUAL PARA ESTUDIANTES página 89

🔊 FUENTE NÚMERO 3

"**Cuidemos nuestros árboles**"

(CLAUDIO MARTENS, locutor) No importa si son altos, bajos, rectos, torcidos, con semillas, sin hojas, con flores, con frutos, si están solos o en grupos, en la ciudad o en el campo. Ellos están a nuestro lado y sin pedir nada a cambio. Nos dan sombra y moderan la temperatura. Nos dan frutos y son hábitat para otras especies. Amortiguan los vientos. Aportan humedad. Entregan nutrientes al suelo y lo protegen de la erosión. No les demos la espalda. Protejámoslos por el bien de todos.

LA CIENCIA Y LA TECNOLOGÍA

Conversaciones

MANUAL PARA ESTUDIANTES página 90

🔊 "Agencia Comunitaria de Alertas"

Mario	• Te saluda y te avisa algo.
Tú	• Salúdalo, reacciona y pídele consejos.
Mario	• Reacciona y te hace una pregunta.
Tú	• Pídele más información.
Mario	• Continúa la conversación y te da un consejo.
Tú	• Contesta con detalles.
Mario	• Continúa la conversación.
Tú	• Contéstale y proponle varias alternativas.
Mario	• Te contesta.
Tú	• Hazle un comentario sobre sus observaciones y despídete.

(TONE)

(MARIO) Bueno. Buenos días. Le habla Mario Embudo de la ACA. Hoy a las 14 horas esperamos la llegada de un huracán, categoría 2. TONE (20 segundos) TONE

(MARIO) Bueno. En primer lugar, debe encontrar refugio dentro de la hora. ¿Tiene Ud. a dónde ir para protegerse? TONE (20 segundos) TONE

(MARIO) Bueno. Es importante que no salga de casa, que baje al piso más bajo de donde está Ud. TONE (20 segundos) TONE

(MARIO) Bueno. Está bien pero, ¿cómo va a seguir en contacto con las noticias del huracán? TONE (20 segundos) TONE

(MARIO) Bueno. Creo que el mejor modo de comunicación es a través de un radio inalámbrico. Es una tecnología antigua, ya, pero no podemos acceder al Internet porque no funciona durante una tempestad. Bueno, ¿hay algo más en que le pueda ayudar? TONE (20 segundos) TONE

Los fenómenos naturales

LA CIENCIA Y LA TECNOLOGÍA

La ciencia y la ética

Lecturas

MANUAL PARA ESTUDIANTES página 92

"Ciencia y moral: la ciencia está cuestionada por sus implicaciones potencialmente peligrosas"

CLAVE

1. **C** (El texto está escrito en primera persona y contradice algo que promulgó otro.)
2. **D** (Es un texto escrito en un español elevado y habla de la moralidad basada en un problema complejo de la distribución de un medicamento.)
3. **A** (Línea 7. "Hay un encuentro…del bien común".)
4. **D** (Línea 15. "…(Galileo) es uno de…de la ciencia.")
5. **C** (Línea 31. "…a una incorrecta…de la eternidad.")
6. **B** (Línea 43. "Todos los inventos…propiedad de este.")
7. **B** (Línea 47. "Esta forma de…a la moral…")

Lecturas con audio

MANUAL PARA ESTUDIANTES página 94

🔊 **FUENTE NÚMERO 2**

"La eutanasia"

(LOCUTOR) La eutanasia es la acción cuyo objetivo es causar la muerte de un ser humano para, en teoría, evitarle sufrimientos bien a petición de este o bien porque otros consideran que su vida no es digna. En resumen, es un
5 asesinato.

Los promotores de la eutanasia buscan su legalización de aceptación social con argumentos **supuestamente** inofensivos como el **supuesto** derecho a una muerte digna, a disponer de la propia vida, el **supuesto** progreso que traería, suprimir la vida de los deficientes síquicos o enfermos en fase terminal: 10 una mala llamada solidaridad social que significaría la eliminación de vidas que constituyen una dura carga para los familiares y la sociedad entre otros.

Todos estos argumentos **esconden** el hecho único y central de que en la eutanasia un ser humano mata a otro consciente y 15 deliberadamente por muy nobles o altruistas que parezcan las motivaciones que lo animan a ejecutarla.

CLAVE

1. **D** (El artículo es un resumen de la vida y la muerte de Ramón Sampedro y sus consecuencias.)
2. **A** (Línea 7. "Quedó inmovilizado para…cabeza para abajo…")
3. **D** (Línea 25. "En 1999 la…el delito prescribió…")
4. **B** (Línea 38. "El objetivo era que no hubiese culpables.")
5. **C** (Línea 47. "…comprendí que había…rodar la historia.")
6. **D** (Línea 4. "En resumen, es un asesinato")
7. **B** (Línea 14. "Todos estos argumentos…mata a otro…")
8. **A** (Línea 15. "…consciente y deliberadamente…")
9. **C** (La fuente impresa discute el caso de una búsqueda por la muerte digna y compasiva y la fuente auditiva argumenta por una muerte digna y moral.)
10. **A** (El audio expresa un punto de vista moral; el artículo cuenta un suceso y sus consecuencias.)

Francisco de Goya, pintor español, nació en Fuendetodos.

LA CIENCIA Y LA TECNOLOGÍA

Audios

MANUAL PARA ESTUDIANTES página 96

🔊 "Nuevas tecnologías de la educación"

(MARCELLE VILLARREAL) La globalización, el acelerado ritmo de vida actual, el desarrollo tecnológico y el cambio constante e inmediato de **los sucesos** del mundo hacen del Internet **una herramienta** indispensable. La actividad social, laboral y
5 económica de la humanidad es inconcebible sin una computadora en sus manos; y para muchos representa una necesidad básica para mantenerse en contacto con su **entorno** inmediato. Pero a la par de esta evolución, llegan también las responsabilidades. Pues, al ser Internet una red de comunicación no regulada, la
10 ilegalidad y las actividades no éticas se hacen presentes con mayor frecuencia de la deseada. Por ello, la informática al igual que el resto de profesiones se ha visto en la necesidad de reflexionar sobre una ética particular, conocida como ética **informática**.

El objetivo de ésta es analizar el impacto de las nuevas
15 tecnologías de información y comunicaciones en los valores humanos y proponer un marco conceptual adecuado para entender los dilemas éticos que origina, así como establecer una guía cuando no existe **reglamentación** en el uso de Internet. Como para el resto de los medios de comunicación,
20 los receptores del mensaje, es decir las personas, son el punto a valorar dentro de la ética de Internet, **tomando en cuenta** el mensaje comunicado, el proceso de comunicación y las cuestiones estructurales y sistemáticas de la comunicación.

Internet es el último y el más poderoso de una serie de
25 medios de información como el telégrafo, teléfono, la radio, la televisión, eliminando el tiempo y el espacio como obstáculos para la comunicación entre un gran número de personas. Pero la ética consiste en saber si esto está contribuyendo al auténtico desarrollo humano y ayudando a las personas y a los pueblos a
30 ser fieles a su destino transcendente. El uso de Internet permite a las personas **realizar** el ejercicio responsable de la libertad y la democracia, amplía **la gama** de opciones realizables en diversas esferas de la vida; así como ensanchar los horizontes educativos y culturales, superando las divisiones y promoviendo
35 el desarrollo humano de múltiples modos.

La ética **informática** es **un reto** para la vida educativa. Pues, se tiene que educar con conciencia, por lo cual deberá ser parte del currículo de los centros de enseñanza e investigación.

CLAVE

1. **A** (Línea 1. "…el acelerado ritmo…una herramienta indispensable.")
2. **C** (Línea 9. "…al ser Internet…se hacen presentes…")
3. **B** (Línea 14. "El objetivo…uso de Internet.")
4. **D** (Línea 28. "…si esto está…su destino transcendente.")
5. **B** (Línea 36. "La ética informática…parte del currículo…")

Ensayo

MANUAL PARA ESTUDIANTES página 97

🔊 **FUENTE NÚMERO 3**
"Desacuerdo por posible debate"

(ALBERTO GUTIÉRREZ TLALPAN) Ciencia y tecnología. Hay desacuerdo por posible debate sobre la clonación humana. Especialistas en bioética del Centro de Investigación Social Avanzada y el doctor John Haas de Estados Unidos expresaron
5 su desacuerdo por la propuesta de la UNESCO de someter a debate la clonación humana, principalmente en países en desarrollo donde no existen leyes que prohíban esta práctica. Los investigadores expusieron los riesgos que ha tenido la clonación en animales y aseguraron que sería una grave
10 irresponsabilidad realizarla en seres humanos. "Es probable que para el ser humano se requieran muchos más miles de embriones antes de tener un ser humano y esto con todos los efectos que podría tener", comentó John Haas. Pero, ¿qué es la clonación? Es el procedimiento científico que consiste en
15 tomar el material genético de un organismo para obtener otro idéntico, denominado clon. A través de la clonación no hay ninguna unión de óvulos con espermatozoides.

Pero, ¿cuáles son las principales objeciones a esta técnica? Son dos. La primera es de carácter ético. La clonación de seres
20 humanos se basa en el supuesto de que un huevo fecundado, pese a que posee todo el código genético de un ser humano y desde el punto de vista genético, sólo se distingue del ser humano por su tamaño. No es una persona. Se utilizan incluso eufemismos como el de pre-embrión para ocultar así el hecho
25 objetivo del carácter humano del sujeto que está siendo manipulado.

Segundo, de carácter científico. Es que la carrera por la clonación se ha convertido en algo muy próximo a una farsa. Pues, se ha vendido la idea de que esta práctica podría ser la panacea para
30 casi la totalidad de enfermedades humanas, cuando no existe aún un solo resultado científico positivo en la curación de enfermedades.

La ciencia y la ética 41

LA CIENCIA Y LA TECNOLOGÍA

Conversaciones

MANUAL PARA ESTUDIANTES página 99

🔊 "El ADN"

Memo	• Te saluda y te explica algo.
Tú	• Salúdalo y reacciona.
Memo	• Continúa la conversación.
Tú	• Contesta y hazle una pregunta.
Memo	• Te contesta.
Tú	• Reacciona y dale un consejo.
Memo	• Te hace unas preguntas.
Tú	• Contéstale.
Memo	• Reacciona y te hace unos comentarios.
Tú	• Reacciona y despídete.

(TONE)

(MEMO) Hola. ¿Cómo estás? ¿Estás bien? ¿Yo? Tuve que ir al hospital. ¿Sabes? ¿Cómo te va? TONE (20 segundos) TONE

(MEMO) Sí, es cierto a las 22 horas. Fíjate. Me dolía la garganta. Me dolía tanto que no podía tragar, no podía beber, ni comer, ni dormir. ¿Te ha pasado alguna vez algo igual? TONE (20 segundos) TONE

(MEMO) ¿Por qué me preguntas eso? Yo creo que debo ir a hacerme un examen de ADN para ver si estoy destinado a padecer cáncer de garganta. TONE (20 segundos) TONE

(MEMO) Gracias pero, en realidad, no sé si quiero saber lo que uno no debe saber. ¿Querrías saber tu destino? ¿Qué te parece? ¿Debemos saber estas cosas? TONE (20 segundos) TONE

(MEMO) Bueno. Yo creo que no, que no debemos saber estas cosas. No es natural. Bien, la próxima vez me quedo en casa y aguanto el dolor de garganta. Fue un mero dolor de garganta. Fíjate. Un mero dolor de garganta. TONE (20 segundos) TONE

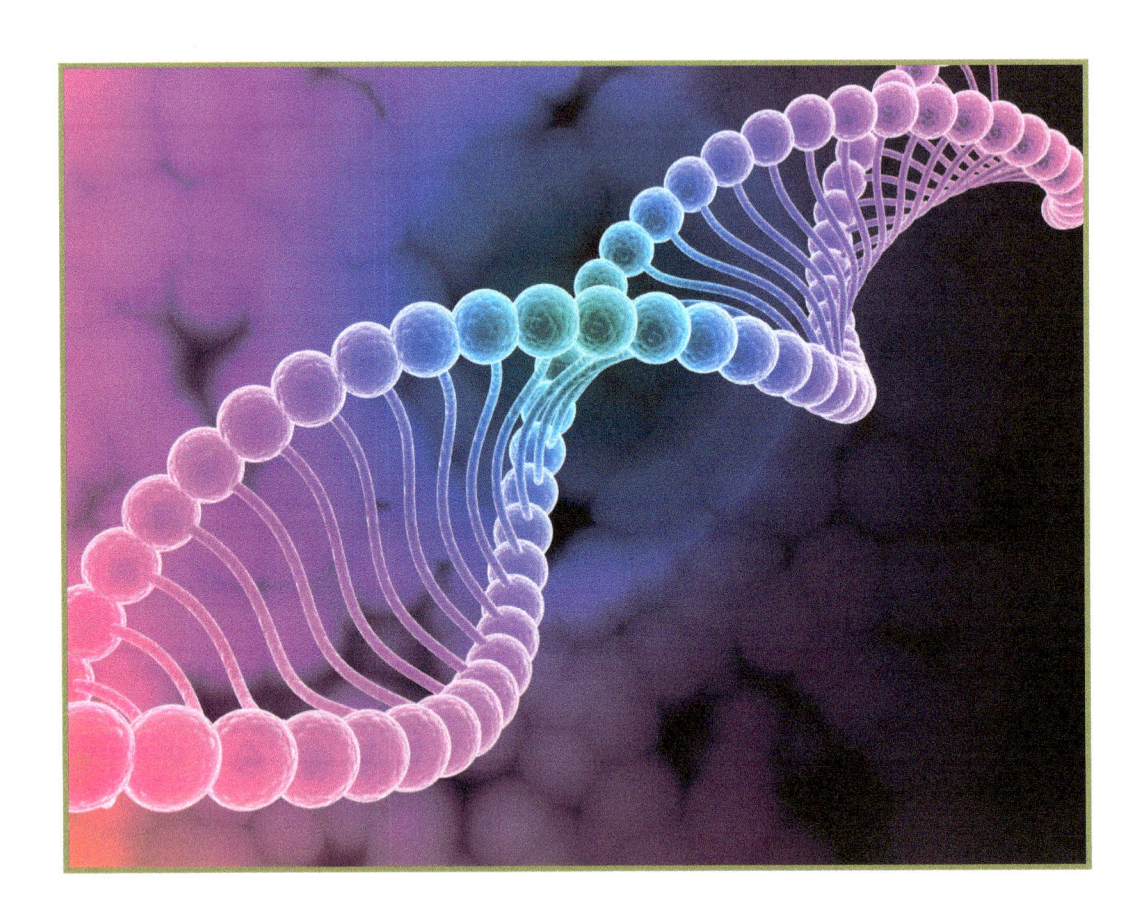

La ciencia y la ética

LECTURAS | LECTURAS CON AUDIO | AUDIOS | CORREOS ELECTRÓNICOS | ENSAYOS | CONVERSACIONES | DISCURSOS

LA VIDA CONTEMPORÁNEA

| educación y carreras | entretenimiento y ocio | estilos de vida | relaciones personales | tradiciones y valores | trabajo voluntario |

UN CHOQUE CULTURAL PARA ALGUNOS NIÑOS

LOS PROGRAMAS EDUCATIVOS EN CENTROAMÉRICA

CÓMO CONVIVIR DENTRO DE LA SOCIEDAD

LA FAMILIA CONTEMPORÁNEA

MACHU PICCHU - LA MAJESTUOSIDAD DE UN SANTUARIO NATURAL

FIESTAS, ARTE Y TRADICIÓN PERUANA

ES EL MEJOR MOMENTO PARA HACERLO

ECUADOR – OFRECERSE COMO VOLUNTARIO

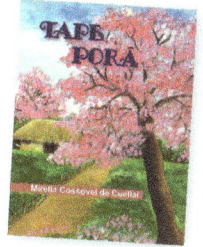

ÍNDICE NICARAGUA

CÁPSULAS CULTURALES

CLASIFICADOS CON VOCABULARIO Y PREGUNTAS CULTURALES

LOS ESPACIOS NATURALES DE DEPORTE Y ENTRETENIMIENTO

PARQUES BIOSALUDABLES

ECHEMOS UN VISTAZO AL LIBRO "CAMINO LINDO"

TAPE PORÃ

"Que el trabajo es tu digno laurel" – Himno Nacional de Nicaragua

43

LA VIDA CONTEMPORÁNEA

La educación y las carreras profesionales

Lecturas

MANUAL PARA ESTUDIANTES página 102

"Carta de solicitud de constancia de trabajo"

CLAVE

1. **D** (Línea 5. "Instituto de la Educación")
2. **A** (Línea 15. "…una constancia…centro de estudios.")
3. **B** (Línea 17. "Desde el día…abril de 2011…")
4. **A** (Línea 23. "Quiero usar este…un nuevo empleo.")
5. **A** (El tono es formal ya que el vocabulario seleccionado muestra mucho respeto.)

Ilustración con audio

MANUAL PARA ESTUDIANTES página 103

🔊 FUENTE NÚMERO 2

"Educación primaria en Centroamérica"

(MAESTRA) ¿Esta es la letra…?

(NIÑOS) A

(MAESTRA) A

(JORGE GESTOSO, Presentador, Washington, D.C.) La
5 educación primaria aunque lenta, pero sostenidamente está haciendo progreso en Centroamérica.

(MARLON BREVE, Ministro de Educación, Honduras) En primero y segundo ciclo de educación básica, es primero a sexto grado, estamos mucho mejor.

10 (JORGE GESTOSO, Presentador, Washington, D.C.) Pero los desafíos aún son importantes.

(IRMA PALMA, Oficial de Programa, Guatemala) Ya todos los niños o, o, al, al, la, la mayoría de los niños están participando en la escuela para la educación primaria los primeros seis
15 años de vida. Sin embargo, el nivel de comparación con otros países todavía podemos decir que Guatemala está como un promedio de escolaridad de cuarto año de primaria.

(JORGE GESTOSO, Presentador, Washington, D.C.) Y dentro de los desafíos que enfrenta la educación primaria en la región está, la deserción.   20

(JOSÉ LUIS GUZMÁN, Vice Ministro de Educación, El Salvador) Lo importante en esto, si es que si el niño pierde grados, ¿verdad?, o sea repite grados, o abandona la escuela, regresa y se va haciendo mayorcito y no termina su educación. Ese, quizás, es el mayor, ehh, digamos causante de   25
que un niño se desmotive y realmente deje este, o sus papás, ¿verdad?, y dejen la escuela.

(JORGE GESTOSO, Presentador, Washington, D.C.) Otro desafío que enfrenta la educación primaria en Centroamérica es la diversidad étnica de su población.   30

(IRMA PALMA, Oficial de Programa, Guatemala) No debemos olvidar que en Guatemala, ehh, la mayoría de las personas son indígenas. Y todavía llegar a la escuela a los seis años de edad sigue siendo un choque, ehh, cultural para estos niños.

(JORGE GESTOSO, Presentador, Washington, D.C.) Otro   35
desafío educativo de la región es el **analfabetismo**.

(HORACIO LOBO, Instituto Nacional de Estadísticas, Honduras) Bueno, el **analfabetismo** es uno de los indicadores que con el tiempo ha venido bajando, ehh, posiblemente no tanto como uno quisiera, pero a partir del censo, por ejemplo,   40
el **analfabetismo** andaba cerca del 20% entre 19 y 20% de las personas mayores de quince años no podían leer y hoy ese porcentaje ha bajado casi al 17.

(JORGE GESTOSO, Presentador, Washington, D.C.) Otro obstáculo a sortear, la limitación presupuestaria.   45

(ANA ORDOÑEZ DE MOLINA, Ministra de Educación, Guatemala) Recordemos que tenemos dos mil escuelas que ya están identificadas que necesitan urgente reparación. Se requieren 2.000.000.000 de quetzales más para ir en función de avanzar al cumplimiento de **metas** educativas de acuerdo a   50
los estándares de **las metas** que han identificado organismos a nivel internacional y para equipararnos a los países que están invirtiendo en educación alrededor del 4% del Producto Interno **Bruto**.

(JORGE GESTOSO, Presentador, Washington, D.C.) Pero a pesar   55
de todos estos desafíos **las metas** de la educación primaria en Centroamérica siguen siendo altas.

(MARLON BREVE, Ministro de Educación, Honduras) Para el 2007 el rendimiento en matemáticas y español estuvieron en 52%. **Estamos por debajo** de **la meta**, estamos cerca. Para   60

44 La educación y las carreras profesionales

LA VIDA CONTEMPORÁNEA

el 2015 tenemos **la meta** de llegar al 60%. Eso implica que tenemos el compromiso de mejorar dos puntos porcentuales en español y matemáticas por año.

(JORGE GESTOSO, Presentador, Washington, D.C.) Para Guatevisión, Jorge Gestoso, Washington.

CLAVE

1. **B** (La tabla muestra que en la secundaria los varones faltan más a las clases.)
2. **A** (La tabla muestra que la tasa de analfabetismo ha bajado pero menos de un 2%.)
3. **C** (Una comparación entre la tasa de asistencia en la primaria y la tasa de asistencia en la secundaria (87% y 90%/ 35% y 43%) muestra el descenso.)
4. **D** (Línea 4. "La educación primaria…progreso en Centroamérica.")
5. **B** (Línea 18. "…dentro de los desafíos…está, la deserción.")
6. **A** (Línea 32. "….la mayoría de las…para estos niños.")
7. **C** (Línea 38. "… es uno de…no tanto…")
8. **B** (Ambas fuentes coinciden en el lento progreso de la educación.)
9. **D** (Ambos recursos aluden a la educación juvenil.)

Audios

MANUAL PARA ESTUDIANTES página 105

🔊 **"Los hologramas y las carreras profesionales"**

(JUAN JOSÉ SANDOVAL, Blogger de carrerasconfuturo.com) Hola, soy Juan José Sandoval big blogger de carrerasconfuturo.com y en esta oportunidad les vamos hablar de los hologramas. ¿Ustedes recuerdan la película Star Wars cuando la Princesa Leia aparece **frente** a Obi-Wan Kenobi y a Luke Starwalker? Eso que vimos y nos **deslumbró** es un holograma y para poder descubrir de qué se trata esta tecnología, fuimos a buscar al Ingeniero Michel Domínguez, jefe de la Unidad de Virtualización Académica de la Universidad de San Martín de Porres. Veamos qué fue lo que nos dijo.

(MICHEL DOMÍNGUEZ, Ingeniero USMP Virtual) Holograma, quiere de, viene de "holos" que quiere decir completo y "grama"' que quiere decir mensaje. La idea principal del holograma es la posibilidad de proyectar una imagen en más de dos dimensiones. Un holograma funciona de la siguiente manera: yo visualizo un objeto equis y lo estoy visualizando con la luz natural. Mediante la intervención de una luz artificial voy a, ehh, obtener más información de ese objeto. Entonces lo que yo normalmente veo de una manera con mis ojos, con el uso de una luz láser voy a ver información adicional como profundidad, perspectiva, todo.

(JUAN JOSÉ SANDOVAL, Blogger de carrerasconfuturo.com) En la actualidad el uso de los hologramas es muy común en las carreras universitarias pero marcarán la tendencia del futuro para ciertas profesiones. Escuchemos.

(MICHEL DOMÍNGUEZ, Ingeniero USMP Virtual) Un ejemplo de ellas son las ingenierías. Cualquiera de las ingenierías sobre todo las que están vinculadas al área de electrónica, sistemas, ehh física. Y después tenemos comunicaciones, tenemos marketing que también están vinculadas al mundo del holograma. Tenemos, este, carreras como arquitectura. En el uso médico es muy utilizado. Por ejemplo, este, en laparoscopía sobre todo, en las redes neuronales. Es más, han hecho estudios de, este, la posibilidad de reemplazar los rayos x con tecnología holográfica. Adicionalmente también se puede utilizar en carrera de gestión, ¿no?, como administración en el uso de las video conferencias. Las conferencias holográficas se van a hacer muy populares, muy reales. Supongo que de acá a unos diez años, donde los celulares ya tengan tecnología holográfica para que ya no sea todo a nivel, a nivel plano sino que sea, ehh, una información que viaja en, en tres dimensiones, ¿no?

(JUAN JOSÉ SANDOVAL, Blogger de carrerasconfuturo.com) También surgió la pregunta de qué tipo de profesionales son los que **se involucran** en la creación y diseño de un holograma.

(MICHEL DOMÍNGUEZ, Ingeniero USMP Virtual) En este tipo de proyecto pueden trabajar, ehh, infinidad de carreras, ¿no? Por ejemplo, el, la base de este proyecto es el dispositivo láser. La persona que crea este dispositivo vendría a ser un ingeniero electrónico, pero de ahí necesitarías un programador para que codifique en código binario o en código assembler la información del dispositivo láser para que este funcione de acuerdo a ciertas reglas que se están utilizando. Adicionalmente a esto necesitas una persona que tenga la idea o el concepto de qué cosa quiere mostrar o qué cosa quiere ver, ¿no? Esa persona podría ser un diseñador de repente o con ciertas perspectivas.

(JUAN JOSÉ SANDOVAL, Blogger de carrerasconfuturo.com) Se dice que en diez años, gracias a los hologramas, ya no usaremos el fotoshop como se usa de manera tradicional. Sino que estaremos inmersos en el programa y podremos copiar y pegar figuras con nuestras propias manos. En carrerasconfuturo.com seguiremos hablando de estas tecnologías. Hasta el próximo post.

CLAVE

1. **A** (Línea 13. "La idea principal…con la luz…")
2. **B** (Línea 14. "… es la posibilidad…de dos dimensiones.")
3. **C** (Línea 27. "Cualquiera de las ingenierías…")
4. **A** (Línea 50. "… la información del dispositivo láser…")
5. **C** (Línea 59. "…y podremos copiar… propias manos.")

La educación y las carreras profesionales

LA VIDA CONTEMPORÁNEA

Ensayo

MANUAL PARA ESTUDIANTES página 106

🔊 FUENTE NÚMERO 3

"Comunicaciones en el siglo XXI: puerta de entrada al mundo profesional"

(ERNESTO ARLINGTON, Gerente de Comunicaciones General Motors para Chevrolet) Es una actividad absolutamente enriquecedora para cualquier empresa, para cualquier compañía de cualquier rubro, la campaña que nos ha propuesto. Ambas,
5 ambas, ehh, agencias ofrecen elementos que definitivamente van a estar incorporados en una estrategia que nosotros queremos desarrollar en el punto específico que les pedimos apoyar.

(MARÍA ANGÉLICA ZULIC, Gerente General Laborum.com) Ésta es una instancia muy importante de acercamiento de los
10 alumnos al mundo laboral, introducirse, ¿cierto? en la dinámica de una organización durante un cierto período de tiempo es lo que los da una mirada también de poder elegir mejor en qué tipo de industria y en qué tipo de equipo se quieren involucrar en su desempeño profesional.
15
(CATALINA NAVARRO, Subsecretaria de Prevención del Delito, Ministerio del Interior) Me he impresionado con el nivel de profesionalismo no sólo de los alumnos sino que además de la universidad, la organización del concurso, en, en la producción, en el compromiso, en la motivación de todos por tomarse las
20 cosas súper en serio.

(BÁRBARA VERDUGO, Alumna de Relaciones Públicas Corporativas-Universidad UNIACC) Fue un gran desafío porque trabajar para una empresa que tiene una imagen muy estructurada, muy limitada, teníamos que adecuarnos a sus 25
políticas, a sus normas. Fueron ideas muy creativas, muy precisas que se tuvieron que insertar dentro de esa estructura que ellos tienen.

(CONSTANSA VELOSO, Alumna de Relaciones Públicas Corporativas-Universidad UNIACC) Trabajamos con 30
la Subsecretaría de Prevención del Delito, todos muy comprometidos, ehh, responsables, creativos. Había muy buenas ideas así que la verdad es que fue algo bien interesante. Tuvimos que tener un proceso de investigación primero para conocernos y nos dedicamos bastante a eso. Yo creo que eso hizo 35
que tuviéramos un buen resultado final.

(ERNESTO ARLINGTON, Gerente de Comunicaciones General Motors para Chevrolet) La mayoría de ellos ya están en condiciones de aportar profesionalmente a cualquier empresa.

(CATALINA NAVARRO, Subsecretaria de Prevención del 40
Delito, Ministerio del Interior) Yo tengo abierta mi oficina para la práctica profesional de cualquiera de ellos, ehh, porque efectivamente creo que son un aporte y se nota gente comprometida y que le gusta lo que hace y eso marca la diferencia. 45

46 La educación y las carreras profesionales

LA VIDA CONTEMPORÁNEA

Conversaciones

MANUAL PARA ESTUDIANTES página 108

🔊 "Jueza Judy"

Jueza Judy	• Te saluda y te hace unas preguntas.
Tú	• Salúdala y dale una respuesta.
Jueza Judy	• Continúa la conversación.
Tú	• Contesta.
Jueza Judy	• Te hace varias preguntas.
Tú	• Contesta.
Jueza Judy	• Reacciona y te hace unas preguntas.
Tú	• Contesta con detalles.
Jueza Judy	• Te hace una pregunta.
Tú	• Contéstale con dos opciones y despídete.

(TONE)

(JUEZA JUDY) Buenos días. ¿Cómo estás? ¿Por qué te interesa tanto el trabajo de juez familiar? TONE (20 segundos) TONE

(JUEZA JUDY) Pues, interesante. ¿Cuáles son los casos judiciales que te tocan más? TONE (20 segundos) TONE

(JUEZA JUDY) Dime algo sobre tus estudios del sistema legal. ¿Hay alguna ley con la que no estás de acuerdo y por qué sí o no? TONE (20 segundos) TONE

(JUEZA JUDY) Bueno, ahora tengo más información. ¿Cuándo estás disponible para hablar de nuevo? ¿Hay algo más que quieras compartir conmigo? TONE (20 segundos) TONE

(JUEZA JUDY) Bien. ¿Cómo prefieres que me comunique contigo? TONE (20 segundos) TONE

Sonia Sotomayor, Juez Asociada de la Corte Suprema de los Estados Unidos

La educación y las carreras profesionales

LA VIDA CONTEMPORÁNEA

El entretenimiento y el ocio

Lecturas

MANUAL PARA ESTUDIANTES página 110

"Santuario histórico de Machu Picchu" ; "El plano de Machu Picchu"

CLAVE

1. **C** (El artículo describe los atractivos turísticos de Machu Picchu.)
2. **C** (Línea 7. "…se debe a…los bosques de montaña…")
3. **A** (Se refiere a la mezcla de paisaje natural e historia.)
4. **A** (Línea 28. "Soleado entre mayo y setiembre…")
5. **D** (Línea 32. "Desde el Cusco…tren que une...")
6. **D** (Línea 37. "Se recomienda un mínimo de dos días…")
7. **C** (El texto no menciona aspectos que sean interesantes para un demógrafo.)
8. **B** (La imagen muestra la concentración urbana.)
9. **B** (La plaza muestra los rasgos coloniales.)
10. **C** (El rojo delinea la entrada.)
11. **B** (Es la única actividad que no se puede evitar.)

Lecturas con audio

MANUAL PARA ESTUDIANTES página 112

🔊 FUENTE NÚMERO 2
"Cartagena de Indias"

(LOCUTOR) Localizada a las orillas del mar Caribe, Cartagena, "La Ciudad Amurallada", fue fundada en el año 1533 por Pedro de Heredia.

A partir del siglo XVI fue uno de los puertos más importantes
5 de América. Sus calles **empedradas** aun guardan rastros de su próspera actividad comercial.

La plaza de Santo Domingo es destino obligado cuando se visita la ciudad de Cartagena. Esta plaza se encuentra rodeada de cafés, terrazas coloniales y balcones impresionantes.

10 Durante el siglo XVII, fue en este lugar donde se **llevaron a cabo** las ejecuciones de la Inquisición.

Uno de los sitios más emblemáticos de esta ciudad es la plaza de San Pedro. Llamada así en honor a la labor de San Pedro Claver a favor de los esclavos provenientes de África.

15 La ciudad amurallada le ofrece al visitante una ruta cultural extraordinaria con galerías, iglesias y exposiciones de arte colonial y moderno.

El museo Naval del Caribe ofrece exhibiciones permanentes relacionadas con la historia naval de Cartagena de Indias.

Su visita estará incompleta si no pasa por las famosas bóvedas, 20
una estructura arquitectónica colonial. En sus predios se encuentran tiendas de artesanías y antigüedades. Además de cafés y galerías.

Recrear los pasos de cada uno de los personajes de la novela: "El amor en los tiempos del cólera" es posible gracias al tour: 25
"La Cartagena de Gabriel García Márquez". Este recorrido permite descubrir todo el realismo mágico que esconden las calles y casas de esta inolvidable ciudad, Cartagena de Indias. Colombia, el riesgo es que te quieras quedar.

CLAVE

1. **A** (El artículo describe Cartagena y sus virtudes.)
2. **A** (Línea 11. "…evocar las luchas…")
3. **B** (Línea 11. "En días de sol…")
4. **C** (Línea 46. "Las opciones de alojamiento son diversas.")
5. **A** (La palabra amurallada significa que se encuentra rodeada por un muro.)
6. **C** (Línea 4. "… uno de los puertos más importantes...")
7. **A** (Línea 15. "…una ruta cultural extraordinaria…")
8. **D** (El texto desmiente los riesgos de viajar a Colombia.)
9. **C** (Ambas fuentes muestran la importancia histórica de Cartagena y sus atractivos.)
10. **A** (Los dos recursos describen la riqueza cultural, geográfica e histórica de Colombia.)

Audios

MANUAL PARA ESTUDIANTES página 115

🔊 "Frontón, potencial mundial que nace en la calle"

(LOCUTOR) México es potencia mundial en el deporte y los campeones han salido de canchas públicas como ésta.

(IVÁN) Bueno, creo que México es potencia en todo el deporte que tenga que ver con las manos. Todo el mexicano sabe ir con las manos. De hecho los únicos países fuertes en 5
frontón, en, es España y México.

(LOCUTOR) Es un deporte popular, tan democrático como el fútbol, pero menos **difundido** con jugadores de todas las edades y segmentos sociales. Hay niños, adolescentes, jóvenes, adultos y veteranos. La gran mayoría de los jugadores son 10
hombres.

(IVÁN) Fíjese, se cree que es sencillo, simplemente **pegarle** a una pelota y que **rebote** en la pared y volverle a **pegar**, pero en realidad no. Este, tiene, tiene su chiste como cualquier otro deporte. Sí es, este, un poco complicado aprender y pues no, no es nada aburrido, te diviertes muchísimo. Pueden jugar personas hasta de nueve años, once años hasta una persona de sesenta y cinco, setenta años siguen jugando aquí. Lo que se necesita para jugar frontón es rapidez. Necesitas una pelota y **una barra** simplemente. Pero necesitas rapidez y fuerza y agilidad, inteligencia. También necesitas mucha inteligencia.

(LOCUTOR) Se juega en todo el país y desde hace más de un siglo se ha practicado en los espacios públicos de las ciudades. Alan es de los pequeños jugadores en el Parque Rosendo Arnaiz.

(ALAN) El frontón para mí es un deporte muy divertido y que puedes aprender mucho haciendo esto, puedes tener fuerza, puedes tener ya rapidez. Se supone que cuando juegas se te **hincha** la mano. Se supone que cuando se te estás caliente, se supone que se te infla la mano. Se supone que esto lo que tengo es porque cuando juegas con la pelota y si no te pones guante te **lastima**.

(LOCUTOR) De las canchas públicas han salido los campeones del mundo como Fernando 'Momo' Medina y para muchos de los jugadores jóvenes como Alan, ganar una medalla para México es uno de los sueños más comunes.

(ENRIQUE) Ya tengo como aquí, como desde que estoy viviendo en San Pedro Los Pinos jugando aproximadamente entre treinta y cuarenta años ya. Yo le digo. Yo lo practiqué muchísimo, primero con la mano, luego con una **palita** y ahora con la raqueta. Entonces me encanta y lo que gracias a Dios con eso me he mantenido, pues ya tengo diez años de **jubilado**. Entonces, este, me he mantenido con el frontón, a, a seguir practicándolo y me encanta muchísimo. Desde los años cuarentas, yo creo, yo creo, ya tiene más de sesenta años jugando al frontón, ¿eh?

(LOCUTOR) Con imágenes de Ariel Ojeda e información de Cinthya Sánchez, El Universal.

CLAVE

1. **B** (La narración describe el frontón y sus jugadores con detalle.)
2. **C** (Línea 9. "Hay niños, adolescentes… y veteranos.")
3. **C** (Línea 21. "… necesitas mucha inteligencia.")
4. **B** (Línea 27. "… cuando juegas se te hincha la mano…")
5. **C** (Línea 38. "Yo lo practiqué muchísimo… con la raqueta.")

Ensayo

MANUAL PARA ESTUDIANTES página 116

FUENTE NÚMERO 3
"Familia Ciber Café en Detroit"

(PANCHOLÓN, Presentador) Hola amigos, ¿Qué tal nuevamente? Pancholón como siempre buscando las sorpresas en el corazón de Detroit y hoy nos encontramos en el Family Ciber Café.

Un lugar donde hay señal de Internet completamente gratis para los que tienen laptop, por supuesto, y los que desean venir y no tienen computadora en su hogar. Pues, aquí también tenemos computadoras disponibles con la mínima cantidad de $5.00 a la hora.

Efectivamente puede bajar música, puede quemar sus discos aquí, su DVD, puede subir imágenes, subir fotos en su Facebook, en Twitter, en MySpace, en todos los redes sociales existentes, aquí en Family Ciber Café, localizado en el 5837 al west de la Vernor Avenida, 5837 al west de la Vernor Avenida al ladito del Banco América, efectivamente.

Del Banco América, efectivamente. Entonces, para que nos visiten todos los que nos sintonizan a través de el nuestro canal de YouTube o los que nos siguen a través de www.pancholon.com, pues miren por acá tenemos algunos niños. Así que si eres padre de familia y tus jóvenes o tus niños desean usar el Internet pues tráigalos aquí, $5.00 a la hora ellos pueden manejar el Internet a su gusto. Ya ya saben que todos está aquí, entonces tenemos un como ocho o diez computadoras.

Este local apenas comienza su aventura entonces esperamos el apoyo total de la comunidad hispana en estos lugares Family Family Ciber Café 5837 al west de la Vernor les esperamos y como siempre feliz año 2011 les desea Family Ciber Café aquí 5837 al west de la Vernor Avenida en el mero corazón de Detroit. Informó Pancholón.

LA VIDA CONTEMPORÁNEA

Conversaciones

MANUAL PARA ESTUDIANTES página 117

🔊 "Viaje a Cuba"

Sra. Héroe	• Te saluda y te hace unas preguntas.
Tú	• Salúdala y dale una respuesta.
Sra. Héroe	• Continúa la conversación.
Tú	• Contesta.
Sra. Héroe	• Te hace varias preguntas.
Tú	• Contesta.
Sra. Héroe	• Reacciona y te hace unas preguntas.
Tú	• Contesta con detalles.
Sra. Héroe	• Continúa la conversación.
Tú	• Contéstale, explícale el mensaje y despídete.

(TONE)

(SRA. HÉROE) Buenos días. ¿Cómo estás? ¿Cómo puedo ayudarte? TONE (20 segundos) TONE

(SRA. HÉROE) Pues, me alegro. ¿Por qué te interesa este viaje a Cuba? TONE (20 segundos) TONE

(SRA. HÉROE) Interesante. ¿Tienes los documentos que necesitas? ¿Cuáles son? ¿Qué quieres hacer mientras estés en Cuba? TONE (20 segundos) TONE

(SRA. HÉROE) Bueno, tengo que organizar una reunión para todos los estudiantes. ¿Cuándo puedes reunirte? ¿Quieres invitar a otros amigos? TONE (20 segundos) TONE

(SRA. HÉROE) Bien. Ya no nos queda mucho tiempo para organizar todo. ¿Puedes escribirles a todos un correo electrónico anunciando la reunión? Explícame brevemente lo que vas a decir en tu mensaje. TONE (20 segundos) TONE

La Havana Vieja, Cuba

lo negativo no te va a ayudar. Además, nadie es perfecto. Lo que debes hacer es olvidarte de los tuyos. Y dejar que brille mejor, lo mejor de ti mismo.

Paso 2: Interésate en otras personas. El siguiente paso es para
20 aprender a ser más sociable e interesarse en saber acerca más de los demás. Cuando demuestras interés, la gente se siente atraída hacia ti. Porque les encanta hablar de sí mismos. Esto también te ayudará a olvidarte de tu propia timidez durante un rato. No hay mejor lugar para esto que una fiesta llena de gente. Eso sí, trata
25 de no ser demasiado curioso, sobre la información personal de la gente con la que tratas, porque puedes parecerles raro, e incluso molestarles.

Paso 3: Piensa en positivo. La gente tiende a acercarse más hacia las personas optimistas. ¿Por qué no mantener una
30 actitud positiva todo el tiempo? Comienza con tus propios pensamientos. En lugar de centrarte en el mal tiempo, piensa en la **acogedora** panadería que hay en el camino a casa desde el trabajo. Este tipo de pensamientos se refleja en tu cara. **De este modo**, no solo se verá y se sentirá mejor sino que también
35 va a transmitir el mismo tipo de actitudes a otras personas. Ser un pensador positivo también te ayuda a tener una actitud correcta para socializarte con otras personas. ¿Por qué? Porque esa sonrisa en tu cara es la mejor carta de presentación que puedes tener. La gente prefiere hablar y compartir el tiempo
40 con aquellos que observan y se centran en lo mejor de la vida. Querer aprender a ser más sociable es sin duda admirable. No tengas miedo a lo desconocido pero tampoco **te apresures**, es bueno ir poco a poco. Especialmente si no has tenido la oportunidad de relacionarte con mucha gente. Aun así, una
45 vez que hayas empezado a hacerlo no habrá vuelta atrás. Vive la vida y disfrútala en compañía de otras personas. Si deseas aprender más acerca de cómo mejorar tu vida personal y mental y **anímica** visita AutoayudaOnline.com en donde encontrarás muchos recursos, artículos y más videos de autoayuda. Gracias
50 por seguir el video hasta aquí. Un saludo, Alfredo Carrión para AutoayudaOnline.com

CLAVE

1. **C** (La grabación muestra los aspectos de este programa.)
2. **B** (Línea 5. "…personas más sociales…todas esas experiencias.")
3. **A** (De acuerdo con el audio es importante olvidarse de los aspectos negativos de uno mismo.)
4. **C** (Línea 21. "Cuando demuestras interés…durante un rato.")
5. **B** (Línea 28. "Piensa en positivo…todo el tiempo?")

Ensayo

MANUAL PARA ESTUDIANTES página 132

FUENTE NÚMERO 3
"¿Cómo educar a un niño?"

(PRESENTADORA) Nadie nace sabiendo ser buen padre y ningún bebé trae un manual que te diga paso a paso cómo debemos criarlo. Entonces, ¿cómo educar a un hijo? Hoy, te voy a dar algunas recomendaciones que los expertos afirman son parte de ser buenos padres. 5

Ser padres es un trabajo de tiempo completo. Somos un ejemplo a seguir las veinticuatro horas del día de los trescientos sesenta y cinco días del año. Más que hacer lo que le decimos, nuestro niño hará lo que ve. Desde nuestros hábitos cotidianos hasta la forma en cómo tratamos a las demás personas. La educación de 10 tus hijos comienza por ti. De nada sirve que le digas que debe comer sano o hacer ejercicio si tú no lo haces. Al igual que ponerles el ejemplo, debemos establecer límites para nuestros hijos, como las horas de dormir o de ver la tele. Si esperas a que tu niño crezca para intentar controlarlo, te será casi imposible. 15 Poner límites a veces nos duele, pero es muy importante porque les darás dos herramientas fundamentales: el autocontrol y la disciplina. Es importante que seas consistente con esos límites y las consecuencias que establezcas cuando alguna de las acciones de nuestro hijo o hija sean inadecuadas. Si a cada rato le cambias 20 las reglas del juego, el niño terminará por no hacer caso y su actitud irreverente será tu responsabilidad, no la de él.

Decide cuáles son tus puntos no negociables como las mentiras o los berrinches y sé firme con ellos. Pero basa tu disciplina en la sabiduría y el amor. Nunca en la fuerza o los castigos físicos 25 que pocas veces funcionan. Así como un castigo físico pocas veces es efectivo, llenarlo de cosas materiales y darle todo lo que pide de manera irracional es poco efectivo a la hora de educar un hijo. Deja que tu niño o niña conozca la increíble sensación de ganarse algo por un mérito propio. 30

LA VIDA CONTEMPORÁNEA

Toma en cuenta que al ir creciendo las necesidades de tu hijo se van modificando. Modifica las reglas y adáptalas a su edad, personalidad y necesidad. No es sano ni lógico ponerle la misma regla a un niño de tres años que a uno de siete. Ni a uno muy inquieto, que a uno muy tranquilo.

Cuando tu hijo te pregunte el porqué de una regla o una decisión tuya, evita usar el "porque yo lo digo" o "porque soy tu mamá o papá". Explícale brevemente tus razones. Es posible que un adolescente requiera una respuesta más elaborada que un niño pequeño.

Cuando tienes niños muy chicos es importante que seas capaz de contestar las siguientes preguntas en todo momento: ¿En dónde está mi hijo? ¿Con quién está? Y, ¿qué está haciendo?

Conversaciones

MANUAL PARA ESTUDIANTES página 133

🔊 "Día sin tecnología"

Linda	• Te saluda y te hace unas preguntas.
Tú	• Salúdala y contesta las preguntas.
Linda	• Continúa la conversación.
Tú	• Contesta con detalles.
Linda	• Continúa la conversación.
Tú	• Propón algunas ideas.
Linda	• Reacciona y te hace una pregunta.
Tú	• Contesta afirmativamente con detalles.
Linda	• Te hace unas preguntas.
Tú	• Contéstale, ofrece algunas opciones y despídete.

(TONE)

(LINDA) Buenos días. Habla Linda. ¿Cómo estás? ¿Por qué te interesa trabajar conmigo en este proyecto controversial? TONE (20 segundos) TONE

(LINDA) Pues, interesante. ¿Cómo podemos convencer a los estudiantes para que participen en este día? TONE (20 segundos) TONE

(LINDA) Pues, ¿qué pasará si algunos no dejan de usar sus teléfonos ni de mandar mensajes de texto? TONE (20 segundos) TONE

(LINDA) Bueno. ¿Qué te parece la idea de tener un día de práctica en el que damos un buen ejemplo de cómo dejar de usar la tecnología? TONE (20 segundos) TONE

(LINDA) Pues bien. ¿Cuándo podemos reunirnos para hablar más? ¿Dónde podemos charlar y planear? No te comuniques conmigo ni por correo electrónico ni por mensaje de texto. TONE (20 segundos) TONE

LA VIDA CONTEMPORÁNEA

Las tradiciones y los valores sociales

Lecturas

MANUAL PARA ESTUDIANTES página 135

Tape porã

CLAVE

1. **A** (La historia narra la vida en pobreza.)
2. **A** (Línea 1. "Cada día…y el buen tiempo…")
3. **B** (Línea 5. "…la inusual presencia de una joven…")
4. **B** (Línea 11. "…brillaban de emoción…gritos de alegría…")
5. **B** (Línea 20. "Mi corazón se encogió de pena")
6. **D** (Línea 31. "…saqué un pan *Felipe*…")

Lecturas con audio

MANUAL PARA ESTUDIANTES página 136

🔊 FUENTE NÚMERO 2

"Mañanita: Virgen de Guadalupe"

(LOCUTOR) …que promete mucho y que quiere estar cantando en este homenaje a la Virgen Guadalupana.

(CORO) Ave María, Ave María

(LUCERITO) Virgen de Guadalupe estoy convencida,

5 del poder **milagroso** de tu mirada,
   hoy me he visto en tus ojos arrepentida
   y he sentido que mi alma se iluminaba.

   Soles maravillosos, fuegos divinos,
   penetraron en mí como llamaradas,
10 señalando a mi vida un nuevo destino,
   como el día que **brota** con la alborada.

   Gracias Virgen Morena por el **milagro**,
   de aliviar mis angustias con tu perdón,
   has tornado en azúcar todo lo amargo,
15 y a tus plantas florece mi devoción.

   He venido a cantarte no es un tormento,
   suplicar de rodillas aquí en tu altar,
   de millones de **fieles** sigo el ejemplo,
   tu divina hermosura vengo a buscar,
20 gracias Virgen María de Guadalupe.

(CORO) Ave María.

CLAVE

1. **B** (El artículo describe la celebración del Día de la Morenita.)
2. **B** (Línea 11. "…de México y también de otros países…")
3. **A** (Línea 28. "Más de un…participan en el operativo…")
4. **B** (El texto muestra la importancia de esta fiesta en la vida de los peregrinos.)
5. **C** (La canción posee un tono de admiración y respeto)
6. **A** (La canción contiene palabras de admiración a la Virgen de Guadalupe.)
7. **D** (Significa que la Virgen puede cambiar el rumbo de las tragedias.)
8. **C** (Es la forma de demostrar el respeto y profunda adoración.)
9. **D** (Ambas fuentes describen la trascendencia religiosa de esta celebración.)
10. **C** (Los dos textos rinden tributo a la Virgen.)

Audios

MANUAL PARA ESTUDIANTES página 138

🔊 "Charla: educación y valores sociales"

(LOCUTOR) La Consejalía de la Mujer, en sus novenas jornadas contra la violencia de género, presenta, entre las actividades que **se realizan** en la Casa de la Dona, **la charla**: "Educación y Valores Sociales" impartidas por la psicóloga Maricarmen Oltra. Esta conferencia, del programa de Formación Mujer de la Diputación de Valencia, trata de cómo los padres tienen el poder de **inculcar** unos valores esenciales en los niños y los más jóvenes. Unos valores sociales que serán muy importantes **a lo largo de** su infancia, adolescencia y madurez.

LA VIDA CONTEMPORÁNEA

(MARICARMEN OLTRA, Psicóloga) Esta **charla** es pues del programa de la Diputación para las Mujeres y sobre todo trata, pues, de la educación que es muy importante para nuestros niños, nuestros jóvenes. Y también los valores sociales que se deben enseñar, pues, desde la infancia en todas las etapas: adolescencia e incluso en la edad adulta.

(LOCUTOR) Educación y valores sociales va dirigido a mujeres. Especialmente a aquellas que son madres de niños o adolescentes, que tienen en su mano la capacidad de educar, aunque también es frecuente encontrar en este tipo de **charlas** a señoras más mayores con un gran interés en este tema. Maricarmen Oltra, encargada de impartir la conferencia, toma como punto de referencia la comunicación y el diálogo sin los cuales será muy difícil dar una buena educación.

(MARICARMEN OLTRA, Psicóloga) Bueno, principalmente sobre todo la comunicación es fundamental porque sin una buena comunicación y un buen diálogo entre los hijos no se pueden ni educar ni tampoco enseñar, pues, todos los valores sociales que se deben adquirir.

(LOCUTOR) Este tipo de **charlas** resultan de gran utilidad ya que ayudan a exponer y resolver muchas dudas cotidianas que favorecen las relaciones entre padres e hijos.

Navidad, San Miguel, Cozumel, México

CLAVE

1. **D** (Línea 5. "… programa de Formación…en los niños…")
2. **C** (Línea 7. "…los padres tienen…unos valores esenciales…")
3. **D** (Línea 21. "…señoras más mayores…en este tema.")
4. **B** (Línea 26. "…la comunicación es fundamental…")
5. **C** (Línea 31. "…ayudan a exponer y resolver…")
6. **A** (Este título presenta una perspectiva diferente.)
7. **A** (Porque orienta a los padres en la crianza de sus hijos.)

Ensayo

MANUAL PARA ESTUDIANTES página 140

🔊 FUENTE NÚMERO 3
"Tradiciones navideñas perdidas"

(RAFAEL HERMOSILLO, entrevistado) Siento que las tradiciones están sumamente perdidas. Las tradiciones perdidas de, de estas fiestas navideñas porque la gente está, ehh, solamente tras el objetivo de consumir más y más y más. Es un materialismo realmente atroz, ¿verdad? Y entonces se olvida de, del, del significado más profundo del catolicismo profundo que desde la familia se inculquen verdaderos principios, ehh, del ser humano como el amor, como el ehh, la solidaridad, como el respeto, ehh hablar tranquilamente, ehh no gritar, ehh amarse entre unos y otros desde el seno familiar, desde que son chicos.

(SARA CHAPUL, entrevistada) La mayoría se deja influir mucho por las costumbres norteamericanas. Sobre todo los jóvenes. Ya lo consideran eso aburrido y ñoño, ¿no? En cambio uno, pues, es parte de su crecimiento, de su desarrollo.

(NORMA ORTEGA, entrevistada) Se ha perdido la tradición por la misma publicidad. Se vuelve más comercial la, la forma de pensar de nosotros. Tenemos influencias de, de culturas diferentes, entonces obviamente tiene que ver también con la cultura que nosotros les demos a los hijos.

(BRAULIO HERRERA, entrevistado) Realmente sí se ha perdido mucho y no tan sólo eso, muchas tradiciones. Esta pues es una de las principales sino es que la principal. Ehh son costumbres extranjeras que adoptamos. Pero, ehh, sigue siendo hermosa la Navidad y toda su tradición de posadas y de, simplemente los Santos Reyes y, la cena de Navidad cuando llega el Niño Dios a la casa, o como tantas cosas que hemos perdido, ojalá y las volvamos a recuperar con el tiempo. Sería mucho muy importante y más para ustedes los jovencitos deberían de je estudiar un poquito lo de antes para que vean qué bonita, no tan solo la tradición, la leyenda, la en sí la, la, la historia de, de lo que es la verdadera Navidad.

Las tradiciones y los valores sociales

(ENRIQUE DEL CASTILLO, entrevistado) Que la gente ya desconoce todas esas tradiciones, ya no, no tienen la educación o la tradición de la gente de hace muchos años y día a día con otras ideas más modernas y muchas cosas más.

Conversaciones

MANUAL PARA ESTUDIANTES página 141

🔊 "Ciberacoso"

Raquel	• Te saluda y te hace unas preguntas.
Tú	• Salúdala y contesta las preguntas.
Raquel	• Continúa la conversación.
Tú	• Contesta con detalles.
Raquel	• Continúa la conversación.
Tú	• Contesta con detalles.
Raquel	• Reacciona y te hace una pregunta.
Tú	• Contesta con detalles sobre otra preocupación que tienes del ciberacoso.
Raquel	• Te hace una pregunta.
Tú	• Contéstale afirmativamente y dile por qué. Ofrece una opción y despídete.

(TONE)

(RAQUEL) Buenos días. ¿Cómo estás? Recibí tu mensaje urgente y quería contestarte lo más pronto posible. ¿Por qué piensas que hay un problema de ciberacoso? TONE (20 segundos) TONE

(RAQUEL) Pues, me gustaría saber más de este posible problema. ¿Puedes contarme de un ejemplo grave del ciberacoso? TONE (20 segundos) TONE

(RAQUEL) Interesante. ¿Cuál es el promedio aproximado de estudiantes que están involucrados? ¿Cómo obtuviste esa información? TONE (20 segundos) TONE

(RAQUEL) Bueno, ya entiendo. ¿Hay algo más que quieres compartir conmigo? TONE (20 segundos) TONE

(RAQUEL) Pues bien. ¿Prefieres que nos reunamos afuera del colegio para seguir hablando? TONE (20 segundos) TONE

LA VIDA CONTEMPORÁNEA

El trabajo voluntario

Lecturas

MANUAL PARA ESTUDIANTES página 143

"Ecuador—Ofrecerse como voluntario"

CLAVE

1. **A** (El folleto provee enlaces con información sobre el proyecto.)
2. **D** (Hay diferentes tipos de proyectos.)
3. **D** (ORGANIZACIÓN #2 "…ha sido legalmente…el gobierno de Ecuador…")
4. **C** (Los voluntarios son elegidos por su perfil.)
5. **B** (TIEMPO DE TRABAJO #3 "…entre dos y tres…sobre la cultura…")

Ilustración con audio

MANUAL PARA ESTUDIANTES página 145

🔊 **FUENTE NÚMERO 2**

"Trabajos voluntarios"

(MARÍA JOSÉ ROMERO, alumna de periodismo) Hola y muy buenas tardes. En esta ocasión me encuentro con Eduardo Montalva, estudiante de derecho, quien es **el gestor**, el director de los trabajos voluntarios que se generan en nuestra
5 universidad. ¿Cómo estás Eduardo?

(EDUARDO MONTALVA, alumno y director) Muy bien, con mucho ánimo, con mucho **empuje** para comenzar otro, otro semestre más con actividades para la acción social de la universidad.

10 (MARÍA JOSÉ ROMERO, alumna de periodismo) Bueno eso quería que nos contaras, que les contaras a nuestros compañeros. ¿En qué consiste nuestro trabajo voluntario?

(EDUARDO MONTALVA, alumno y director) Ya, mira, los trabajos voluntarios comenzaron desde el año pasado acá
15 en la universidad a través de la DAE que nos impulsó y nos ayudó para hacer que **se gestaran**. Comenzó un grupo alrededor de 30 alumnos con mucho entusiasmo que van a los campamentos, los campamentos más crudos de acá de Santiago. ¿Para qué? Para ayudar, para entender que el espíritu
20 de servicio que nos da la universidad, poder canalizarlo y tener una confiabilidad y más que eso construir y decir: ¡ya! Yo tengo la convicción de que quiero ayudar a la soc a la sociedad a través del servicio, del servicio público, a través de lo privado pero ayudar a la a la sociedad. Relacionado con eso
25 hicimos lo que es trabajo voluntario.

(MARÍA JOSÉ ROMERO, alumna de periodismo) Y cuéntame, ¿cómo puede colaborar la comunidad universitaria en esto?

(EDUARDO MONTALVA, alumno y director) Ya, pues, los invito a todos que nosotros vamos el 27 de junio que es día
30 jueves. Vamos a invitar a unos niños para que ellos vean lo que es otro ambiente, otra realidad, que puedan superar, que pueden cumplir sus sueños. ¿Y cómo? Nosotros les pedimos a ustedes, los invitamos a colaborar. Pueden traer juguetes a la DAE para que nosotros podamos hacer unos regalitos, y como
35 premio, dulces, materiales para que nosotros podamos hacer lo que se llaman **los cotillones**, que son celebrac, ehh, los globos, la serpentina todo eso, para hacer una gran fiesta que va ser el día jueves 27 a las 3 de la tarde en donde están los juegos, donde está **el taca taca**, toda la mesa de ping-pong.

40 (MARÍA JOSÉ ROMERO, alumna de periodismo) Eduardo, si alguien…si algunos alumnos se motivan y quieren ir también ellos a participar y ellos a colaborar, ¿también pueden ir?

(EDUARDO MONTALVA, alumno y director) Sí, sí. De hecho nosotros tenemos un mail que es trabajosvoluntariosubo@
45 gmail.com. Tenemos una página que se llama vivelaubo.tk. También a través de la Internet va a aparecer información de los trabajos voluntarios. Las cosas si quieren aportar con

60 El trabajo voluntario

LA VIDA CONTEMPORÁNEA

dulces, con **cotillones**, con regalos, eso lo pueden hacer en la
50 DAE. Lo pueden llevar a la DAE y ahí dicen: yo vengo a **aportar**
para los trabajos voluntarios.

(MARÍA JOSÉ ROMERO, alumna de periodismo) Bueno
entonces la invitación ya está hecha como dijo Eduardo y todos
a colaborar con estos niños para que se motiven y participen
55 finalmente.

CLAVE

1. **A** (El formulario pide datos de la vida de los candidatos.)
2. **C** (Esto es lo que significa la disponibilidad del solicitante.)
3. **B** (Esta sección debe ser leída antes de diligenciar el documento.)
4. **A** (Línea 3. "…el director de los trabajos voluntarios…")
5. **D** (Línea 19. "Para ayudar, para entender…")
6. **A** (Línea 30. "… invitar a unos niños…cumplir sus sueños.")
7. **D** (Es la única descripción correcta de las fuentes.)

Audios

MANUAL PARA ESTUDIANTES página 146

🔊 "¿Qué se siente al ser voluntario?"

(CHRISTIAN BENGOA, voluntario de la Cruz Roja) Lo que más
me gusta de ser voluntario es que puedes hacer más fácil la vida
de las personas que lo necesitan de verdad, simplemente con un
poco de, de tu esfuerzo.

5 (OSCAR DURÁN, voluntario de la Cruz Roja) Los voluntarios
se parecen a mí, se parecen a ti, se parecen a cualquiera persona
que te cruces por la calle. Cualquiera puede ser voluntario de la
Cruz Roja.

(TERESA GRIJEIMO, voluntaria de la Cruz Roja) Necesito saber
que hago algo más que cuidar de mí mismo. 10

(ANTONIO HERNÁNDEZ, voluntario de la Cruz Roja) Ehh,
sentía la necesidad de ayudar a las personas y pensé que la
Cruz Roja sería uno de los medios donde podría hacerlo
perfectamente.

(PAZ VILLAS, voluntaria de la Cruz Roja) Hay personas que me 15
preguntan: ¿Cómo lo haces, por qué lo haces? Y yo les digo que
me eduqué en la Cruz Roja y es mi gran sentimiento.

(CARLOS GRIJEIMO, voluntario de la Cruz Roja) Un poco de tu
tiempo va muy lejos en la vida de una persona.

(OSCAR DURÁN, voluntario de la Cruz Roja) La verdad es 20
que no tienen que pasarte grandes cosas en la vida para que
tengas que hacerte voluntario de la Cruz Roja. No sé, fue un
sentimiento que poco a poco fue naciendo en mí. Y bueno, me
acerqué aquí y vi que realmente era útil mi ayuda. Y **a raíz de**
eso pues aquí estoy colaborando con la Cruz Roja, y estoy muy 25
contento.

(TERESA GRIJEIMO, voluntaria de la Cruz Roja) Pues me
llevó a esto por la impotencia que sentía al ver las catástrofes
meteorológicas a través de los medios. Sentía la impotencia de
ver que necesitaban ayuda y de querer ayudarlos. 30

(PAZ VILLAS, voluntaria de la Cruz Roja) Me llevó a ser
voluntario, el haber estudiado en, en el Hospital Central de la
Cruz Roja y ya desde alumna colaborar con obras sociales de
todo tipo. Desde **acudir** al **pozo del tío Raimundo** a trabajar,
(no queda claro). Éramos un grupo de voluntarios y voluntarias 35
que aprovechábamos los fines de semana para poder colaborar
en bienestar de los demás.

(CARLOS GRIJEIMO, voluntario de la Cruz Roja) El motivo
principal que me llevó a tomar la decisión de hacerme
voluntario fue el de ayudar a los desfavorecidos. Esta motivación 40
me ha venido acompañando desde muy temprana edad. Así
como mi humilde **aportación** a la Cruz Roja presentando
colaboraciones o postulaciones. Así que después de **sacar
adelante** a dos hijos, decidí donar parte de, de mi tiempo libre
formando parte del voluntariado de la sección de Acción Social 45
de la Cruz Roja en Uribe Aldea.

(ANTONIO HERNÁNDEZ, voluntario de la Cruz Roja) El trabajo
digamos que ya, mi etapa de trabajo ya, ya la he terminado. Y
entonces como tengo mucho tiempo libre, pues, ehh, de alguna
manera pensé en llenar el tiempo éste, ehh, ehh, que tengo 50
vacío sin nada que hacer, en poder, pues asistir o ayudar en
algún organismo, ehh, para ayudar a las personas.

(CHRISTIAN BENGOA, voluntario de la Cruz Roja) Ves en las
catástrofes, ehh las toda la injusticia que hay en el mundo, y
piensas pues todo el mundo está mal. Pero piensas, cerca de casa 55

El trabajo voluntario 61

LA VIDA CONTEMPORÁNEA

también existen, también existen injusticias y desde Cruz Roja conseguimos cambiar estas cosas y es totalmente fundamental que el máximo número de personas se hagan voluntarias y es que no es sólo para ellos ¿no? porque una persona como voluntaria es, es algo inexplicable total y absolutamente.

CLAVE

1. **C** (La fuente resalta los aspectos positivos del voluntariado.)
2. **A** (Línea 6. "…se parecen a…la Cruz Roja.")
3. **C** (Línea 28. "…por la impotencia…ver las catástrofes…")
4. **C** (Línea 55. "…cerca de casa también existen…")
5. **A** (Es el único título que condensa la fuente.)

Ensayo

MANUAL PARA ESTUDIANTES página 147

🔊 FUENTE NÚMERO 3

"Brigada de dentistas españoles en Nicaragua"

(LOCUTOR) Nos vamos a ir hasta Masatepe. En ese municipio un grupo de odontólogos españoles están devolviéndoles sonrisas a niños y adultos. Héctor Rosales nos cuenta.

(HÉCTOR ROSALES, periodista) Se encargan de hacer el milagro de que muchas personas tengan una buena sonrisa. Ellos son un grupo de dentistas españoles que vienen a brindar su servicio social. Revisan, extraen y calzan muelas. Además, brindan charlas para tener una dentadura sana y sin caries.

(SARA SAIZ, Coordinadora Brigada Odontológica) El objetivo es ayudar a toda la población nicaragüense en extrema pobreza y que no tiene acceso a un, a un dentista. Ya que aquí sabemos que los dentistas son, son bastante caros. Intentamos también educar a la población infantil en educación bucodental. Que ellos desde muy pequeños ya tengan conciencia de que tienen que cuidar los dientes y que no tengan que, que extraerlos, como vemos mucha gente mayor aquí que ya no tiene casi dientes entonces intentamos evitar eso y focos de infección.

(HÉCTOR ROSALES, periodista) Los Dentistas Sin Fronteras, como dicen llamarse, nacieron hace 14 años en Granada para ayudar a las personas que no tienen suficientes recursos para visitar un odontólogo. Todos dicen sentirse satisfechos con su trabajo.

(LUIS MONTERO, dentista Brigada Odontológica) Ehh la experiencia que hemos vivido durante toda la carrera que hemos estado estudiando pues esto es ehh una manera de darle algo positivo a gente que no tiene esos medios de llegar a nuestra atención, a esta atención sanitaria, ehh a través de otras pautas. Entonces bueno, ehh o sea viniendo de España y sabiendo que en este país están muy necesitados de una atención sanitaria primaria, a nivel dental, pues bueno, creemos ehh que es positiva la ayuda que podemos prestar a la comunidad.

(ISABEL GUTIÉRREZ, dentista Brigada Odontológica) La higiene es fundamental con todo. El cepillo es lo primero y luego hay cosas auxiliares como la seda dental y tal, el cepillo tiene que hacer movimientos circulares, delante, hacia los lados, ¿vale?, sin olvidar tampoco la zona inferior por detrás de los incisivos y por arriba.

(HÉCTOR ROSALES, periodista) En este momento brindan su servicio a los habitantes de Masatepe, completamente gratis en el centro escolar de las Damas Salesianas. Diariamente atienden a más de 60 pacientes.

(HÉCTOR ROSALES, periodista) ¿Qué problema tiene?

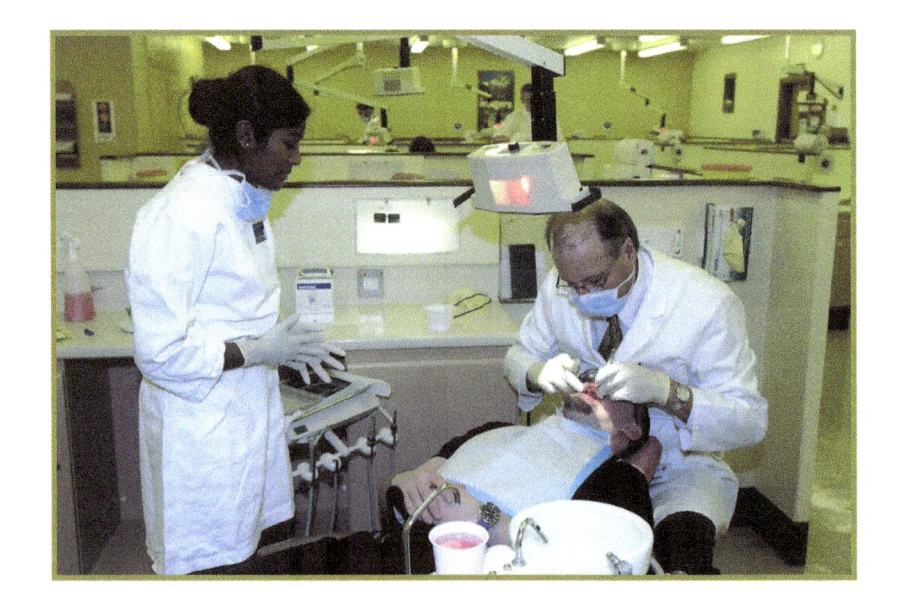

(ANA LUCRECIA GALÁN, paciente) Ay, tengo todos los dientes malos pero uno me perjudica más, por eso es el que me voy a sacar, sí.

(HÉCTOR ROSALES, periodista) ¿Una bendición para todos ustedes?

(PACIENTE) Ay, claro que sí, para los pobres.

(OLMÁN SÁNCHEZ, paciente) Me sacaron una muela.

(HÉCTOR ROSALES, periodista) ¿Qué más te enseñaron ellos?

(OLMÁN SÁNCHEZ, paciente) Este, me, me dijeron que si me dolía me metieron, me metieron un una como una tenaza pero me dolía mucho.

(HÉCTOR ROSALES, periodista) Bueno y ¿qué te dijeron de las normas higiénicas que debes de seguir?

(OLMÁN SÁNCHEZ, paciente) De lavarme los dientes después de cada comida.

(HÉCTOR ROSALES, periodista) Luego se trasladarán para brindar sus servicios a la cárcel de Granada, Nindirí, Diria y Matagalpa. Héctor Rosales, TV Noticias.

LA VIDA CONTEMPORÁNEA

Conversaciones

MANUAL PARA ESTUDIANTES página 149

🔊 "Visita de medianoche"

Camerón	• Te saluda y te hace unas preguntas.
Tú	• Salúdala, contesta las preguntas.
Camerón	• Continúa la conversación.
Tú	• Contesta con detalles.
Camerón	• Continúa la conversación.
Tú	• Contesta con detalles.
Camerón	• Reacciona y te hace una pregunta.
Tú	• Contesta con detalles y explica por qué tienes un poco de miedo.
Camerón	• Reacciona y continúa la conversación.
Tú	• Explica por qué funcionará el plan y despídete.

(TONE)

(RVDA. CAMERÓN) Hola. ¿Cómo estás? Recibí un mensaje sobre tu interés en VM (Visita de Medianoche). ¿Por qué te interesa nuestra organización? TONE (20 segundos) TONE

(RVDA. CAMERÓN) Pues, interesante. ¿Por qué les interesa a los otros estudiantes viajar a la ciudad para darles comida y ropa a los pobres? TONE (20 segundos) TONE

(RVDA. CAMERÓN) Pues… ¿cómo pueden Uds. viajar a la ciudad con la comida y la ropa? ¿Cuáles son algunos obstáculos que enfrentarán? TONE (20 segundos) TONE

(RVDA. CAMERÓN) Bueno. Hay gente que tiene miedo de estar en las calles tarde de noche. ¿Qué te parece esta idea? TONE (20 segundos) TONE

(RVDA. CAMERÓN) Pues, tenemos un sistema bastante seguro y siempre uno puede irse inmediatamente si se siente incómodo. Tienes que hacer tres visitas con personas de nuestra organización hasta que les concedamos una sucursal. ¿Tienes algún comentario? TONE (20 segundos) TONE

Los temas económicos

| LECTURAS | LECTURAS CON AUDIO | AUDIOS | CORREOS ELECTRÓNICOS | ENSAYOS | CONVERSACIONES | DISCURSOS |

LAS IDENTIDADES PERSONALES Y PÚBLICAS

| enajenación y asimilación | héroes y personajes históricos | identidad nacional y étnica | creencias personales | intereses personales | autoestima |

LOS AYOREOS: UNA TRIBU ESCONDIDA

LA CIVILIZACIÓN LOS PONE EN RIESGO

TRABAJO PARA MANOS JUBILADAS

TRENES MODELO PARA ROMÁNTICOS

"POBRE EN MÉRITOS HUMANOS, RICO EN VIRTUDES Y FAMA"

¿SABÍAS QUIÉN ES JUAN DIEGO?

ANA MARÍA MATUTE: "ESE HOMBRE LLEVA ALGO MALO DENTRO…"

LOS PÁJAROS

SÓLO UN 17% DE MEXICANOS DICE QUE PUEDE LOGRAR SUS SUEÑOS

SUEÑOS Y ASPIRACIONES INCUMPLIDOS

"HAY COMPORTAMIENTOS NO REGLAMENTADOS PERO QUE LA LÓGICA DEL TRATO…"

EL MANUAL DE CARREÑO

ÍNDICE CUBANO

CÁPSULAS CULTURALES

CLASIFICADOS CON VOCABULARIO Y PREGUNTAS CULTURALES

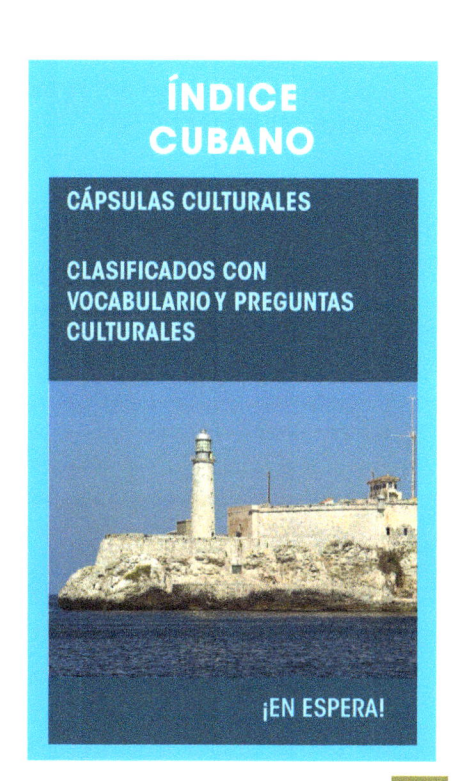

¡EN ESPERA!

65

LAS IDENTIDADES PERSONALES Y PÚBLICAS

La enajenación y la asimilación

Lecturas

MANUAL PARA ESTUDIANTES página 152

"Los pájaros"

CLAVE

1. **C** (Línea 4. "Su padre era… solitaria y huraña.")
2. **B** (Línea 5. "Llevaban los dos… solitaria y huraña.")
3. **A** (Línea 5. "En el pueblo…por su profesión.")
4. **D** (Línea 10. "…me vinieron a…acerca de ellos.")
5. **D** (Línea 12. "Ese hombre lleva…abandonó su mujer." La connotación es negativa.)
6. **B** (Línea 23. "Tal vez, si…al verme aquí.")
7. **B** (En el cuento se subraya el mal efecto de los comentarios en la vida de los personajes.)

Lecturas con audio

MANUAL PARA ESTUDIANTES página 154

🔊 FUENTE NÚMERO 2

"Los indígenas aislados"

(LOCUTORA) Una expedición del gobierno brasileño establece el primer contacto con el pueblo korubo. **Los madereros** y colonos que han invadido sus tierras suponen un peligro para que los indígenas puedan continuar viviendo
5 **aislados** en sus tierras ancestrales. Este contacto no ha sido decisión de los korubo y sin embargo su mundo está a punto de cambiar para siempre. Más de 100 pueblos indígenas de todo el mundo como los korubo han elegido rechazar el contacto con **forasteros**. Para ellos el mundo exterior les ha
10 traído sólo violencia, asesinatos, enfermedades y explotación.

Los indígenas no contactados como los ayoreo en Paraguay se ven obligados a abandonar sus casas y pertenencias una y otra vez a medida que las excavadoras invaden sus tierras. Ojnay fue expulsado por primera vez de su **hogar** en la selva hace
15 sólo tres años.

(OJNAY, por la voz de intérprete) Estoy muy preocupado por esta destrucción porque no sabemos exactamente dónde está la gente que sigue viviendo en el bosque. Una de mis hermanas está allí. Por eso no queremos que los blancos
20 destruyan más bosque con sus excavadoras.

(LOCUTORA) Una y otra vez cuando se establece el primer contacto con un pueblo indígena muchos de sus miembros mueren de enfermedades que nunca antes han conocido. Los indígenas **aislados** carecen de inmunidad ante enfermedades
25 occidentales comunes como la gripe, la varicela o incluso el resfriado común. En ocasiones un pueblo indígena entero puede ser exterminado por completo. En Perú **los madereros** ilegales de caoba han introducido las enfermedades y la violencia en muchos pueblos indígenas **aislados**. Jorge, un hombre morunagua, perdió un ojo cuando recibió un disparo 30 de **los madereros** durante el contacto.

(JORGE, por la voz de intérprete) Cuando **los madereros** establecieron contacto con nosotros salimos de la selva. Fue entonces cuando llegó la enfermedad aunque entonces no sabíamos lo que era un resfriado. La mitad de nosotros murió. 35 Mi tía murió. Mi sobrina murió. La mitad de mi pueblo murió.

(LOCUTORA) Estas tragedias no son inevitables. Reconocer y proteger los derechos de propiedad territorial de los pueblos indígenas les da el tiempo y el espacio para decidir por sí mismos cómo quieren interactuar con el mundo que les rodea 40 y les otorga el control de sus propias vidas. Survival trabaja para que esto sea una realidad.

CLAVE

1. **C** (El artículo demuestra muchos aspectos negativos de sus condiciones de vida.)
2. **B** (Línea 1. "Unas huellas detalladas…delatan la presencia…")
3. **A** (Línea 13. "Tienen que…peligro sus vidas…")
4. **A** (Línea 34. "La organización ayorea…un largo camino…")
5. **A** (Línea 2. "Los madereros y… suponen un peligro…")
6. **B** (Línea 17. "…dónde está la…hermanas está allí…")
7. **B** (Línea 21. "Una y otra…antes han conocido.")
8. **D** (Línea 39. "…les da el…sea una realidad.")
9. **A** (Ambos textos ofrecen información sobre las condiciones actuales de los indígenas y las consecuencias nefastas del contacto con el exterior.)
10. **B** (Es la única respuesta que se encuentra en las dos fuentes.)

Audios

MANUAL PARA ESTUDIANTES página 155

🔊 "Inmigrantes en los pueblos: integración total"

(LOCUTOR) Armenteros, Salamanca. 558 habitantes, de ellos más de 300 son extranjeros. Más de la mitad de su población es inmigrante. La mayoría de ellos son **empadronados** al matricularse en el colegio. La Inmaculada, donde conviven 5 más de veinticinco nacionalidades diferentes.

(PEDRO MERAYO del Colegio La Inmaculada) Permiten tener una serie, **aunque** mínima, pero que necesaria de servicios, como puede ser el médico.

(HABITANTE 1) **A pesar de** que somos de diferentes países tenemos buena **convivencia** y todo.

(LOCUTOR) Ortigosa de Pestaño, provincia de Segovia, 105 habitantes, casi el 42% de su población es inmigrante. Un pueblo utilizado como dormitorio y residencia, para trabajar acuden a diferentes partes de la provincia.

(SDRAFKOV ROMANOV, inmigrante rumano) Aquí somos pocos vecinos y nos conocemos y y bien. La relación es muy buena.

(LOCUTOR) Mudrián, también municipio segoviano con 342 habitantes, el 33% de fuera de España. Hasta aquí llegaron para ser **temporeros** en la recogida de la fresa.

(MILAGROS ALONSO, Alcaldesa de Mudrián) Es una alegría ver tanta gente en el pueblo. Cuando ves un pueblo pequeñito y con tanta gente, pues es una alegría.

(MARIOLA SLIEVA, inmigrante polaca) Los vecinos de aquí de Mudrián son son una gente muy buena. Todos son muy agradables.

(LOCUTOR) Mayorga, localidad Vallisoletana con casi dos mil habitantes. El 26% de su **censo** es extranjero. El 90% de los inmigrantes son búlgaros. Se han quedado aquí por las posibilidades que ofrece el pueblo. Es el único municipio de la provincia que cuenta con una concejalía de inmigración.

(HABITANTE 2) Para el pueblo ha sido positivo, por… tanto en el colegio como en la economía del… general del pueblo.

(HABITANTE 3) Hay más más personal aquí, hay más niños. En las escuelas también hay, pues, bastantes niños.

Casa de las Conchas, Salamanca, España

(SEÑORA 1) A los españoles no les gusta trabajar en el campo, en la ganadería, en la construcción.

(SEÑORA 2) Tengo una hija de quince años y ha venido aquí a los siete años.

(LOCUTOR) Ejemplo todos ellos de buena **convivencia** de saber **adaptarse** al medio rural Castilla y León.

CLAVE

1. **A** (Línea 38. "Ejemplo todos ellos de buena convivencia…")
2. **B** (Línea 1. "Armenteros…558 habitantes…"; Línea 11. "Ortigosa…105…"; Línea 17. "Mudrián…342…"; Línea 26. "Mayorga…casi dos mil habitantes.")
3. **C** (Línea 10. "…buena convivencia…"; Línea 20. "Es una alegría…"; Línea 25. "… agradables.")
4. **B** (Todos los testimonios son positivos.)
5. **D** (El texto muestra regiones específicas de España, pero no su totalidad.)

Ensayo

MANUAL PARA ESTUDIANTES página 158

🔊 FUENTE NÚMERO 3

"Por la erradicación del racismo en España"

(EDWIN GONZÁLEZ, locutor) La estrategia integral contra el racismo y la xenofobia es un paquete de medidas aprobadas recientemente por el gobierno español. El documento busca promover la igualdad entre los ciudadanos de España y la no discriminación como nos cuenta uno de sus principales redactores. Veámosle.

(CANTANTE) Alto, bajo, feo, guapo, negro, blanco, qué más da
Dentro de cien años todos calvos bajo tierra, va
No has probado nunca conocer a un extranjero
Fíjate en los niños; ellos saben de qué va este juego.

(EDWIN GONZÁLEZ, locutor) El reclamo de estos artistas urbanos al parecer empieza a ser atendido.

(CANTANTE) El racismo está en los bolsillos del hombre.

(EDWIN GONZÁLEZ, locutor) La estrategia integral contra el racismo aprobada recientemente en el Consejo de Ministros es recibida por el movimiento contra la intolerancia como un gran paso a favor de la lucha contra la discriminación racial.

(ESTEBAN IBARRA, Pdte. Movimiento contra la Intolerancia) Es la primera vez que en España se aprueba una estrategia integral contra el racismo, la xenofobia y la intolerancia asociada. Es importante porque se aborda colectivamente todas las dimensiones, tanto en el ámbito de la educación, de la salud, de la vivienda como lo que más nos preocupa y es la

LAS IDENTIDADES PERSONALES Y PÚBLICAS

presencia del discurso del odio en la Internet y en páginas ehh
tremendamente racistas, neonazis, neofascistas, que cada vez hay
más en nuestro país.

(EDWIN GONZÁLEZ, locutor) Una de las fortalezas de la iniciativa es el reconocimiento de los focos de xenofobia que se impulsan desde algunos sectores sociales en España y Europa hacia algunos colectivos de inmigrantes y otras minorías.

(ESTEBAN IBARRA, Pdte.. Movimiento contra la Intolerancia) Yo creo que la estrategia es un avance. Eh… y quizás lo que nos falta eh es a lo mejor una ley, una ley eh también de carácter integral contra el racismo y la intolerancia, que aborde eh otros aspectos como puede ser los derechos de la víctima y algunos aspectos sobre todo de reformar el código penal, que no sean, que no puedan plantearse en ningún tipo de involución. Es decir, una ley daría mucho más cuerpo a todo esto que se ha planteado en la estrategia.

(CANTANTE) que no pueda ver belleza en esto no merece

(EDWIN GONZÁLEZ, locutor) En la estrategia se asume el compromiso de impulsar la creación de las fiscalías de delitos de odio y discriminación y la incorporación de la Declaración Marco Europea de Derecho Penal en materia de racismo y xenofobia para la reforma del código penal.

(CANTANTE) Código global buscar comida en otra tierra te conviertes en ilegal.

(EDWIN GONZÁLEZ, locutor) Además, fortalecer las redes de cooperación entre entidades e instituciones que luchan por los mismos fines, así como prevenir y perseguir la discriminación racial en el ámbito laboral. Edwin González, Ibero América Noticias.

(CANTANTE) No es el tono de la piel lo que interesa, es el tono con el que te expresas. Racistas se quejan, el extranjero les quita horas de la empresa, más horas les quita la consola y es japonesa.

Conversaciones

MANUAL PARA ESTUDIANTES página 158

🔊 "Cómo llevarse bien"

Consuelo	• Te saluda y te pide tu opinión.
Tú	• Salúdala y contesta.
Consuelo	• Te da más detalles.
Tú	• Contesta afirmativamente y ofrécele lo que te pide.
Consuelo	• Continúa la conversación y te hace una pregunta.
Tú	• Contesta negativamente y explica por qué.
Consuelo	• Reacciona y continúa la conversación.
Tú	• Contesta con detalles sobre tu excusa.
Consuelo	• Continúa la conversación.
Tú	• Propón otra opción y despídete.

(TONE)

(CONSUELO) Hola. Habla Consuelo. Mira. Estoy muy preocupada. Mañana empezamos las clases. ¿Cómo será? TONE (20 segundos) TONE

(CONSUELO) Bueno pero no sé si les voy a caer bien a los demás. Como sabes acabamos de mudarnos acá y no conozco a nadie. ¿Me podrías dar unos consejos? TONE (20 segundos) TONE

(CONSUELO) Bueno. Espero que sean simpáticos porque soy… miedosa. ¿Podríamos encontrarnos a las 7 mañana para que me acompañes a mi primera clase? TONE (20 segundos) TONE

(CONSUELO) Entiendo pero, de veras, necesito tu ayuda. Eres la única persona que conozco. ¿No quieres ayudarme? TONE (20 segundos) TONE

(CONSUELO) Sí, sí pero creí que me ayudarías. Me equivoqué. ¡Eres como los otros! ¡Estoy completamente desilusionada y no voy a mis clases mañana! TONE (20 segundos) TONE

LAS IDENTIDADES PERSONALES Y PÚBLICAS
Los héroes y los personajes históricos

Lecturas

MANUAL PARA ESTUDIANTES página 160

"¿Sabes quién es Juan Diego?"; "Mapa de seguridad entorno a la Basílica de Guadalupe"

CLAVE

1. **C** (*Línea* 5. "…estudios comprueban que… no es un personaje ficticio…")
2. **D** (*Línea* 10. "El lugar más probable…")
3. **A** (*Línea* 19. "Se supone que…fue bautizado.")
4. **B** (*Línea* 22. "… enviudó…dos años antes de que se le apareciera…")
5. **A** (*Línea* 29. "…**la ermita**…se dedicó a cuidarla…")
6. **B** (*Línea* 38. "…proviene de un medallón…En este lugar…")
7. **A** (A la derecha del mapa, se muestra que se esperan muchos peregrinos.)
8. **C** (La palabra tránsito se refiere a vehículos.)
9. **B** (En el mapa se puede apreciar su cercanía.)
10. **D** (En el mapa se encuentra la señal de servicio médico en esta esquina.)
11. **C** (Ambas fuentes resaltan la presencia de la Virgen en la cultura mexicana.)

Lecturas con audio

MANUAL PARA ESTUDIANTES página 162

🔊 **FUENTE NÚMERO 2**

"José Martí, símbolo de Cuba y de América"

(EMILSI GARCÍA SÁNCHEZ) De no haber sido el héroe nacional cubano, de todas maneras José Martí hubiera sido un símbolo de América. Nunca hubo un hombre al que le sobraran tantos méritos y asumiera su vida con tanta sencillez.
5 Martí fue el intelectual que en un siglo dominado por lo europeo confirió universalidad a las letras hispanoamericanas.

José Martí

Escribió para los niños y organizó un partido, un ejército y una guerra.

El más **precoz** de todos los líderes cubanos nació el 28 de enero de 1853 en la Habana. A los 10 años escribía 10 correctamente y a los 13 ingresó en la segunda enseñanza adolescente donde dirigía publicaciones estudiantiles. Con apenas 16 años se le condenó a 6 de cárcel. Deportado a España antes de cumplir 20 escribió dos extraordinarios ensayos, "El presidio político en Cuba" y "La República 15 Española ante la Revolución Cubana". Como uno de los periodistas más prestigiosos de su tiempo trabajó durante largas temporadas para varios periódicos de Latinoamérica y los Estados Unidos.

Con finísima sensibilidad y envidiable **dominio de la** 20 **lengua** elaboraba los más románticos y atrevidos giros y lanzaba al viento las más encendidas proclamas. Martí fue el primero en incorporar la estética al discurso político al describir las monstruosidades de la esclavitud como una belleza que reforzaba la repulsa. Denunció el colonialismo 25 español sin ofender a España y describió las malezas de la sociedad norteamericana sin deponer su admiración por las realizaciones de sus sabios y de su pueblo.

El hombre que nació para poeta y para maestro y al que la vida convirtió en político y en soldado dio a la guerra de 30 liberación y al nacionalismo el humanismo que necesitaba y concibió una república que estaría más allá de las clases, de los partidos y de sus conflictos.

Lo tardío de la independencia de Cuba permitió al más universal de los cubanos aprovechar la experiencia 35 latinoamericana. Para él, el gobierno en la República debería establecerse sobre bases éticas y conforme al derecho procurando el equilibrio social. Su idea de la justicia era incompatible con la explotación de clases, con el racismo y con la desigualdad y nunca se dio un ápice en materia de 40 soberanía nacional.

Las enseñanzas del maestro como su propia obra perdurarán **año tras año** en el corazón y la mente de las nuevas generaciones para ahondar más en ese manantial inagotable de sabiduría política revolucionaria y humana. 45

Con el diseño sonoro de Yoslán López Silvero, fue una reseña realizada por Emilsi García Sánchez.

Los héroes y los personajes históricos 69

LAS IDENTIDADES PERSONALES Y PÚBLICAS

CLAVE

1. **D** (El texto demuestra los aspectos comunes de las razas.)
2. **B** (Línea 12. "Insistir en las…es dificultar…")
3. **D** (Línea 33. "La afinidad de…del color.")
4. **A** (Línea 38. "….están demasiado cansados de la esclavitud…")
5. **A** (Línea 3. "Nunca hubo un hombre…tantos méritos…")
6. **B** (Línea 20. "Con finísima sensibilidad...de la lengua…")
7. **C** (Línea 26. "….describió las malezas…sin deponer su admiración…")
8. **A** (Línea 42. "…perdurarán **año tras**…las nuevas generaciones…")
9. **A** (Ambos recursos subrayan su ideología de igualdad.)
10. **C** (El audio reitera el carácter de Martí, expuesto ya en el artículo impreso.)

Audios

MANUAL PARA ESTUDIANTES página 164

🔊 "Homenaje a Mercedes Sosa"

(MERCEDES SOSA CANTA) Cuando tenga la tierra **sembraré** las palabras que mi padre Martín Fierro puso al viento.

(PABLO MARTINI) Negra, profunda, fértil como la tierra, como la tierra, negra.

5 (MERCEDES SOSA CANTA) Los que luchan, los maestros, los hacheros, los obreros.

(PABLO MARTINI) Clara, insolente, pura como el agua, como el agua, clara.

(MERCEDES SOSA CANTA) Te lo juro, semilla, que la vida será
10 un dulce racimo y en el mar de las uvas, nuestro vino.

(PABLO MARTINI) Libre, generosa, necia como el viento, como el viento libre…

(MERCEDES SOSA CANTA) Cantaré, cantaré.

(PABLO MARTINI) Hembra **fecunda**, frágil. Dueña de la magia.
15 Hija del canto llano.

(MERCEDES SOSA CANTA) Cuando tenga la tierra, le daré a las estrellas astronautas de **trigales**. Luna nueva. Cuando tenga la tierra, formaré con **los grillos** una orquesta donde canten los que piensan.

20 (PABLO MARTINI) Viva, tierna, furiosa. Voz de los oprimidos. Grito tribal. **Tonada** eterna, doliente, íntegra como la tierra, como la tierra, negra.

(MERCEDES SOSA CANTA) Será un dulce **racimo** y en el mar de las uvas nuestro vino. Cantaré. Cantaré.

CLAVE

1. **C** (Línea 7. "… pura como el agua…")
2. **A** (Es otra manera de decir "cuando esté en la tierra.")
3. **B** (Es una representación artística que entrelaza el poema con la canción.)
4. **B** (Línea 20. "…tierna, furiosa.")
5. **C** (Es un homenaje a la obra de Mercedes Sosa.)

Ensayo

MANUAL PARA ESTUDIANTES página 165

🔊 **FUENTE NÚMERO 3**
"Entrevista sobre *Héroes Cotidianos*"

(DAVID BARBERO, locutor) Bienvenidos al nuevo programa El Foro con el fin de recoger la actualidad cultural y también la actualidad social. Hoy vamos a hablar sobre la realización personal sobre el bienestar de las personas en general. Lo vamos a lo vamos a hacer a raíz de haber aparecido este libro que lleva   5
como ustedes pueden ver el título de Héroes cotidianos y su autora es Pilar Jericó que está hoy con nosotros. Bienvenida.

(PILAR JERICÓ) Muchas gracias.

(DAVID BARBERO, locutor) Bueno, en la, ya en la portada del libro aparece una especie de subtítulo que da, yo creo,   10
bastante información sobre lo que vamos a encontrar dentro que es "Descubre el valor que llevas dentro". Es un concepto fundamental.

(PILAR JERICÓ) Sí, sí, sí. Está asociado a una parte, la parte heroica. Es el valor, la capacidad de saber abordar con éxito y   15
satisfacción las dificultades, los desafíos buscados o inesperados, pues.

(DAVID BARBERO, locutor) Sí, sí. Bueno y también de afrontar los objetivos personales, ¿no?

LAS IDENTIDADES PERSONALES Y PÚBLICAS

20 (PILAR JERICÓ) Sí, efectivamente son los objetivos. Pueden ser dos tipos, ¿no? Los deseados decíamos que son objetivos, por ejemplo, montar una empresa, emprender un nuevo proyecto, una nueva relación de pareja o los inesperados como a lo mejor perder un trabajo, una enfermedad. En definitiva, lo que, los
25 desafíos que nos pone la vida, ¿no?

(DAVID BARBERO, locutor) Sí, y para conseguir esos, eh, esos objetivos a veces hay dificultades pero sobre todo la sociedad o la vida en general, pues, nos somete muchas veces a prueba, ¿no?

30 (PILAR JERICÓ) Sí, sí. Son pruebas. Muchas son pruebas, ¿no? y a veces esas pruebas ahí le le puse, puse un poco la metáfora de grandes cisnes negros, cisnes negros en el sentido de que son inesperados. La metáfora es porque en Europa en 1697, ¿no?, se pensaba que todos los cisnes eran blancos hasta que de repente
35 exploradores de Tasmania vinieron con cisnes negros. Pues, eso nos pasa muchas veces en nuestra vida algo que es inesperado y ni imaginado ocurre, ¿no?

(DAVID BARBERO, locutor) Y hay otra metáfora también que es el viento, ¿no?, que te, que te arrastra o en una dirección o en la
40 otra, ¿no? Y en estos días hay más todavía. Es más.

(PILAR JERICÓ) Sí, estos días hace mucho viento. Sí. Sí, a veces no sabemos, bueno, son situaciones inesperadas ¿no? Yo creo que el primer, quizás, el primer reto es, es darnos cuenta de que esto ocurre y de que no tiene sentido enfadarnos o molestarnos, pues, por cosas que, que son inesperadas y que no podemos 45 controlarlas, ¿no?, ni imaginarlas, que el cerebro tampoco está preparado para imaginar y tener mucha capacidad de imaginación, ¿no?

(DAVID BARBERO, locutor) Por lo tanto, por lo que dices, lo que hay que hacer es aceptar esas situaciones y afrontarlas. Es lo 50 importante.

(PILAR JERICÓ) Sí, en las fases, digamos las distintas fases que, que atravesamos ante una dificultad, la primera de todas entender que es una llamada, una llamada a la aventura si utilizamos la palabra, digamos la terminología heroica o es una 55 llamada a dar lo mejor de nosotros mismos. Ese es el primer, el primer aspecto, ¿no? y aceptarlo, claro.

Los héroes y los personajes históricos

LAS IDENTIDADES PERSONALES Y PÚBLICAS

Conversaciones

MANUAL PARA ESTUDIANTES página 167

🔊 "El show de héroes"

Marisol	• Te saluda y te propone algo.
Tú	• Salúdala y reacciona negativamente con una explicación.
Marisol	• Continúa la conversación.
Tú	• Contesta dando detalles.
Marisol	• Continúa la conversación.
Tú	• Reacciona protestando en contra de su idea.
Marisol	• Continúa la conversación.
Tú	• Contesta y hazle una pregunta acerca del show.
Marisol	• Continúa la conversación y te hace una pregunta.
Tú	• Explica y despídete.
Marisol	• Reacciona y se despide.

(TONE)

(MARISOL) Hola. ¿Qué te parece? ¡Será espectacular! ¿No quieres participar? Tengo una idea. ¡Puedes disfrazarte de Pancho Villa! TONE (20 segundos) TONE

(MARISOL) Pero esto es para niños de primaria. ¿Quiénes eran tus héroes cuando tenías seis o siete años? ¿No quieres mostrárselos a los niños? TONE (20 segundos) TONE

(MARISOL) Pero no son muy interesantes para los niños. Me parece pasado de moda. No lo van a entender. ¿No te parece? TONE (20 segundos) TONE

(MARISOL) Bueno, las mías eran actrices de cine pero ahora tengo otros pero a los niños pequeños no les importarían. TONE (20 segundos) TONE

(MARISOL) No sé exactamente porque necesito hacer planes más definitivos. Bueno, podemos incluir tus héroes de cuando eras mucho más joven. ¿Cómo te vas a vestir? TONE (20 segundos) TONE

(MARISOL) Muy bien. Cuando sepas más, te llamo. Adiós. TONE

Wisin y Yandel con Jennifer López

Los héroes y los personajes históricos

LAS IDENTIDADES PERSONALES Y PÚBLICAS
La identidad nacional y la identidad étnica

Lecturas

MANUAL PARA ESTUDIANTES página 169

"La balada de los dos abuelos"

CLAVE

1. **D** (Verso 3. "Lanza con punta de hueso…")
2. **C** (Verso 6. "Gorguera en el…gris armadura guerrera:")
3. **A** (Verso 23. "¡Me muero!")
4. **C** (Verso 29. "¡Oh, puro sol…aro del trópico;")
5. **D** (Verso 36. "¡Qué **látigo** el del negrero!". Se infiere el uso del látigo.)
6. **D** (Ambos abuelos escoltan al poeta en su vida y en el poema los dos poseen igual importancia.)
7. **A** (Verso 64. ¡Cantan!)

Ilustración con audio

MANUAL PARA ESTUDIANTES página 170

🔊 FUENTE NÚMERO 2
"América Latina y sus estereotipos"

(ROBERTO BARTRA, antropólogo y escritor de la UNAM) Bueno, la, la idea de una identidad fuerte, fundacional, ¿no?, eh **coherente** y y orgánica requiere de la noción de excepcionalidad, de que como México no hay dos. ¿No?
5 Pero como cualquier cultura se eh que desarrolla este tipo de formas identitarias **nacionalistas** requiere de afirmar la excepcionalidad, su carácter único. Eso eh ocurre en donde quiera que que vemos tradiciones **nacionalistas** muy fuertes, sea en los Estados Unidos, en Francia, en España, en Alemania,
10 Italia, etc.

Ahora el proceso como esto, como esta excepcionalidad se construye e incluso se inventa. Es muy diverso y desde luego se adapta a la historia.

En el caso mexicano esa excepcionalidad viene dada por la
15 exaltación de los valores revolucionarios. ¿Qué es lo que hace que México sea diferente a cualquier otro país? La revolución mexicana, ¿no?, de que no es una revolución socialista, no es una revolución burguesa tradicional. Es algo puramente mexicano y a partir de ahí, este mito, se construye esa noción
20 de la excepcionalidad solo en América Latina, solo ha habido en México una revolución ehh de esta envergadura y de esta naturaleza y al mismo tiempo ésta no es similar a la revolución francesa. No se parece a la revolución rusa. No se parece a la revolución de independencia de los Estados Unidos. Es
25 única, es excepcional, es mexicana y por eso se supone que el mexicano es un ser único y excepcional ¿no? destinado a desarrollar una serie de formas culturales que son propias de él y de nadie más.

CLAVE

1. **D** (Ambas fuentes coinciden en el concepto de individualismo.)
2. **B** (El porcentaje de respuestas optimistas es superior al de las negativas.)
3. **C** (El símbolo reemplaza la a y la o, como marcadores de género.)
4. **C** (Línea 6. "…afirmar la excepcionalidad, su carácter único.")
5. **D** (Línea 8. "…tradiciones **nacionalistas**… en los Estados…")
6. **A** (Línea 21. "…una revolución de esta envergadura…")
7. **B** (Referirse a la tabla y al porcentaje dado en esta frase.)

Audios

MANUAL PARA ESTUDIANTES página 172

🔊 "Afrolatinos: La revista Ébano de Colombia"

(YARLÍN "YAFRO" MARTÍNEZ) Vamos a comenzar con una revista súper importante en la cultura afro-latina, te hablaré de Ébano.

(ANA PILAR COPETE) Claro que sí. Entrevistamos al súper empresario Esaúd Urrutia Noel, quien nos habló sobre ésta. 5

(NARRADORA) Inspirado de la revista Ebony de los Estados Unidos, el periodista Esaúd Urrutia Noel quiso crear **un medio** donde los afro-latinos se pudieran ver de una manera positiva. La intención de Esaúd fue crear una revista para toda América Latina. De allí nace Ébano. Ébano cuyo significado 10 es un árbol negro de África, pero, como todos los proyectos, comenzó a poca escala distribuyéndose solo en Colombia.

(ESAÚD URRUTIA NOEL) Fue así como en agosto de 2005 ehh vio la luz ehh la revista después de mucho esfuerzo, después de mucho trabajo, pero con la entera satisfacción de 15 verla pues en todos los puestos de revistas y en las librerías y **la acogida** que tuvo fue genial, genial. Digamos que ehh

La identidad nacional y la identidad étnica 73

LAS IDENTIDADES PERSONALES Y PÚBLICAS

en en la idea de hacer un periodismo distinto, de hacer un periodismo diferente y en la idea de construir identidad y construir democracia **mediante** la inclusión a través de la información. Digamos que en ese en ese sentido ehh ehh decidimos crear la revista Ébano y poner un nuevo **medio** al servicio de la comunidad afro-descendiente, afro-colombiana, afro-latina y afro-descendiente en general.

(NARRADORA) Ébano toca varios temas y tiene muchas secciones en la revista, para una audiencia diversa.

(ESAÚD URRUTIA NOEL) La revista en está pensada inicialmente en mostrar historias humanas, contar historias humanas, crónicas y reportajes sobre hechos o personas destacadas, ¿sí?, sean famosas o no del mundo em afro-descendiente. No hemos tenido **medios** de comunicación propio entonces nuestra historia, nuestros **personajes** han sido mostrados y han sido contados desde una óptica distinta, no desde nuestra propia óptica, ¿sí? Entonces decidimos mostrar primero todo lo bueno que tenemos y que ha estado invisible. Es decir, estos **personajes** y estas historias no se pueden conocer en otros **medios** de comunicación, si nosotros no las **sacamos a flote**.

(NARRADORA) La revista Ébano surge como una ventana para mostrar los afros de nuestra historia que contribuyeron a nuestras naciones. Pero hacer una revista no es tarea fácil.

(ESAÚD URRUTIA NOEL) Pero creemos que los íconos afro-descendientes tienen que estar más allá del deporte y el folclor que es a lo que se reducen generalmente las expresiones culturales. Entonces creemos que era necesario hacer visible **el aporte** afro-descendiente al desarrollo de Colombia, al desarrollo de de América Latina, al desarrollo de la humanidad, entonces nuestros **aportes** en la ciencia en general, nuestros **aportes** en la medicina, nuestros **aportes** a la economía eh son valiosos, pero estaban invisibilizados.

CLAVE

1. **D** (Línea 4. "Entrevistamos al súper empresario…")
2. **B** (Línea 7. "…un medio donde…una manera positiva.")
3. **C** (Línea 15. "…con la entera…tuvo fue genial…")
4. **A** (Línea 19. "…la idea de…de la información.")
5. **B** (Línea 32. "…nuestros personajes han…una óptica distinta…")
6. **D** (Línea 43. "…más allá del deporte…")
7. **D** (Es el único título que cubre todos los aspectos.)
8. **A** (El título condensa el contenido de la entrevista.)

Ensayo

MANUAL PARA ESTUDIANTES página 175

🔊 **FUENTE NÚMERO 3**
"El 5 de mayo"

(DANIELA PACHECO) Hola amigos, ¿cómo están? Soy Daniela Pacheco y aquí les traigo un poco de información sobre la celebración del Cinco de Mayo que ya está cerca.

El 5 de mayo es una fecha significativa en la historia de México: la Batalla Puebla marca por primera vez el Ejército Mexicano pudo derrotar una potencia extranjera mejor preparada como lo fueron los franceses. La batalla tuvo lugar en la actual ciudad de Puebla de Zaragoza el 5 de mayo de 1862, entre ejércitos mexicanos y franceses.

La celebración de cada 5 de mayo en México todos los constrictos que están en el cumplimiento del servicio militar en las capitales estatales, juran lealtad a la bandera nacional y a las instituciones que representan. Es más, el billete de quince pesos contiene la imagen del General Zaragoza y una escena de la Batalla, así como también la famosa frase por el Militar Mexicano: "Hoy las armas nacionales se han cubierto de gloria".

Ahora bien, en los Estados Unidos, la Batalla de Puebla vino a ser solamente conocido como el Cinco de Mayo y por desgracia muchas personas lo identifican erróneamente como la independencia de México lo cual es el 16 de septiembre de de 1810. Hay una diferencia de casi cincuenta años.

El Cinco de Mayo se ha convertido en muy, muy comercializada y hay muchas personas que ven esta fiesta como un momento para diversión y baile. Por extraño que parezca, el Cinco de Mayo se celebra en una escala mucho más grande aquí en los Estados Unidos que en México. Las personas de ascendencia mexicana en los Estados Unidos celebran este día importante

Vendedora palenquera, Cartagena, Colombia

como festivales, desfiles, música, mariachi, baile folclórico y entre otras actividades festivas.

30 Por eso mismo queremos hacerles recuerdo que esta fecha es para recordar la historia mexicana y hay que tenerle mucho respeto.

Muchas gracias y nos vemos pronto.

Conversaciones

MANUAL PARA ESTUDIANTES página 175

🔊 "El disfraz étnico"

Mariano	• Te saluda y te pide algo.
Tú	• Salúdalo y contesta afirmativamente.
Mariano	• Reacciona y continúa la conversación.
Tú	• Contesta exponiendo varias posibilidades.
Mariano	• Reacciona y te hace una pregunta.
Tú	• Reacciona y hazle unas sugerencias.
Mariano	• Continúa la conversación y te hace una pregunta.
Tú	• Contesta negativamente y ofrece una alternativa.
Mariano	• Te contesta y te hace una pregunta.
Tú	• Contesta y despídete dándole unas sugerencias para su encuentro.
Mariano	• Reacciona y se despide.

(TONE)

(MARIANO) Hola. ¿Cómo te va? Mira. Este fin de semana es la Feria Internacional Sudamericana. ¿Me acompañas? TONE (20 segundos) TONE

(MARIANO) Bien. Vamos este sábado. Es el día de los países del Cono Sur. Tenemos que vestirnos al estilo de Chile, Uruguay o Argentina. ¿Qué podrías llevar? TONE (20 segundos) TONE

(MARIANO) No sé. Voy a ponerme bombachas, chaleco y una faja con los colores de Mendoza. ¿Qué te parece? TONE (20 segundos) TONE

(MARIANO) Sí, voy a vestirme como un gaucho. ¿Por qué no vienes como mapuche? TONE (20 segundos) TONE

(MARIANO) Bueno. Te verías muy bien. ¿Por qué te interesa ese país? TONE (20 segundos) TONE

(MARIANO) Bien, hasta entonces. Vamos a divertirnos. TONE

Festival Patria Gaucha, **TACUAREMBO, URUGUAY**

LAS IDENTIDADES PERSONALES Y PÚBLICAS

Las creencias personales

Lecturas

MANUAL PARA ESTUDIANTES página 177

"El manual de Carreño"; "Normas de conducta"

CLAVE

1. **C** (Línea 7. "…un libro pasado…de la antigüedad.")
2. **B** (Línea 4. "…reglas para la convivencia en la ciudad…")
3. **B** (Línea 11. "…en Internet existe…se denomina netiqueta…")
4. **A** (Línea 15. "Hay además comportamientos… del trato social…")
5. **D** (El artículo insiste en la importancia de las normas sociales para mejorar la convivencia.)
6. **A** (Línea 28. "…el hecho de formar… género humano…")
7. **B** (Línea 34. "Esta obra fue…para las escuelas…")
8. **A** (Línea 38. "…reflejo exterior de realidades interiores.")
9. **A** (En la tabla este promedio de porcentajes es alto.)
10. **B** (En la tabla estos porcentajes son bajos e indican mayor tolerancia.)
11. **A** (Las reglas son demasiado estrictas para el mundo moderno.)

Ilustración con audio

MANUAL PARA ESTUDIANTES página 180

🔊 **FUENTE NÚMERO 2**

"Amuletos para atraer la suerte en Año Nuevo"

(SERGIO BIQUE, LOCUTOR) ¿Cuál es el suyo, cuál le ha servido y cuál no? Hay muchos. Y todos dicen dar suerte.

(VENDEDOR 1) El ojo turco es esto.

5 (SERGIO BIQUE, LOCUTOR) Y, ¿el otro?

(VENDEDOR 1) El tigre.

(SERGIO BIQUE, LOCUTOR) Y, ¿Por qué se venden más estos ahorita?

(VENDEDOR 1) Para protección.

10 (VENDEDORA 1) Ah, bueno, éste es **un cuerno de la abundancia**, este **cuerno** siempre se pone el año nuevo para recibir el año nuevo. En éste pues, aquí va con todas las semillitas: que trae el chile, que trae la canela, que trae el frijol, la lenteja, la haba, que significa la abundancia para que no nos falte nada en todo el año.

(CLIENTE 1) Quiero ver si puedo comprar uno de estos, que es un espejo para poner en la puerta y repeler malas influencias. 15

(CLIENTE 2) Inclusive **la mazorca** es una tradición que yo tengo de regalarles a cada uno miembro de mi familia, para traerles abundancia, trabajo, prosperidad. Más que nada que haiga sustento en su casa. 20

(SERGIO BIQUE, LOCUTOR) O por ejemplo las tradicionales **velas**.

(VENDEDORA 2) Una amarilla, una roja, una verde, una azul, pues el amarillo es el dinero, el rojo es atraer el amor, el morado para la enfermedad, el verde para el trabajo, el azul para la casa. 25

(SERGIO BIQUE, LOCUTOR) Lo que sí es que algunos objetos son los consentidos de aquellos que creen en la suerte que puede darles **un amuleto**. 30

(CLIENTE 3) Borreguitos para la buena suerte.

(SERGIO BIQUE, LOCUTOR) Y, ¿sí, dan buena suerte?

(CLIENTE 3) Mucha suerte.

(SERGIO BIQUE, LOCUTOR) ¿Ya ha comprado?

(CLIENTE 3) Tenemos tienda de regalos y nos da mucho suerte. 35

(SERGIO BIQUE, LOCUTOR) Otros **amuletos** son tan complejos, que más bien parecen recetas de cocina. Y si no me cree, escuche.

(VENDEDOR 2) **La herradura** es buena, pues, siempre que tú la arregles porque **la herradura** trae mucha energía por el caballo que es muy trabajador. Entonces aquí le vas a poner un limón, pero con un listón ancho rojo. 40

(SERGIO BIQUE, LOCUTOR) ¿Aquí un limón?

(VENDEDOR 2) Un ajo y le vas a poner aquí un chili o ajillo picoso y aquí otro y me lo vas a serenar tres noches. Le vas a poner este: en nombre de Dios, su tabaco, en nombre de Dios, su azúcar, en nombre de Dios, su sal de grano y en nombre de Dios, su canela molida. 45

(SERGIO BIQUE, LOCUTOR) Pero bueno, muchos dicen haber recibido favores gracias a esto. 50

76 Las creencias personales

LAS IDENTIDADES PERSONALES Y PÚBLICAS

(VENDEDORA 1) Nunca me ha faltado a mí ni el dinero, ni la comida.

(CLIENTE 2) Me ha funcionado. Gracias a Dios he tenido trabajo, he tenido abundancia y he tenido salud.

(SERGIO BIQUE, LOCUTOR) Si usted piensa que creyendo en algo le va mejor, bueno es muy respetable. Le digo lo que yo creo, que la preparación y la oportunidad cuando se juntan, son precisamente la suerte. Así que a prepararnos a trabajar mucho y le aseguro que tendrá un muy, pero muy buen 2010.

Sergio Bique, fuerza informativa azteca. Felicidades.

CLAVE

1. **C** (No hay edad inferior a los 16 años en el cálculo.)
2. **B** (La suma de las respuestas "probablemente sí", "sí" y "sí, bastante.")
3. **A** (La suma de las respuestas "probablemente no", "probablemente sí" y "es difícil decir.")
4. **C** (Los entrevistados muestran los productos en sus tiendas.)
5. **D** (Línea 9. "…éste es **un cuerno de la abundancia**…")
6. **A** (Línea 60. "….le aseguro que…muy buen 2010.")
7. **A** (El índice de personas que no se consideran supersticiosas es alto.)

Audios

MANUAL PARA ESTUDIANTES página 181

🔊 "Receta para tener dinero todo el mes"

(CLAUDIA CONTRERAS) Pues, estamos de vuelta, señora de mi vida, con esta **receta** maravillosa para tener dinero todo el mes. Y es muy sencilla porque solamente en su programa maravilloso de Aquí Estamos, les damos **recetas** muy buenas y ahora así que exactas, buenas para los que nos piden crecer el dinerito. Acuérdese que esto se va a hacer el primer domingo de cada mes. El primer domingo de cada mes. Es muy sencillo: un vasito, agua de la llave y sal de **grano**. Bueno, pues, vamos a poner en el vaso agüita, agüita de la llave. Así, sencillina. Llenamos el vaso. Le ponemos una cucharadita de sal de **grano** que vamos a dejar que se quede ahí, como que sentadita y de más, una hora y después de que dejemos que se **diluya** la sal de **grano** una hora, vamos a meter las manitas. Esto es muy sencillo.

Recuerden: es agua. Es sal de **grano** y lo vamos a hacer una vez el primer domingo de cada mes para que tengamos todo el mes dinerito que es lo que necesitamos.

Después de que pase una hora, vamos a meter nuestras manitas y vamos a decir unas palabras mágicas muy sencillas. "La sal es protectora y ella me ayudará a que mi dinero se multiplique y jamás falte en mi casa."

Ya después de que decimos estas palabras maravillosas, **nos mojamos** los dedos y briznamos diciendo **la oración** que acaba de repetir; y eso lo vamos a hacer, señora de mi vida, el primer domingo de cada mes para que todo el mes tengamos dinero. Espero que les guste, y esta **receta** es fantástica para tener mucha lanita.

CLAVE

1. **A** (Los pasos muestran.)
2. **B** (Línea 8. "…agüita de la llave.")
3. **C** (Dado que es sal de grano, debe diluirse.)
4. **D** (Línea 17. "…nuestras manitas y…unas palabras mágicas…")
5. **A** (La receta se basa en una práctica supersticiosa para atraer suerte.)

Ensayo

MANUAL PARA ESTUDIANTES página 182

🔊 **FUENTE NÚMERO 3**
"El fin justifica los medios"

(MAURICIO HEREDIA, locutor) De todos los grupos organizados que interactúan entre sí en la vida social en pos de

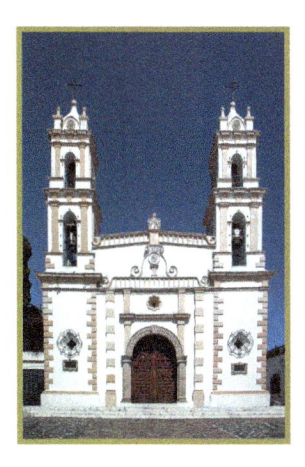

Las creencias personales 77

defender e imponer sus intereses, hoy hablaremos de los grupos de presión que actúan para defender las cuestiones económicas, contratos, concesiones, ideales, principios, valores o sea de sus intereses materiales y subjetivos.

Además estos grupos para lograr sus objetivos deben contar con una cierta cantidad de miembros y dinero que les da poder y en algunos casos hasta pueden corromper a ciertos funcionarios. Organización y el estatus social les permite optimizar los recursos y actuar en nombre de la sociedad. Aquí nos referimos a sus atributos básicos y secundarios, pero cuando de intereses se trata, todo vale desde proporcionar información selectiva para objetivos específicos hasta situaciones de corrupción difíciles de probar. Actuar de forma abierta o cerrada es propio de cada grupo para lograr sus intereses. Con tal de seducir a la opinión pública, usarán los medios de comunicación para difundir, movilizar, concientizar, sensibilizar, coaccionar, legitimizar y hasta restringir el acceso de otros grupos. No son más que estrategias para influir sobre la opinión pública.

Conversaciones

MANUAL PARA ESTUDIANTES página 184

🔊 "Una invitación"

Marisa	• Te llama y te saluda.
Tú	• Salúdala y trata de convencerle de que te acompañe.
Marisa	• Reacciona y continúa la conversación.
Tú	• Dile que no estás de acuerdo y por qué.
Marisa	• Reacciona.
Tú	• Reacciona y proponle otra cita.
Marisa	• Reacciona y te hace una pregunta.
Tú	• Reacciona y explícale las consecuencias de sus acciones.
Marisa	• Reacciona y se despide.
Tú	• Dale tus consejos y despídete.
Marisa	• Se despide.

(TONE)

(MARISA) Hola. Soy Marisa. Gracias por la invitación pero no puedo ir porque tengo mucho trabajo para este fin de semana. TONE (20 segundos) TONE

(MARISA) Bueno, gracias. Muy amable. Creo que necesito completar el trabajo antes de divertirme. Esto es algo que me han enseñado mis padres. TONE (20 segundos) TONE

(MARISA) No quiero insultarte pero, como sabes, mi ética de trabajo es muy fuerte y no puedo divertirme hasta que termine mi trabajo. Es una gran responsabilidad. Por esto, no puedo salir esta noche. TONE (20 segundos) TONE

(MARISA) No puedo, pero gracias. Tengo que trabajar. Estoy segura de que nunca voy a poder terminar este trabajo. TONE (20 segundos) TONE

(MARISA) Lo sé, pero mis padres no me permiten salir hasta que termine el trabajo. Se enojarían mucho conmigo. TONE (20 segundos) TONE

(MARISA) Adiós. TONE

LAS IDENTIDADES PERSONALES Y PÚBLICAS

Los intereses personales

Lecturas

MANUAL PARA ESTUDIANTES página 186

"La jubilación y los trenes modelo"

CLAVE

1. **B** (Va en este orden: número de calle, número de piso y número de puerta y como es el tercer número en orden es la puerta.)
2. **C** (Línea 8. "…tomar una decisión…sobre mi jubilación.")
3. **A** (Línea 11. "…este museo es decrépito…")
4. **A** (Línea 25. "Me gustaría volver a ese tiempo…")
5. **A** (Línea 30. "Siempre me ha fascinado la historia…")
6. **C** (Línea 32. "…el uso de…nuestra querida España.")
7. **C** (Línea 37. "…donde perdió mi…a mi bisabuelo…")

Lecturas con audio

MANUAL PARA ESTUDIANTES página 188

🔊 **FUENTE NÚMERO 2**

"Me gusta leer"

(LOCUTOR) Las palabras, las palabras esconden historias que nos emocionan y nos hacen soñar.

Las une caprichosamente la mano de un autor que decide que, **érase una vez** va antes que, una princesa en un reino muy
5 lejano que, pese a las adversidades tendrá un glorioso futuro.

Coge aire, las palabras son símbolos, imágenes, pero también son sueños, tus sueños, mis sueños, los sueños de un desconocido.

Me gusta soñar, me gustan las palabras, dejarme llevar a
10 mundos lejanos en el tiempo y en el espacio.

Las palabras causan alegrías, tristeza, risas y lágrimas.

Nos hacen viajar, nos hacen dudar. ¿Conseguirá escapar? ¿Volverán a encontrarse? y ¿Lo logrará? ¿Tendrá un final feliz?

La curiosidad nos deja absortos en la lectura y la intriga **se**
15 **apodera de** nosotros… no puedes parar de leer, imposible, deseas saber cómo acaba la historia, pero al mismo tiempo, no quieres que termine nunca.

Alguien llama a tu puerta, vuelves a la realidad. ¿Quién será? ¿Por qué me arranca de mi historia?

Vences a la intensa atracción que te une al libro como a un 20
imán. Tus pies avanzan hacia la puerta, pero tu mente sigue cautivada por el relato.

Tres pasos: uno, dos, tres. Abres la puerta. Sonríes. Lo siento. Se equivoca. No puedes esperar más. Te abalanzas sobre el libro como un depredador. ¿Qué va a pasar? Lo abres y ante 25
ti, más de trescientas cincuenta y cuatro páginas de suspiros, doscientas cincuenta mil frases que hacen que tu corazón lata más rápido, palabras que resuenan en tu cabeza…

Me gusta la intriga. Me gusta emocionarme. Me gusta el suspense. Me gusta dudar. Me gusta imaginar. Me gusta… Sí, 30
me gusta leer.

Érase una vez la nueva página web de Random House Mondadori.

Ya no es una historia. Es de verdad y es para ti, para los autores, para los lectores. 35

Bienvenidos. Pasen y lean.

CLAVE

1. **C** (Línea 1. "La primera etapa…que, al leerlos…")
2. **A** (Línea 9. "Con su repetida…nosotros mismos crecemos…")
3. **D** (Línea 45. "…aunque parezca…acuerda de nada.")
4. **A** (Línea 50. "…anotar o fotocopiar…")
5. **A** (Línea 3. "Las une caprichosamente la mano de un autor…")
6. **C** (Línea 11. "… causan alegrías, tristeza…")
7. **D** (Línea 14. "La curiosidad nos…deseas saber…")
8. **B** (Línea 32. "…la nueva página web…")
9. **A** (Ambas fuentes demuestran los beneficios de la lectura.)
10. **C** (El artículo muestra formas de leer a modo de sugerencia.)

Biblioteca Nacional de España en Madrid

LAS IDENTIDADES PERSONALES Y PÚBLICAS

Audios

MANUAL PARA ESTUDIANTES página 189

🔊 "Curso de observación de las aves"

(PABLO ELIZONDO, INVESTIGADOR) Hola. Soy Pablo Elizondo, investigador del Instituto Nacional de Biodiversidad. Mi campo de especialidad científica es el estudio de las aves, algo que se conoce como ornitología. Hoy quiero compartir con
5   ustedes algunos aspectos muy importantes e interesantes de la observación de estas maravillosas criaturas.

Las aves son un grupo de animales de gran importancia a nivel mundial ya que se pueden encontrar en la mayoría de ecosistemas del mundo. Es **por esto** que su observación
10 nos ayudará a comprender mejor la relación que tienen con nosotros.

En nuestro país existen casi 900 **especies** de aves tanto residentes como migratorias. **Dentro de** ellas un gran número de **especies** son endémicas. Esto significa que solo viven en un
15 espacio geográfico determinado. Todos podemos, como amantes de la naturaleza, incursionar en la observación de aves. Si no tiene experiencia lo único que necesita es un buen sentido de la apreciación y muchas ganas de aprender.

Cuando realice una caminata, **agudice** su vista y su oído.
20 Apóyese con una guía de aves y binoculares y esto le permitirá observar detalladamente **las especies** que encuentre. Es importante que observe las características generales del ave como su tamaño, la forma del cuerpo, patrones de color en **el plumaje** y características que le parezcan llamativas. Puede
25 anotar sus observaciones en una libreta de campo. Esto es muy importante para un posterior repaso. Hacer **bosquejos** y tomar apuntes precisos le ayudará luego a la identificación de las aves y de las características distintivas de un grupo o **especie**.

Todos podemos disfrutar de la observación de aves y contribuir
30 en sus esfuerzos de conservación. Lo invito a que descubra con nosotros el maravilloso mundo de las aves. **Anímese** y participe.

CLAVE

1. **B** (Línea 4. "Hoy quiero compartir…de estas criaturas.")
2. **A** (Línea 10. "…comprender mejor la que tienen con nosotros.")
3. **D** (Línea 17. "…lo único que… de la apreciación…")
4. **C** (Línea 23. "… patrones de color en el plumaje…")
5. **A** (Es la única pregunta pertinente que no ha sido contestada en el relato.)

Ensayo

MANUAL PARA ESTUDIANTES página 191

🔊 **FUENTE NÚMERO 3**
"Sueño: Vidajuego"

(NARRADOR) La recámara de mi hermano, durante buena parte del día, solía ser un extraño cuartel en donde se libraban las batallas más extrañas en mundos obscuros y alucinantes llenos de personajes misteriosos y siempre en continuas y diferentes formas de sobrevivir. Tenía casi toda clase de consolas de juego.   5

A mí a veces me preocupaba, temía que en épocas tan competitivas él estuviera perdiendo el tiempo en videojuegos, pero mi hermano me tenía preparadas varias sorpresas.

Aunque era intenso y persistente, él tenía un límite de tiempo para conectarse a su mundo virtual del videojuego, pero en el   10
lapso que él estaba ahí, desarrollaba capacidades y cualidades que su generación aportaría al mundo entero.

Una de ellas: la empatía. El video-gamer o el jugador de videojuegos constantemente está tratando de adivinar el pensamiento del contrincante. Tiene que estar en los zapatos   15
del otro para poder ir un paso adelante en el juego: disciplina mental que más tarde contribuye a la empatía. Una cualidad básica en el mundo de hoy.

Otra: la decisión. Una ágil capacidad de decisión es otra característica a desarrollar en los videojuegos. Para sobrevivir,   20
en cada misión, se necesita agilizar la mente y tomar decisiones rápidas y acertadas.

Interacción. A diferencia de las generaciones que invirtieron sus tardes libres frente al televisor, simplemente consumiendo y consumiendo los contenidos que se les ponía enfrente, la afición   25

Quetzal

80 Los intereses personales

del video-gamer le exige interacción. Protagonizar la historia del juego y moverse, decidir, responsabilizarse del papel que ha escogido jugar.

Y ahora, éste es mi hermano, un joven con la velocidad de la coordinación mente manos para cambiar el mundo. Un hombre que tiene más desarrolladas sus capacidades multitask, es decir puede hacer mejor varias cosas a la vez.

Y trabaja, estudia, aporta dinero y despensa en la casa para sus padres, consiente a su novia, ve por ella todo el tiempo, tiene dos mascotas, es responsable, y a sus 19 años ya hasta se me adelantó y va a ser papá antes que yo. Tiene una conciencia social y sueña y trabaja para un mundo mejor. Él pertenece a la generación de los que a muchos nos preocupaban por el tiempo que dedicaban a la computadora o los videojuegos, qué bueno que no jugaron tanto a las traes o al bote pateado como nosotros.

Ellos necesitaban desarrollar otras cualidades. Su línea entre la realidad y los sueños está aún más desvanecida. Y en el juego de su existencia, les queda una vida, toda la energía y traen una revolución por todas partes.

Conversaciones

MANUAL PARA ESTUDIANTES página 192

🔊 "Una conversación por casualidad"

Sr. Hiato	• Te saluda y te comenta algo.
Tú	• Salúdalo y contesta negativamente.
Sr. Hiato	• Continúa la conversación.
Tú	• Reacciona y explícale en detalle tu respuesta.
Sr. Hiato	• Reacciona y te hace una pregunta.
Tú	• Contesta y proponle una alternativa.
Sr. Hiato	• Reacciona y te hace una pregunta.
Tú	• Reacciona y hazle una pregunta.
Sr. Hiato	• Continúa la conversación.
Tú	• Contesta y despídete.

(TONE)

(SR. HIATO) Buenas. Soy el Sr. Hiato y alguien me ha comentado que te gusta leer poesía. TONE (20 segundos) TONE

(SR. HIATO) Supongo que esto te va a parecer una locura. ¿Te interesaría leer algunos de tus poemas favoritos en una conferencia que estoy organizando? TONE (20 segundos) TONE

(SR. HIATO) Si tú vienes a un ensayo de lectores esta noche, conocerás a otros estudiantes que tienen interés en la poesía. Será en mi casa a las ocho esta noche. ¿Podrías venir? TONE (20 segundos) TONE

(SR. HIATO) No importa. Estoy seguro de que podrás leer con mucho esmero. ¿Ehh, qué tipo de música te gustaría que acompañara tu lectura de poesía? TONE (20 segundos) TONE

(SR. HIATO) Muy bien, entonces. Perfecto. Gracias. Adiós. Ehh, ¿qué poemas quieres leer? TONE (20 segundos) TONE

LAS IDENTIDADES PERSONALES Y PÚBLICAS

La autoestima

Lecturas

MANUAL PARA ESTUDIANTES página 194

"El coaching ontológico"

CLAVE

1. **C** (El anuncio publicitario alude a la confianza y a la superación individual.)
2. **A** (El anuncio tiene como logo: "El puente a sus resultados".)
3. **A** (Línea 16. "Sus amigos lo…apoyo y afecto.").
4. **A** (El texto alude a una moneda obvia y dado el contexto, se refiere a un intercambio.)
5. **B** (Línea 40. "Para que los…realicen cosas juntos…")

Ilustración con audio

MANUAL PARA ESTUDIANTES página 196

🔊 FUENTE NÚMERO 2
"Sube tu autoestima estando de tu parte"

(ELÍAS BERNTSSON): Sube tu autoestima estando de tu parte. Aceptarte a ti mismo es estar de tu lado. Negarte a ser tu propio enemigo.

Estar de nuestro lado es aceptarnos como somos. O sea, reconocer tus emociones y tus **vivencias**. Cómo pienso y siento. Tal vez cada día tengas que luchar con un pensamiento obsesivo. Un pensamiento angustiante o de **derrota**. No niegues ese pensamiento, no lo evites. Solo reconoce que está ahí. Eso no quiere decir que lo celebres, sino que simplemente sabes que existe. Conoce tus debilidades, tus puntos fuertes y tus puntos débiles. Esto te ayudará a ser humilde, pero también a no dejar que te humillen. Tal vez tengas sentimientos o emociones que puedan gustarte o no, pero tienes que aceptar que son tuyos. Por eso cuando alguien te habla de algo tuyo que no te gusta, te duele, porque no lo reconoces. Aceptación significa compasión. La idea de que tengo que ser amigo de mí mismo, es estar de tu lado.

Puede que estés luchando con algunos problemas o que tu vida no sea color de rosa, pero estando de tu lado vas a **alentarte** a seguir adelante. Vas a hacer lo que tienes que hacer y decirte palabras de aliento, automotivarte.

Vamos a hacer un pequeño ejercicio.

Elige una emoción negativa que tengas y que no te gusta: hipersensible, criticón, gritón.

Ahora cierra los ojos y declara: "Odio ser así. Odio actuar de esta manera."

Abre los ojos. El sentimiento sigue ahí, ¿verdad?

Ahora, a este sentimiento que te pertenece, ¡acéptalo!

Sí, soy así: molesto, mandón, rencoroso, perfeccionista, hipersensible, llorón. Le doy permiso a ese sentimiento a estar en mi vida. Porque está en mi personalidad. Aceptarse a uno mismo significa aceptar tanto lo positivo como lo negativo que uno tiene. A algunos nos les gusta ver lo negativo. No lo aceptan y **les echan la culpa** a los demás de sus defectos.

Es más fácil ver la debilidad en el otro que en la propia vida. Porque **hacerse cargo de** uno mismo incluye tener que hacer un cambio para el que quizás no se está dispuesto. Este cambio es algo positivo y traerá muchos beneficios a tu vida.

CLAVE

1. **D** (En los resultados de la tabla se indica claramente que los mestizos reciben un porcentaje superior al de los indígenas.)
2. **A** (En la tabla, el puntaje del ítem 3 muestra que no se consideran fracasados.)
3. **A** (Ser una persona de valía significa tener mérito.)
4. **D** (Los puntajes relacionados con esta categoría en el ítem 5 son bastante bajos.)
5. **B** (Línea 4. "Estar de nuestro lado es aceptarnos como somos.")
6. **A** (Línea 7. "No niegues ese…que está ahí.")
7. **C** (Línea 27. "El sentimiento sigue ahí…")
8. **D** (Línea 36. "Porque hacerse cargo…hacer un cambio…")
9. **B** (Es la opción más acorde con el contexto de la fuente auditiva.)

Audios

MANUAL PARA ESTUDIANTES página 198

🔊 "¿Caminas con seguridad?"

(MARÍA MARÍN, consejera de tu voz vive más) ¿Qué tal? Soy María Marín. Y antes de darte tu tarea de esta semana. Te voy a preguntar una cosa: ¿Cómo caminas, dime? ¿Eres una de esas mujeres que camina con la cabeza en alto? o ¿Eres de las que camina con los hombros **encogidos** y siempre mirando hacia el piso?

¿Sabes por qué te lo pregunto? Porque si no lo sabías tu postura tiene mucho que ver con tu autoestima. Así como lo oyes. Como dice el dicho: dime cómo caminas y te diré cuán segura tú eres.

LAS IDENTIDADES PERSONALES Y PÚBLICAS

Tu lenguaje corporal habla muchísimo de ti. Tanto así que la impresión que otra persona se pueda llevar de ti en una primera ocasión, depende en un cincuenta y cinco por ciento de lo que digas con tu cuerpo. O sea, que tú puedes ser una mujer profesional, muy inteligente, pero si caminas cabizbaja y con los hombros **encogidos** y encorvada, jamás vas a enviar el mensaje de la verdadera persona que eres.

Por eso mismo quiero que hoy hagas este ejercicio. Y este ejercicio te ayudará a mejorar tu postura y a verte como una mujer más segura.

Primero que nada, vas a caminar derechita y con los hombros hacia atrás. Cuando caminas derecha envías el mensaje de que eres una mujer valiente. También es bien importante que hagas contacto visual cuando hables con alguien. Esto envía el mensaje de que eres **leal** y de que en ti se puede **confiar**.

Y **por último,** lo más importante es que muestres una gran sonrisa. Las personas sonrientes, viven más tiempo, son más saludables y se ven más seguras.

Al hacer estos tres pasos notarás un cambio interior y te sentirás mejor contigo misma.

Hazlo y te espero aquí la próxima semana en tu ejercicio para la autoestima.

CLAVE

1. **B** (Este artículo motiva a las mujeres a tener autoconfianza.)
2. **C** (Línea 5. "…los hombros encogidos…persona que eres.")
3. **A** (Línea 11. "Tu lenguaje corporal habla…")
4. **D** (Línea 27. "….sonrientes, viven más tiempo…")
5. **C** (Línea 29. "… notarás un cambio interior…")

Ensayo

MANUAL PARA ESTUDIANTES página 200

🔊 FUENTE NÚMERO 3
"Para triunfar debes fracasar"

(ALÍAS BERNTSSON) Para triunfar debes fracasar.

Según algunos puntos de vista, el fracaso no existe. Porque una persona fracasa solo si deja de intentar el triunfo. Es una idea sugerente, aunque no es muy razonable.

El comportamiento humano siempre se compone de intentos. Y detrás de cada intento hay, o bien un triunfo o bien un fracaso. Eso está perfectamente claro. Ninguna tentativa queda sin tener consecuencias.

Cuando intentas ganar algo de dinero, o lo consigues o fracasas. Cuando intentas convencer a alguien de tu punto de vista, o lo logras o no y así sucede con todas las cosas. No tiene mucho sentido el negar las consecuencias de nuestros actos.

Se olvida también que es crucial reconocer con claridad si se tuvo éxito o no. No se debe andar con ambigüedades porque la conducta que debe seguirse después del intento depende de si se tuvo un acierto o un desatino.

No debe tenérsele miedo a los fracasos porque son parte inseparable de todo lo que emprendemos. Si tenemos un fiasco, pues hay que reconocerlo con claridad, si no, no habrá forma de que hagamos algo por enmendar el error.

Después de todo, si negamos haber fracasado, ¿por qué habríamos de aprender o hacer algo distinto? Por eso digamos que sí a los fracasos. Ellos son los que nos dicen dónde no buscar el triunfo y por lo tanto, nos señalan dónde sí podemos encontrarlo.

Fuente: Permiso de Julieta Colombo, Representante de J. S. Lavado, Quino

No son los fracasos un acontecimiento triste o desalentador que debemos ocultar avergonzados. Todo lo contrario, es la medida de cuánta dificultad enfrentan nuestros proyectos y eso dará la medida también de cuánto mérito representará el éxito cuando
30 lo alcances.

Los fracasos no hacen otra cosa que acelerar el triunfo porque se aprende muchísimo más de ellos que del éxito. Uno puede incluso haber acertado por casualidad y no darse cuenta de nada. Pero si fracasa, aunque sea también por casualidad, siempre
35 se detiene a analizar las causas. Y por ese motivo hace a veces importantes descubrimientos que catapultan sus acciones hacia la victoria.

Nunca desaproveches la oportunidad de fracasar. Cuando falles reconoce que lo has hecho y comienza a aprender de tus errores. No los ignores, ni los disimules. Porque tal vez no tengas tan 40 buen momento para darte cuenta de detalles vitales, pero sobre todo, aprovecha las oportunidades que te da el fracaso. Todo plan frustrado trae aparejado nuevas oportunidades. Encuéntralas y úsalas para convertir tus reveses en victorias.

Conversaciones

MANUAL PARA ESTUDIANTES página 201

🔊 "La juventud, encuestas"

Representante	• Te saluda y te propone algo.
Tú	• Contesta afirmativamente y hazle una pregunta.
Representante	• Reacciona y te hace la primera pregunta.
Tú	• Contesta con detalles.
Representante	• Te hace la segunda pregunta.
Tú	• Contesta con detalles.
Representante	• Te hace la tercera pregunta.
Tú	• Contesta con detalles.
Representante	• Te hace la cuarta pregunta.
Tú	• Contesta y protesta las preguntas.
Representante	• Reacciona y se despide.

(TONE)

(REPRESENTANTE) Hola. Si es Ud. joven y vive en esta casa, me gustaría hacerle unas preguntas. Las respuestas las guardamos con toda seguridad. Si tiene tiempo, empezamos ahora. ¿Le parece? TONE (20 segundos) TONE

(REPRESENTANTE) Por favor, yo hago las preguntas. Gracias. Conteste las siguientes preguntas con una explicación sincera y amplia. ¿Listo? Número uno: Si viene alguien a interrumpirle cuando está haciendo algo que considera importante, ¿qué hace Ud.? TONE (20 segundos) TONE

(REPRESENTANTE) Bien. Número dos. ¿Cree que podría realizar cualquier meta que intentara? ¿Por qué? TONE (20 segundos) TONE

(REPRESENTANTE) ¿Qué hace si sus ideas no reciben la atención que merecen de los demás? TONE (20 segundos) TONE

(REPRESENTANTE) ¿A qué tipo de futuro le lleva su forma de ser estudiante? TONE (20 segundos) TONE

(REPRESENTANTE) Bueno. No podemos decirle si es una persona de alta autoestima porque no ha terminado la encuesta. Gracias. Adiós. TONE

LECTURAS | LECTURAS CON AUDIO | AUDIOS | CORREOS ELECTRÓNICOS | ENSAYOS | CONVERSACIONES | DISCURSOS

LAS FAMILIAS Y LAS COMUNIDADES

tradiciones y valores | comunidades educativas | estructura de la familia | ciudadanía global | geografía humana | redes sociales

LA SABIDURÍA MAPUCHE GUÍA LA SOCIEDAD

UN HOSPITAL PARA LA IGNORANCIA

ESCULTURA DE LAUTARO, HÉROE MAPUCHE, EN LA PLAZA DE CAÑETE, CHILE

"TIENE EN JAQUE EL GOBIERNO"

INVIERNO ESTUDIANTIL SACUDE CHILE

SE QUEDAN EN CASA CON LOS PADRES

EMANCIPACIÓN DE LOS JÓVENES

NO SE ENSEÑA LA MITAD DE LAS LENGUAS VIVAS

CRUZADA POR LOS IDIOMAS NATIVOS

"LES DABA UNA BUENA ZURRA A AQUELLOS PAJARRACOS"

EL NACIMIENTO DE LAS TORTUGAS

DONDE NACIÓ LA AMISTAD

PUERTO PINASCO

ÍNDICE PARAGUAYO

CÁPSULAS CULTURALES

CLASIFICADOS CON VOCABULARIO Y PREGUNTAS CULTURALES

¿FLORECERÁ EL LAPACHO CUANDO VENGA SU PRIMAVERA?

85

LAS FAMILIAS Y LAS COMUNIDADES

Las tradiciones y los valores

Lecturas

MANUAL PARA ESTUDIANTES página 204

"El nacimiento de las tortugas"

CLAVE

1. **A** (El último párrafo resalta lo que aprendió la protagonista.)
2. **B** (Línea 2. "…por fin, aquella…llevar a verlas!")
3. **B** (Línea 6. "Su padre le…no haría ruido…")
4. **A** (Línea 19. "…sin esperar ni…hacia el mar.")
5. **C** (Línea 25. "…llegaron algunas gaviotas…de las tortuguitas.")
6. **D** (Línea 30. "La niña siguió…en los ojos…")
7. **D** (Línea 49. "…de que sus…tanto desde pequeñita.")

Ilustración con audio

MANUAL PARA ESTUDIANTES página 205

🔊 FUENTE NÚMERO 2

"La fiesta de las tortillas de hinojo"

(LOCUTOR) El hinojo es una planta **silvestre** que se cría espontáneamente en los países mediterráneos en las cunetas, al borde de los caminos y en campos sin cultivar. Pertenece a la familia de las umbelíferas y contiene una sustancia
5 aromática característica. A la entrada de la primavera, y especialmente en los días de Semana Santa los vecinos de Los Fallos se dedicaban por tradición a recoger los brotes espontáneos del hinojo para aprovecharlos como alimento.

(MUJER) Pues, ya desde nuestros abuelos y bisabuelos. Hace
10 muchos años, hace muchos años. Los bisabuelos ya comían hinojo, porque lo lo decían luego nuestros padres. Esto es el hinojo. Sí, se coge lo bueno y lo que no, se tira, exacto.

(HOMBRE) Sí, porque esto hay que hacer, esto hay que hacerlo como como con las setas. Hay que cogerlo, no arranc
15 no **arrancar**lo de raíz. Si no, si no no no vuelve a **brotar** otra vez. Hay que cortarlo. Entonces **brota** otra vez al año que viene.

Hinojo

CLAVE

1. **B** (El cartel anuncia una fecha y dice que su motivo es ayudar a la familia de Aitana "a realizar el tratamiento para su curación.")
2. **C** (Las 19:30 horas son las 7:30 de la tarde.)
3. **D** (El cartel dice que el ayuntamiento auspicia la celebración en el salón cultural.)
4. **A** (El cartel dice, "Toda persona interesada…de la tarde")
5. **B** (Línea 3. "…al borde de los caminos…")
6. **B** (Línea 14. "Hay que cogerlo…Hay que cortarlo.")
7. **C** (El audio dice que el hinojo es una planta silvestre y sabrosa, el cartel, no. Si fuera ordinaria, no sería el punto principal de ambas fuentes.)

Audios

MANUAL PARA ESTUDIANTES página 206

🔊 "Planificación de reuniones familiares"

(JUAN MOLINERO) Bienvenidos a Nuestro Rincón del Mundo, Programas para la Familia. Hoy nuestro panel va a hablar de cómo planear una feliz reunión de la familia. Yo soy Juan Molinero, su anfitrión y especialista en familias y
5 cómo funcionan. Juntándose para nuestro panel están Cristina LaFontana de Familias para la Paz y José Antonio de la Barca, Director de Tradiciones Familiares de Farellones. Bienvenidos.

(CRISTINA LAFONTANA) Un gusto, gracias.

(JOSÉ ANTONIO DE LA BARCA) Muy bien. Es un placer.

10 (JUAN MOLINERO) Como se sabe en estos días, los miembros de una familia tienen que ir a diferentes lugares que están lejos de su hogar para cumplir con sus compromisos educativos y laborales. Sin embargo, cuando todos están juntos, Ud. debe **sacar el máximo provecho de**
15 estos preciosos momentos y disfrutar de la vida al máximo.

(CRISTINA LAFONTANA) Sí, exacto. Para estas reuniones, para que tengan éxito, se precisa la planificación. Hay que tener un plan bien, este, organizado. Creo que si va a ser una fiesta formal es una muy buena idea avisar a todos **de antemano**.
20 Así que es importante la comunicación de las invitaciones de la reunión, este, a todos, con anticipación de manera que los demás puedan planificar su trabajo con tiempo y, este, poder asistir a la reunión.

(JUAN MOLINERO) Bueno, hablemos de algunas actividades
25 y sugerencias para la familia, unos consejos para la organización de la función para la familia. ¿Qué les parece? ¿Qué sugerencias tienen?

86 Las tradiciones y los valores

LAS FAMILIAS Y LAS COMUNIDADES

(JOSÉ ANTONIO DE LA BARCA) Por mi parte nunca he visto una familia muy reunida. Siempre hay que **afrontar** los resentimientos de las llamadas heridas del pasado. Por esto yo recomiendo una fiesta pequeña para los varios miembros de la familia. Se puede decorar la casa por completo con cintas, globos e imágenes de afecto para la ocasión, ¿no?, para recordarles que pese a conflictos del pasado siguen siendo importantes en tu vida. Tener la televisión prendida es importante asimismo porque así todos tendrán otra cosa que discutir y nadie tendrá que estar incómodo. ¿No?

(CRISTINA LAFONTANA) Bueno, otra opción, y, sobre todo, ¿sabes?, en familias **adineradas** sería salir a comer a su restaurante favorito. Puede ser una de las mejores maneras de pasar un buen rato juntos, ¿sabes? Comer bien, platicar, contar chistes, para **sacar el máximo partido de** una noche llena de cariño e intimidad. Podría ser una idea brillante para la reunificación de tu familia disfuncional, José.

(JUAN MOLINERO) Muy bien. Pero, ehh, ¿qué puede hacer la familia que no quiere gastar tanta plata en una reunión de lujo?

(JOSÉ ANTONIO DE LA BARCA) Planear un día deportivo en el campo, ¿no? Si planeas un picnic o una barbacoa al aire libre, todos van a divertirse bajo el sol. Así todos lo van a pasar chévere, sacando fotos, riéndose y charlando de nada importante. Hablar de nada, ¿no?, es la mejor terapia.

(JUAN MOLINERO) Bueno, mis amigos. Ya se acaba nuestro tiempo. Estoy seguro que hay otras ideas muy creativas para juntar a la familia y mantener **los lazos** familiares. Quisiera agradecerles su colaboración en este proyecto. Hasta el próximo programa para la familia. Juan Molinero, Nuestro Rincón del Mundo. Radio Araucano.

CLAVE

1. **D** (Línea 2. "Hoy nuestro panel…de la familia.")
2. **C** (Línea 10. "…los miembros de…de su hogar…")
3. **C** (Línea 19. "…muy buena idea…todos de antemano.")
4. **B** (Línea 29. "Siempre hay que…heridas del pasado.")
5. **B** (Línea 36. "…todos tendrán otra cosa que discutir…")
6. **A** (El punto principal de la Barca es cómo evitar los rencores del pasado.)
7. **A** (Línea 39. "…en familias adineradas…su restaurante favorito.")
8. **D** (La paz y la felicidad son las metas primordiales de los consejos de los panelistas.)

Iglesia San Marcos, Icod de los Vinos, Tenerife, España

Ensayo

MANUAL PARA ESTUDIANTES página 208

🔊 FUENTE NÚMERO 3

"Los jóvenes perpetúan las tradiciones en la Semana Santa de Icod"

(LOCUTORA) Aunque muchos se quejan de que las tradiciones se mueren porque las nuevas generaciones no las cuidan, Icod de los Vinos es el ejemplo claro de que esto no es así, que los jóvenes están muy implicados en estas fechas y que se dejan la piel en la organización y gestión de todos los actos.

(JOVEN 1) Sí, de momento va todo en orden, bien con tiempo, va todo bien situado y de momento pues como todo los años bien, todo en orden como he dicho y todo lo previsto.

(JOVEN 2) Esto primero hay que sentirlo, ¿no?, y vivirlo. No es de venir a ver ni nada, sino estar implicado sobre todo porque es la Semana Santa de, de, de una ciudad como Icod de los Vinos, una Semana Santa muy grande representativa en las islas y que tiene que seguir siéndolo así porque es una herencia de nuestros antepasados y está en nuestras manos pues seguir adelante con ella y cuidarla para que esto siga por muchos años.

(LOCUTORA) Hace veinte años se creó el germen de este grupo de jóvenes icodenses que se dedican enteramente a la Semana Santa, piden vacaciones a sus trabajos para poder estar a tiempo completo en las iglesias dándoles los últimos detalles a los pasos.

(JOVEN 3) Que nos encargamos de vestir las imágenes o sea de montar todos los pasos, de vestir las imágenes, de colocar las cuelgas, de ordenar los pasos dentro de la iglesia porque como puedes ver, o sea, es muy pequeña para veintitrés pasos. Y bueno, pues, ehh, es eso, o sea. Básicamente coordinar porque ya hay muchas imágenes que tienen cofradía.

(JOVEN 4) Ehh, buscar siempre los colores ehh con las flores. Siempre acompañando un poco lo que es la vestimenta del, del, del, del santo o de la santa y después ya lo que es el proceso es pues ehh, poner lo que es la base, ehh, clavarla y después ya empezar a trabajar, ¿vale?, siempre con una, con una armonía, con unas formas que no se destaquen mucho los ramos, sino lo que es la imagen.

(LOCUTORA) Desde hace más de un mes se están reuniendo y coordinando para que todas las procesiones salgan bien y la ciudad pueda disfrutar de una de sus fiestas más emotivas. Dicen que las tradiciones las han vivido desde pequeñitos y que aunque son jóvenes tienen mucha experiencia y ganas para seguir con estas tareas muchos años más hasta que les llegue el relevo.

Las tradiciones y los valores

LAS FAMILIAS Y LAS COMUNIDADES

Conversaciones

MANUAL PARA ESTUDIANTES página 209

🔊 "Una fiesta de gala"

Josefina Espín	• Te saluda y te pregunta algo.
Tú	• Salúdala y contéstale afirmativamente con detalles.
Josefina Espín	• Continúa la conversación y te hace una pregunta.
Tú	• Contesta usando un ejemplo específico.
Josefina Espín	• Continúa la conversación y te hace una pregunta.
Tú	• Contesta con detalle.
Josefina Espín	• Reacciona y continúa la conversación.
Tú	• Pide una aclaración y más detalle.
Josefina Espín	• Te contesta y te hace una pregunta.
Tú	• Contesta sin darle una respuesta exacta y despídete.

(TONE)

(JOSEFINA ESPÍN) Hola. Soy la tía de tu querida amiga, Julia, y estoy llamando para invitarte a una fiesta de nuestra familia. ¿Has tenido fiestas muy grandes en tu familia? TONE (20 segundos) TONE

(JOSEFINA ESPÍN) Ah, sí. ¡Qué interesante! Nuestras reuniones incluyen actividades de arte. No son competiciones, son exhibiciones del talento de nuestra familia. ¿Cómo se entretienen Uds. en sus reuniones? TONE (20 segundos) TONE

(JOSEFINA ESPÍN) Ah, deben pasarlo bien. ¿No es cierto? ¿Tienes unas sugerencias de actividades de arte para nosotros? TONE (20 segundos) TONE

(JOSEFINA ESPÍN) Buena idea. Gracias. Creo que nuestra actividad favorita es la escultura de arena. A menudo hacemos esculturas de los abuelos. (Se ríe.) A ellos les encanta. TONE (20 segundos) TONE

(JOSEFINA ESPÍN) Bueno, como nuestra casa está ubicada a la orilla del mar es fácil encontrar arena. El problema es esculpirla en forma de los abuelos. A veces salen unas esculturas espectaculares. ¿Podrías venir a visitarnos a nuestra casa a la orilla del mar el 4 de diciembre? TONE (20 segundos) TONE

Familia mexicana en su cocina: ¿Qué relaciones familiares se ven aquí?

Las tradiciones y los valores

LAS FAMILIAS Y LAS COMUNIDADES

Las comunidades educativas

Lecturas

MANUAL PARA ESTUDIANTES página 211

"El invierno estudiantil sacude Chile"

CLAVE

1. **D** (Línea 6. "…de la crisis de la educación chilena…")
2. **C** (Tener en jaque significa amenazar a alguien e impedirle más acción.)
3. **B** (El artículo es un resumen de la política reciente sobre la educación pública y sus consecuencias.)
4. **B** (Línea 26. "El esfuerzo de…de Estados Unidos…")
5. **B** (Línea 35. "En el 10%...es del 61%.")
6. **A** (Línea 43. "La propuesta del…crédito para universitarios…")
7. **C** (Línea 58. "Las propuestas del…las organizaciones estudiantiles.")
8. **B** (Los aranceles chilenos de los gráficos 1 y 2 son los más altos.)
9. **A** (Los aranceles representan lo que pagan los chilenos por la educación con respecto a todos los productos y servicios producidos por cada país.)
10. **C** (Los gastos públicos representan lo que invierte cada gobierno en la educación universitaria.)
11. **A** (Los gráficos apoyan las consecuencias de la crisis de la educación explicadas en el artículo.)

Lecturas con audio

MANUAL PARA ESTUDIANTES página 213

🔊 FUENTE NÚMERO 2

"Educación diferenciada, una carta a la Administración de Educación"

(LOCUTORA) Buenas tardes, señora. ¿Por qué está Ud. aquí?

(CELIA RODRÍGUEZ) Bueno, muchos padres españoles queremos manifestar nuestro desacuerdo y profundo malestar con la nueva Ley que prohíbe el uso de fondos públicos para
5 mantener centros educativos de educación diferenciada.

(MARIDO) Ehh, sí, nos sentimos profundamente discriminados respecto a los padres que eligen para sus hijos la coeducación, que no tendrán que costear la educación de sus hijos más allá de sus impuestos, como tendremos que
10 hacer nosotros si decidimos seguir el dictado de nuestra razón.

(CELIA RODRÍGUEZ) Creemos que los fondos públicos proceden de los impuestos de todos los españoles, y el

Bandera de la Universidad de Chile

gobierno debería ser el garante de su administración justa, sin discriminaciones. 15

(LOCUTORA) ¿Qué evidencia hay que la educación diferenciada beneficie a los alumnos de ambos sexos?

(CELIA RODRÍGUEZ) Innumerables estadísticas, entre ellas el informe PISA, **ponen de manifiesto** que en los colegios con educación diferenciada los alumnos obtienen mejores 20 resultados académicos. Y la escuela o instituto no es el único e imprescindible lugar de socialización mixta que ofrece la sociedad, pues ésta ya lo es por sí misma.

(MARIDO) Pero no es necesario hablar aquí de las ventajas de la educación diferenciada, que bien **avaladas** están 25 estadísticamente en España y en el extranjero, porque de lo que se trata ahora es de apostar por la libertad, favoreciendo la libertad de los padres para educar a sus hijos y evitando el pensamiento único.

(CELIA RODRÍGUEZ) Pedimos por todo esto al gobierno que 30 **apueste por** la libertad y contemple diferentes opciones a la hora de elegir el modelo de educación para nuestros hijos.

(LOCUTORA) Gracias. Cecilia Menéndez para el programa radiofónico.

CLAVE

1. **A** (Línea 10. "Es decir, tienen…de su religión…")
2. **C** (Línea 21. "…nuestro sistema no…al que pertenezcas.")
3. **A** (Línea 23. "Y esta diferencia…de nuestro país…")
4. **B** (Línea 41. "La educación que…el modelo diferenciado.")
5. **D** (Línea 3. "…nuestro desacuerdo y…de educación diferenciada.")
6. **D** (Línea 8. "…que no tendrán…de sus impuestos…")
7. **C** (Línea 18. "Innumerables estadísticas, entre…mejores resultados académicos.")
8. **B** (Línea 30. "Pedimos por todo…para nuestros hijos.")
9. **D** (El autor del blog habla de cómo educar y la pareja

LAS FAMILIAS Y LAS COMUNIDADES

del audio se queja de la falta de apoyo económico por parte del gobierno.)

10. **B** (Ambas fuentes proponen mejoras en el sistema educativo.)

Audios

MANUAL PARA ESTUDIANTES página 215

🔊 "Consejo educativo amazónico multiétnico"

(HOMBRE) Marchamos por tener una educación sin exclusión para las Naciones Indígenas Originarias.

(MUJER) El derecho legítimo de nuestros hijos es desarrollar su propia cultura.

5 (LOCUTOR 1) **A demanda del** Movimiento Indígena en el año 1997 se crea el Consejo Educativo Amazónico Multiétnico (CEAM).

(LOCUTOR 2) El CEAM es una instancia técnica indígena especializada en participación social **comunitaria** que plantea y
10 formula políticas educativas que permitan **el desarrollo** de las naciones indígenas de tierras bajas.

(LOCUTOR 1) El Consejo Educativo Amazónico Multiétnico coordina e incorpora **planteamientos** educativos a nivel local, regional, nacional e internacional para garantizar una educación
15 intra e intercultural y plurilingüe, con **equidad** de género e identidad, manteniendo una visión productiva, **comunitaria** y de bienestar social.

(HOMBRE) Porque nuestras Naciones Indígenas tienen derecho a una educación de calidad con identidad cultural.

(MUJER) Basta de discriminación a las Naciones Indígenas Originarias. 20

(HOMBRE y MUJER, en coro) Hagamos políticas educativas con participación social.

CLAVE

1. **B** (Línea 1. "Marchamos por tener…Naciones Indígenas Originarias.")
2. **B** (Línea 8. "El CEAM es…formula políticas educativas…")
3. **D** (En el spot no hay estadísticas, listado, ni citas.)
4. **D** (Línea 14. "…para garantizar una…intercultural y plurilingüe…")
5. **A** (Línea 18. "…tienen derecho a…con identidad cultural.")

Ensayo

MANUAL PARA ESTUDIANTES página 218

🔊 **FUENTE NÚMERO 3**

"La educación en casa a examen"

(LOCUTORA) Ester de doce años, Iván de once, Raquel de nueve y Mike de seis estudian y aprenden en casa con la ayuda de sus padres. La educación en casa no está regulada en España. Hay un vacío legal.

(KETTY SÁNCHEZ, educadora en casa) El 23 de abril vamos a 5
presentarnos varias personas, ehh, gente también experta en, en educación en casa. Vamos a hacer ante la comisión de educación y cultura del Parlamento Vasco una propuesta de regulación de la educación en casa. Que nos oigan, porque ya ahora todo mundo más o menos en el País Vasco casi mucha gente ha escuchado 10
hablar de esta, de este otro tipo de educación y a ver si se puede llegar a tomar una decisión que aunque no lo consigamos a nivel estatal de momento a ver si el País Vasco se adelanta a todos y puede tomar una decisión al respecto.

(LOCUTORA) Un año a vueltas, así lleva esta familia. Los niños 15
están muy contentos de estudiar en casa y sus padres de ser sus profesores. Esto les ofrece mucho más tiempo para disfrutar mutuamente unos de los otros. Ketty nos asegura que ella es capaz de educar a sus hijos y que cuando desconoce alguna materia no tiene ningún problema en acudir a pedir ayuda a 20
alguien que se lo pueda explicar. En estos momentos están a la espera de otra inspección, en este caso Educación realizará un informe exhaustivo de cada niño, las actividades que realizan, las asignaturas que se les imparte y las notas que sacan.

(KETTY SÁNCHEZ, educadora en casa) He pedido a cada uno de 25
los profesores también que está envuelto en la educación de los niños aparte de mi marido y yo pues hay gente envuelta como

Madre instruyendo a su hija en casa

90 Las comunidades educativas

LAS FAMILIAS Y LAS COMUNIDADES

profesores de alemán, de francés, de euskera, de música, de piano, solfeo, entonces ehh voy a llevar a todo eso a Educación, pues, para demostrar que realmente mis hijos están recibiendo una educación o sea que no están en casa entre cuatro paredes haciendo nada, sino que están recibiendo una educación.

(LOCUTORA) Ketty nos asegura que hay un desconocimiento generalizado en torno a la educación en casa, que les achacan a sus hijos que no se socializan, cosa que nos desmiente rotundamente. Nos asegura que sus hijos son iguales que los demás, que juegan en el parque y que tienen muchos amigos. Hace un par de meses el **Ararteko** ** Íñigo Lamarca realizó un informe positivo de la educación en casa algo que Ketty ve positivamente para que pronto pueda llegar la regularización de su situación.

**Se llama Ararteko al defensor del pueblo en el País Vasco. El Ararteko es la Defensoría del Pueblo.

Conversaciones

MANUAL PARA ESTUDIANTES página 218

🔊 "Una agencia que ayuda a estudiantes"

Luis Argote	• Te saluda y te hace una pregunta.
Tú	• Salúdalo y contesta.
Luis Argote	• Reacciona y te hace una pregunta.
Tú	• Contéstale.
Luis Argote	• Reacciona y te aconseja algo.
Tú	• Contesta negativamente y explica por qué.
Luis Argote	• Reacciona y te hace una pregunta.
Tú	• Contesta.
Luis Argote	• Reacciona y continúa la conversación.
Tú	• Proponle una alternativa y despídete.

(TONE)

(LUIS ARGOTE) Buenas tardes. Le habla Luis Argote. Soy representante de la Agencia Tonhimal. Es un gran honor ayudarle con su solicitud de ingreso en la universidad. Quisiera hacerle unas preguntas sobre los documentos que nos mandó hace unos días. ¿Por qué quiere Ud. asistir a la universidad? TONE (20 segundos) TONE

(LUIS ARGOTE) Muy bien, pero hay algo que no entiendo muy bien. ¿Cuál sería un ejemplo de un futuro exitoso que podría posibilitar la graduación de una universidad? Es decir, ¿es tan importante un título universitario para asegurar una vida de éxito? TONE (20 segundos) TONE

(LUIS ARGOTE) Muy bien, pero creo que necesita más práctica con este tipo de preguntas que seguramente le van a hacer en una entrevista. Le recomiendo que venga a nuestra oficina para practicar el arte de la entrevista. TONE (20 segundos) TONE

(LUIS ARGOTE) Muy bien pero sería un ensayo intenso. Nos han dicho nuestros clientes que nuestro método de preparación es el mejor. Por ejemplo, le van a hacer esta pregunta: ¿En qué se va a especializar y por qué? TONE (20 segundos) TONE

(LUIS ARGOTE) No. No. Esto es lo que todos dicen. Estoy a sus órdenes, pero creo que debe venir a nuestra oficina lo más pronto posible. TONE (20 segundos) TONE

Las comunidades educativas

LAS FAMILIAS Y LAS COMUNIDADES

La estructura de la familia

Lecturas

MANUAL PARA ESTUDIANTES página 220

"Carta del Teniente Roberto Estévez a su padre"

CLAVE

1. **B** (Línea 2. "Cuando recibas esta…Dios Nuestro Señor.")
2. **B** (Línea 5. "Que muera en cumplimiento de la misión.")
3. **B** (Línea 6. "¿Te acordás cuando…las Islas Malvinas…")
4. **B** (Las palabras claves son "restaures" y "bajo la Cruz de Cristo".)
5. **D** (Línea 16. "…no que mi…a la tristeza…")
6. **A** (Línea 22. "…gracias por tu…de sangre española.")
7. **A** (Si Roberto cree que va a morir y que su padre es bueno, entonces el único lugar de reencuentro es el cielo "si Dios lo permite".)

Ilustración con audio

MANUAL PARA ESTUDIANTES página 221

🔊 FUENTE NÚMERO 2
"La emancipación de los jóvenes"

(SUSANA LUQUÍN, presentadora) Ahora vamos a hablar de de los jóvenes, que cada vez, pues, están más tiempo en casa de los padres. Y hoy la pregunta que nos hacemos es si no se van o no se emancipan porque no pueden o porque no quieren.

5 (NARRADORA) Casi la mitad de los jóvenes de hasta treinta y cuatro años vive de forma independiente según el Observatorio de la Vivienda de España. El ritmo de emancipación fue creciente hasta 2008 aunque en los dos últimos años se ha ralentizado ligeramente.

10 (DAVID PAC, sociólogo, Universidad de Zaragoza) Afecta poquito. Ha disminuido en unos dos puntos **la tasa** de emancipación del año 2010 **con respecto a** la que había en el 2008.

(NARRADORA) Los jóvenes aragoneses se van más tarde de
15 casa que en otras comunidades autónomas. Los que quieren independizarse encuentran dos problemas principales: el trabajo y la vivienda.

(ENTREVISTADA 1) Sobre todo económicamente a la hora de buscar **piso**. Luego, pues, estás acostumbrado a unas
20 comodidades con tus padres. Tú tienes de repente que buscar la vida, organizarte tu tiempo.

(ENTREVISTADO 1) Yo ahora estoy viviendo en **un piso** compartido. Somos cuatro personas, nos ahorramos gastos y aparte, pues, convivir. Personalmente a mí me sirve de mucho.

(ENTREVISTADO 2) Te ayuda a plantearte **retos** que 25
generalmente en casa de los padres no puedes hacer.

(NARRADORA) Los jóvenes que se quedan en casa aseguran sentirse satisfechos.

(DAVID PAC, Sociólogo, Universidad de Zaragoza) Tienen
libertad de horarios, tienen autonomía, tienen autonomía 30
para recursos económicos, para viajar. Por tanto lo que están señalando algunos expertos es que van a vivir peor fuera del hogar paterno que dentro del hogar paterno.

(NARRADORA) **La tasa** de independencia de las mujeres es
ligeramente superior a la de los hombres. Tradicionalmente su 35
alternativa a la familia ha sido el matrimonio.

(ENTREVISTADA 2) Se casó. Fue cuando se marchó ya de casa con su marido, claro. Formó su hogar y su familia.

(ENTREVISTADA 3) Tenía una hija sola. Pues, tenía todo
lo que quería en casa. Tenía todos los caprichos. Viajaba. 40
Entonces, no, no necesitaba marcharse e independizarse ella sola.

(NARRADORA) Comprar una vivienda en Aragón supone para los jóvenes destinar casi la mitad de su sueldo a **la hipoteca**.

CLAVE

1. **B** (Deducción)
2. **D** (Ambas fuentes coinciden en esta afirmación.)
3. **B** (Los porcentajes afirman el descenso en el número de jóvenes que vive fuera de la casa de sus padres.)
4. **D** (Línea 3. "…si no se…porque no quieren.")
5. **A** (Línea 11. "Ha disminuido en…en el 2008.")
6. **C** (Línea 18. "Sobre todo económicamente…con tus padres.")
7. **A** (Línea 43. "Comprar una vivienda…a la hipoteca.")

Audios

MANUAL PARA ESTUDIANTES página 223

🔊 "Aumenta la diversidad de la estructura familiar cubana"

(JORGE LÓPEZ, locutor) Foto: Está el abuelo de pie, con rígida expresión, luciendo sus atavíos domingueros. La abuela reposa a su lado en la butaca, con la expresión de quien pasa la vida añorando sueños.

LAS FAMILIAS Y LAS COMUNIDADES

5   Buenos días y bienvenidos a Nuestro Rincón del Mundo. Estamos en Cuba para hablar con la doctora Patricia Arés, una especialista en la familia cubana. Buenos días.

(PATRICIA ARÉS) Buenos días.

(JORGE LÓPEZ, locutor) La disposición de los abuelos en
10   aquella amarillenta foto pudiese ser el antiguo retrato de familia de cualquiera de **los hogares** cubanos, ¿no es cierto?

(PATRICIA ARÉS) Sí, claro. El modelo de familia en nuestro país respondía a un patrón tradicional basado en la ideología patriarcal. El hombre era el sostén **del hogar**, la autoridad
15   suprema. Y la mujer representaba a la persona que asume un rol protector, cuidador, educativo.

(JORGE LÓPEZ, locutor) ¿Qué cambios específicos ocurren **actualmente** en la familia cubana?

(PATRICIA ARÉS) Al estar insertos en una economía precaria
20   y ser un país bloqueado, en Cuba se dan características muy específicas de la familia.

Primero, se observa una disminución de **hogares** nucleares, con padre, madre e hijos.

Segundo, el 70 por ciento de los niños cubanos tienen a sus
25   padres divorciados.

Tres, el matrimonio legal está perdiendo importancia, pero no así las uniones. La vida en pareja sigue siendo una opción del cubano.

(JORGE LÓPEZ, locutor) Ehh, ¿qué cambios implica en **los**
30   **vínculos** familiares el envejecimiento acelerado de la población cubana?

(PATRICIA ARÉS) Imagina que una de cada cuatro personas tendrá más de 65 años en el 2025. La familia cubana está decreciendo, tiene más **personas de la tercera edad** que niños.

35   (JORGE LÓPEZ, locutor) ¿Ahh? Podemos afirmar que el rol de los abuelos se ha reconfigurado.

(PATRICIA ARÉS) En nuestro país en las casas monoparentales, el papel sostenedor de la abuela es trascendental.

El rol del abuelo ha cambiado considerablemente; está el síndrome del abuelo-esclavo, que es quien sirve de puente para todos y **sostiene** varias generaciones. 40

(JORGE LÓPEZ, locutor) ¿Qué conflictos generan estas nuevas relaciones?

(PATRICIA ARÉS) Hay abuelos que pretenden ser dueños de la verdad. Están los que abusan de su poder legal sobre los bienes 45 o los que **se alían con** los nietos en contra de los padres, entre otras conductas.

(JORGE LÓPEZ, locutor) Pues, muchas gracias, doctora. Parece que habrá más cambios en el futuro, cambios no previstos. Por ahora, Jorge López, Nuestro Rincón del Mundo, Radio Araucano. 50 Adiós.

CLAVE

1. **A** (Línea 10. "…pudiese ser el antiguo retrato de familia…")
2. **D** (Línea 1. "Foto: Está el…vida añorando sueños.")
3. **C** (Línea 19. "Al estar insertos…de la familia.")
4. **D** (Línea 22. "…se observa una…madre e hijos.")
5. **B** (Línea 37. "…el papel sostenedor…sostiene varias generaciones.")

Ensayo

MANUAL PARA ESTUDIANTES página 224

🔊 FUENTE NÚMERO 3

"Matrimonio a temprana edad"

(LOCUTOR) El matrimonio es mucho más que el sueño de casarse de blanco con velo y corona.

(DR. NELSON GARCÍA, Médico Psiquiatra y Terapeuta) El matrimonio es la relación, la unión de dos (2) personas, hombre y mujer, con el interés o el fin de apoyarse, amarse, 5 procrear, solidarizarse, unirse, formar una familia y educar a los miembros de la familia.

(LOCUTOR) Sin embargo, para las y los adolescentes que se casan a temprana edad la vida en pareja es una experiencia muy diferente a los finales felices de cuentos de hadas. En América 10 Latina más de seis millones de mujeres en edades de veinte a veinticuatro se casaron antes de cumplir los diez y ocho años.

(DR. NELSON GARCÍA, Médico Psiquiatra y Terapeuta) Los matrimonios a temprana edad afectan a ambos, porque no es un problema individual, es un problema social y de familia. Los dos 15 se ven afectados en los distintos roles que les toca jugar.

La estructura de la familia 93

LAS FAMILIAS Y LAS COMUNIDADES

(YAHAIRA CASTILLO, 18 años) Y yo no trabajo. Ahora quiero estudiar y no puedo tampoco porque por la niña, no tengo quién me la mire. Cambió totalmente mi vida y ha sido muy difícil.

(LOCUTOR) Por lo general las adolescentes casadas deben realizar la mayor parte del trabajo doméstico.

(YAHAIRA CASTILLO, 18 años) Bastante responsabilidad. Como te digo ahora tengo que lavar su ropa, planchar su ropa. Cocinar, que aprendí estando con él ya. Cuidar a mi hija, tengo que ser responsable en ese sentido porque un cuido el cuido de un niño no es fácil.

(MAYLIN) Tener un hombre no es sólo decir este, voy a irme a su casa y vamos a vivir felices porque no, ya esto de lavarle, plancharle, cocinar, ya te quita es la oportunidad de hacer otras cosas que tal vez te pueden o sea en un futuro ayudar.

(LOCUTOR) Por experiencia propia Maylin, Jennifer y Yahaira recomiendan esperar y prepararse para esta responsabilidad.

(MAYLIN) Lo mejor es andar de novios y esperar que, o sea prepararse. Si quieren vivir una vida para siempre y tener hijos, prepararse y darles un futuro a sus hijos mejor.

(JENNIFER TREMINIO, Sexto Grado) Que sigan estudiando y que verdad no tengan pues responsabilidades, que sigan ahorita sólo su vida y que vivan solos.

(YAHAIRA CASTILLO, 18 años) La verdad es que la vida en pareja no es fácil y peor tener un niño, es mejor prepararse primero y después tener tu hijo porque también vas a estar preparada para tener a tu niño.

(LOCUTOR) Aunque no existe una edad específica para casarse, uno debe prepararse para esta nueva etapa en la vida.

(DR. NELSON GARCÍA, Médico Psiquiatra y Terapeuta) Sabemos que para casarse es necesario el amor, sí, pero también es una responsabilidad; estamos hablando de lo económico, la organización personal. Cuando las personas ya hayan terminado de satisfacer necesidades personales.

(YAHAIRA CASTILLO, 18 años) Para mí sería perfecto después de haber terminado mi carrera en una universidad y todo y estar trabajando ya. Hasta entonces, sería el momento de casarme.

Conversaciones

MANUAL PARA ESTUDIANTES página 226

🔊 "Mis padres me regañan"

Mercedes Pardo	• Te saluda y te pide algo.
Tú	• Salúdala y contesta afirmativamente.
Mercedes Pardo	• Continúa la conversación.
Tú	• Reacciona y ofrece unos consejos.
Mercedes Pardo	• Reacciona y continúa la conversación.
Tú	• Contesta y explica por qué.
Mercedes Pardo	• Reacciona y te hace unas preguntas.
Tú	• Contesta y proponle una alternativa.
Mercedes Pardo	• Reacciona.
Tú	• Reacciona y despídete.

(TONE)

(MERCEDES PARDO) Hola. Estoy desesperada. No puedo más. Mis padres están regañándome sin razón alguna. ¿Me podrías ayudar? TONE (20 segundos) TONE

(MERCEDES PARDO) Bueno, me alegro. Es que no sé qué hacer. Estoy pensando en salir de casa y vivir con mi abuela. TONE (20 segundos) TONE

(MERCEDES PARDO) Gracias, pero no quiero que me castiguen. Soy buena en mis responsabilidades de casa y del cole. ¿Has pensado en salir de casa a vivir en otra parte? TONE (20 segundos) TONE

(MERCEDES PARDO) Bueno. Yo sé que no es nunca fácil. Quiero a mis padres pero quieren saber todos los detalles de mi vida. Es injusto. ¿Tus padres? ¿Te han tratado así? ¿Podría ir a vivir con Uds., quizás, una semana? TONE (20 segundos) TONE

(MERCEDES PARDO) Bueno, entendido. Ahora no puedo. Tengo que pensarlo mejor. Quizás, puedas venir a mi casa a pasar la noche conmigo. ¿Qué te parece? TONE (20 segundos) TONE

LAS FAMILIAS Y LAS COMUNIDADES

La ciudadanía global

Lecturas

MANUAL PARA ESTUDIANTES página 228

"Invita a tus familiares y amigos a unirse a Médicos Sin Fronteras"

CLAVE

1. **D** ("Si conoces a alguien interesado en ser socio o realizar un donativo, entrégale este cupón.")
2. **D** ("Si quieres ser socio de MSF colaborando con 10€ al mes…")
3. **B** ("euros"=Europa; "euskara"=País Vasco de España)
4. **D** ("Imprescindibles para poder enviarte el recibo de tus aportaciones.")
5. **C** ("…al elegir la domiciliación, nos facilitas las tareas administrativas.")

Lecturas con audio

MANUAL PARA ESTUDIANTES página 229

🔊 FUENTE NÚMERO 2

"Fiesta familiar"

(VARIOS) A ver, a ver, a ver. El brindis. Es hora del brindis…

(PADRE) Estimados amigos, queridas amigas. Esta casa les da la bienvenida. Tenemos una emoción muy grande al celebrar un aniversario más…

5 (MADRE) ,,,¡de nuestro matrimonio!...

(LOCUTORA) En todas las clases sociales, las fiestas familiares o de amigos se inician con un brindis. Los quince años del primogénito, la graduación de la jovencita, la llegada de un familiar, el cumpleaños de la abuela… Todos son motivos que
10 merecen unas palabras de felicitación. Y un brindis.

(LOCUTOR) Generalmente, es el papá, la mamá, **el anfitrión** o la persona de mayor importancia en el grupo, quien realiza el ritual.

(PADRE) Y ahora, una copa de vino… ¡Salud!

15 (TODOS) ¡Salud!... ¡A su salud!

(LOCUTORA) Actualmente, el brindis es una señal de amistad. Pero su origen es menos amistoso…

(LOCUTOR) En Grecia, seis siglos antes de nuestra era, mezclar vino con veneno era uno de los medios predilectos
20 para eliminar rivales políticos.

(LOCUTORA) Pronto, los romanos aprendieron el truco. Livia, la maléfica esposa del emperador Augusto, dominaba la ciencia del envenenamiento.

(LIVIA) Sólo mi hijo Tiberio será el sucesor de Augusto. Esta noche, durante la cena, serviremos un delicioso vino a los 25 demás aspirantes al trono…

(LOCUTORA) Para evitar este peligro, se inventó el brindis. El dueño de casa tenía que beber primero, de pie, delante de todos. Así, los presentes se aseguraban que la jarra no estaba envenenada. 30

(HOMBRE) ¡A vuestra salud!

(LOCUTORA) El deseo de "salud" era una forma elegante de garantizar que saldrían vivos de la fiesta.

(LOCUTORA) Y así, poco a poco, el brindis se fue convirtiendo en una señal de amistad en las comidas. 35

(MUJER) ¡Salud! ¡Salud y alegría!

(LOCUTOR) Para endulzar el vino, los romanos echaban en la copa una tostada azucarada, perfumada con canela.

(LOCUTORA) De esa "tostada" vino la palabrita inglesa…

(TODOS) ¡Toast, toast! 40

(LOCUTORA) Los brindis adquirieron tanta popularidad en los países occidentales, que una fiesta no se consideraba completa sin ellos.

(MUJER) ¡Salud!

(HOMBRE) Pues en mi tierra brindamos así: ¡Arriba, abajo, al 45 centro y pa'dentro!

CLAVE

1. **D** (El artículo cuenta la historia del brindis.)
2. **C** (Línea 1. "El origen del término se remonta al siglo XVI…")
3. **B** (Línea 28. "Lo más correcto es no hacerlo.")
4. **D** (Línea 39. "…una cuestión de…chocar las copas.")
5. **A** (Línea 6. "En todas las…años del primogénito…")
6. **D** (Línea 12. "…la persona de…realiza el ritual.")
7. **C** (Línea 32. "El deseo de…de la fiesta.")
8. **B** (Línea 41. "Los brindis adquirieron…completa sin ellos.")
9. **A** (Ambas fuentes hablan de sus orígenes entre las clases altas.)
10. **A** (Sólo en el audio se usan efectos de sonido intercalados entre las explicaciones de un locutor.)

Audios

MANUAL PARA ESTUDIANTES página 231

🔊 **"Puerto Pinasco, el pueblo donde nació la amistad"**

(CARLOS MARTÍNEZ, LOCUTOR) Cada año muchos países organizan actividades, iniciativas y actos relacionados con la amistad. La decisión, patrocinada por numerosos países, **surgió** por iniciativa del gobierno de Paraguay, pero la idea nació hace
5   más de 50 años en Puerto Pinasco, un pueblo paraguayo de unos mil habitantes. Nuestra colega, Andrea Machain del centro de información de la ONU en Asunción nos cuenta la historia.

(ANDREA MACHAIN) **Las campanas** de la iglesia de Puerto Pinasco, una pequeña población de mil habitantes sobre el
10 Río Paraguay a más de cuatrocientos kilómetros de la capital, convocan al pueblo para asistir a las celebraciones por el Día Internacional de la Amistad. Fue aquí donde hace 53 años un grupo de amigos liderado por el médico paraguayo Ramón Artemio Bracho comenzó una cruzada mundial de la amistad
15 que **dio origen a** la propuesta de Paraguay de conmemorar el 30 de julio como Día Internacional de la Amistad en la Asamblea General de las Naciones Unidas.

(HOMBRE PARAGUAYO) La conquista que llena de de gracia al Paraguay y que eleva su prestigio a infinitas alturas que
20 necesitamos tanto de **un acontecimiento** de esta naturaleza para que el Paraguay tenga un poco más de prestigio y el Día Internacional de la Amistad dispuesto por las Naciones Unidas nos llena de alegría inmensa y de una emoción indescriptible.

(ANDREA MACHAIN) Los niños de Puerto Pinasco reciben al
25 presidente Fernando Lugo agitando banderitas del país. En un emotivo discurso el mandatario se refirió al Paraguay como el país de la amistad.

(PRESIDENTE FERNANDO LUGO) Es muy fácil comprobarlo. Un paraguayo, una paraguaya no te abandona en la amistad. Estarán contigo en la desgracia, en el duelo, en la enfermedad,   30 en la deuda, estarán en las fiestas, hasta en la pelea. No solo se acostará al pie de tu lecho cuando estés enfermo, no solo te comprará el ataúd, sino también y fundamentalmente, cuidará de tu memoria. Hay demasiados motivos para que el concepto, el gran concepto de la amistad en Paraguay sea el de   35 la solidaridad y no esa falsa y nociva construcción de la amistad interesada que sobrevuela la folclórica frase del Paraguay, país de los amigos. Reitero, más que país de los amigos, Paraguay es país de la amistad.

(ANDREA MACHAIN) El pueblo entero **acude** a la pista que   40 sirve de aeropuerto para despedir a la delegación oficial. Mostrando un gran fervor religioso, despiden a la invitada de honor: la imagen de la Virgen de Caacupé o Virgen de los Milagros. El Día Internacional de la Amistad representa una gran esperanza para los pinasqueños que se enorgullecen de ser la   45 cuna de la amistad mundial.

Fernando Lugo, Presidente de la República del Paraguay, 2008-2012

CLAVE

1. **B** (Línea 3. "La decisión, patrocinada…unos mil habitantes.")
2. **B** (Línea 9. "…una pequeña población…el Río Paraguay…")
3. **B** (Línea 19. "…que eleva su prestigio a infinitas alturas…")
4. **B** (Línea 24. "Los niños de Puerto Pinasco reciben al presidente…"; línea 42. "Mostrando un gran fervor religioso…")
5. **D** (Línea 34. "Hay demasiados motivos…de la solidaridad…")

LAS FAMILIAS Y LAS COMUNIDADES

Ensayo

MANUAL PARA ESTUDIANTES página 233

🔊 FUENTE NÚMERO 3

"Orquesta Sinfónica Simón Bolívar de gira por 5 ciudades estadounidenses con Gustavo Dudamel"

(LOCUTORA) Como parte del comienzo de la gira de la Orquesta Sinfónica Simón Bolívar en Estados Unidos, el fundador del Sistema, Maestro José Antonio Abreu y su director ícono Gustavo Dudamel participaron en un simposio en la
5 reconocida Universidad de Berkeley en California para compartir con estudiantes y maestros la experiencia musical, educativa y social del Sistema de orquestas y coros infantiles y juveniles venezolanos.

(MAESTRO JOSÉ ANTONIO ABREU, Fundador de El Sistema)
10 La música está trayendo en Venezuela a través de las orquestas y los coros, una vida feliz, gozo y esperanza en las comunidades populares. Trae la oportunidad para los más pobres de alcanzar las más altas etapas de la vida musical y de la educación musical. Hace posible que un niño de un barrio pueda llegar a ser
15 profesional de una orquesta sinfónica. Hace posible que el país pueda expresarse ante el mundo en términos tan excelsos como el poder ejecutar no solamente la música de los grandes compositores mundiales Tchaikovsky, Beethoven, Wagner, sino también la música excelsa de Venezuela y de América Latina. En
20 todas las giras internacionales de la Orquesta está presente el repertorio venezolano.

(LOCUTORA) Durante este foro de educación musical el Maestro Abreu y Gustavo Dudamel destacaron la importancia del proyecto social en la formación musical de niños, niñas y
25 jóvenes actualmente de Derecho Constitucional en Venezuela.

La Orquesta Juvenil de Venezuela bajo la batuta de Gustavo Dudamel

(GUSTAVO DUDAMEL, Director de la Orquesta Sinfónica Simón Bolívar de Venezuela) Y yo me siento muy orgulloso de que en Venezuela, ehh, ehh, nuestro país, el derecho a la educación musical sea parte de la constitución porque eso es algo, es un
30 ejemplo para el mundo, estamos hablando de que el arte, que el arte, forma parte de un, de ese, de, de, de elemento fundamental de la creación, de la, del desarrollo del ser humano en, en la, ehh, ehh, en el mundo ciudadano digámoslo. Entonces bueno, imagínate esto, yo creo que estamos en un camino imparable
35 donde seguiremos cosechando ese mensaje, ehh, de la música como herramienta de cambio social.

(LOCUTORA) En esta gira, la orquesta sinfónica Simón Bolívar visitará cinco ciudades estadounidenses hasta el 13 de diciembre y está previsto que sus integrantes, quienes fueron nombrados
40 embajadores de paz para la Unesco, participen en foros, presentaciones en escuelas y comunidades.

Simón Bolívar, Oleo de Ricardo Acevedo Bernal

LAS FAMILIAS Y LAS COMUNIDADES

Conversaciones

MANUAL PARA ESTUDIANTES página 234

🔊 "Los lugares desconocidos"

Manuel Ugarte	• Te saluda y te pide tu opinión.
Tú	• Salúdalo y contesta.
Manuel Ugarte	• Reacciona y continúa la conversación.
Tú	• Contesta afirmativamente con detalles.
Manuel Ugarte	• Continúa la conversación y te pregunta algo.
Tú	• Contesta negativamente y explica por qué.
Manuel Ugarte	• Reacciona y te hace una pregunta.
Tú	• Contesta y proponle una alternativa.
Manuel Ugarte	• Reacciona y te pregunta algo.
Tú	• Contesta con detalles y despídete.

(TONE)

(MANUEL UGARTE) Hola. Soy yo, Manuel. ¿Cómo te va? Estaba pensando en hacer un viaje para conocer gente en otra parte del mundo. ¿A qué tipo de lugar no viajarías tú? TONE (20 segundos) TONE

(MANUEL UGARTE) Ah, interesante; pero ¿no crees que es importante viajar sobre todo a los lugares más diferentes que nosotros? TONE (20 segundos) TONE

(MANUEL UGARTE) Pero me gusta también descansar y no preocuparme. Por esto, me gusta visitar lugares similares. No paso tanto estrés. ¿No quieres ir a visitar el Amazonas el verano que viene? TONE (20 segundos) TONE

(MANUEL UGARTE) ¿No? Entonces, ¿en qué tipo de cultura te sientes mejor y con más afinidad? TONE (20 segundos) TONE

(MANUEL UGARTE) Sí, es posible. ¿Qué sitio ha sido el más peligroso que has visitado?

TONE (20 segundos) TONE

LAS FAMILIAS Y LAS COMUNIDADES

La geografía humana

Lecturas

MANUAL PARA ESTUDIANTES página 236

"Cuando era puertorriqueña"

CLAVE

1. **B** ("Fui" subrayaría que ya no es sólo puertorriqueña.)
2. **C** (Línea 5. "…brincamos el charco"…)
3. **D** (Línea 12. "No sé, en…decir ser eso.")
4. **A** (Línea 13. "Me identifico así cuando me es necesario…")
5. **C** (Línea 18. "Mi puertorriqueñidad incluye mi vida norteamericana…")
6. **A** (Línea 26. "…porque yo no…mí me trajeron.")
7. **D** (Línea 28. "Pero esa rabia…a mis cuentos.")

Lecturas con audio

MANUAL PARA ESTUDIANTES página 237

🔊 **FUENTE NÚMERO 2**

"Lingüicidio"

(LOCUTOR) ¿Cuántas lenguas se hablan en el mundo? ¿Cuántos idiomas existen?... ¿Cien?... ¿Tal vez 200?... ¿O quizás lleguen a 500?

5 (LOCUTORA) La etnología ha catalogado más de 6.700 lenguas que se hablan actualmente en 228 países del mundo.

(LOCUTOR) No son dialectos ni **jergas**. Son lenguas, idiomas diferentes.

(LOCUTORA) La lengua es el alma de una cultura. La lengua expresa una determinada forma de pensar y de comprender la
10 vida, una manera original de relacionarse con la naturaleza y entre los seres humanos.

(LOCUTOR) La primera identidad de una persona es su lengua. Esa identidad la recibió de sus padres y de su primera comunidad.

15 (LOCUTORA) Con frecuencia se cree que América Latina es un todo homogéneo porque su población habla español o portugués, las dos principales lenguas con que fuimos colonizados.

(LOCUTOR) Pero en Paraguay se habla el guaraní.

20 (LOCUTORA) Y en la sierra de los Andes, el quechua y el aymará.

(LOCUTOR) En el sur del continente, se habla el mapudungun.

(LOCUTORA) Y en Tierradentro, Colombia, el paez.

(LOCUTOR) En México, ocho millones de personas se 25 comunican empleando las antiguas lenguas aztecas.

(LOCUTORA) Y en Guatemala, los hijos e hijas de la gran civilización maya hablan 25 idiomas diferentes.

(LOCUTOR) Perviven las lenguas de la Amazonía y las lenguas del Caribe, desde el misquito hasta el garífuna, pasando por el 30 creole que es mayoritario en Haití.

(LOCUTOR) Hoy en día, casi la mitad de las lenguas vivas no están siendo enseñadas por los padres a sus hijas e hijos. Desaparecerán en **apenas** una generación. Es un auténtico "lingüicidio". 35

(LOCUTORA) El derecho a hablar y a estudiar en la propia lengua, el derecho a escuchar por radio y por todos los medios de comunicación la lengua materna, forma parte de la libertad de expresión.

(JOVEN) ¡Qué bonito sería el mundo con una lengua común 40 para comunicarnos, pero eso sí, conservando nuestras miles, miles de lenguas distintas para tener algo diferente que comunicar!

Un panal del Códice de Dresde.
Fuente: research/FAMSI.org (La Fundación para el Avance de los Estudios Mesoamericanos)

LAS FAMILIAS Y LAS COMUNIDADES

CLAVE

1. **A** (Se nota un lenguaje elevado que incluye metáforas, términos lingüísticos y oraciones largas y complicadas.)
2. **B** (Línea 3. "…por el proceso…el siglo XVI…")
3. **A** (Línea 35. "…la diversidad lingüística…una sinfonía maravillosa…")
4. **B** (El "génesis" es el "parto"; una "cultura" es el "pensamiento"; "única" es "diferente".)
5. **D** (Línea 8. "La lengua es…los seres humanos.")
6. **A** (Línea 19. "Pero en Paraguay…mayoritario en Haití.")
7. **B** (Línea 32. "Hoy en día…hijas e hijos.")
8. **B** (Línea 34. "Desaparecerán en apenas una generación.")
9. **A** (El del audio es más popular y cotidiano.)
10. **A** (Ambas fuentes hablan de la importancia de preservar los idiomas.)

Audios

MANUAL PARA ESTUDIANTES página 239

🔊 "El poblamiento de América"

(LOCUTORA) Los primeros seres humanos en llegar al continente americano **provinieron** de Asia. Entre Siberia y Alaska hay un paso marítimo que se conoce como el Estrecho de Bering y mide actualmente poco más de ochenta kilómetros. La glaciación Wisconsin entre los años 80.000 y 7.000 AC cubrió de hielo el extremo de Asia y buena parte de Norte América sacando a la luz un puente de tierra llamado Beringia entre ambos continentes.

(LOCUTOR) Hace entre 60 y 40 mil años pudo comenzar la entrada de gentes desde Asia en sucesivas **oleadas**. El aumento de la temperatura dividió la masa de hielo en dos grandes placas: la de la cordillera y la de las Lauréntides, dejando un amplio pasillo por el que los primeros pobladores pudieron colonizar nuevas tierras hacia el sur.

(LOCUTORA) El avance fue lento y gradual. En el actual territorio de México hubo seres humanos hace unos treinta y cinco mil años y en el extremo sur, en la Patagonia, hace doce mil setecientos. Son numerosos **los asentamientos** descubiertos por la investigación actual.

(LOCUTOR) Se han propuesto además otras rutas de entrada a América. La colonización marina pudo llegar por la costa del Pacífico y avanzar de norte a sur. Además, **procedentes de** Australia, Melanesia o Polinesia pudieron llegar a América del Sur nuevas gentes **atravesando** el Océano Pacífico cuyos rasgos étnicos pueden ser rastreados en la actualidad.

CLAVE

1. **B** (El audio habla de investigaciones de tipo antropológico.)
2. **B** (Línea 1. "Los primeros seres…provinieron de Asia.")
3. **C** (Línea 7. "…un puente de…entre ambos continentes.")
4. **D** (Línea 15. "El avance fue lento y gradual.")
5. **A** (Línea 18. "Son numerosos los…la investigación actual.")
6. **B** (Línea 22. "…procedentes de Australia…el Océano Pacífico…")
7. **D** ("Huella" se asocia con la creación de rutas.)
8. **A** (El título del audio es "El poblamiento de América".)

Ensayo

MANUAL PARA ESTUDIANTES página 241

🔊 FUENTE NÚMERO 3
"Cumbre de las Américas"

(LOCUTORA) El camino a la cumbre continúa su recorrido y llega a Bogotá. Lugar en el que se centró toda la atención para poner una mirada en temas como el desarrollo social, productivo y económico, los cuales estarán sobre la mesa en la Sexta Cumbre de las Américas que se realizará en Cartagena entre el 14 y el 15 de abril.

(SOCORRO RAMÍREZ, Coord. Actores Sociales VI Cumbre de las Américas) Extraordinariamente interesante porque este tema de infraestructura e integra integración física, que parece un asunto eminentemente técnico, resulta que está lleno de unas dimensiones ambientales, sociales, políticas, que fueron examinadas con casos, con ejemplos, con procesos concretos. Es decir, hubo una puesta al día en el debate ehh sobre los temas de integración física.

Calle en obras, Granada, Nicaragua

La geografía humana 101

LAS FAMILIAS Y LAS COMUNIDADES

15 (LOCUTORA) Este segundo evento, que tuvo lugar en la Universidad del Rosario, contó con la participación de importantes especialistas, quienes plantearon la necesidad de llevar a Cartagena proyectos de integración que permitan definir acciones para mejorar los niveles de crecimiento y prosperidad.

20 (ANA MARÍA ZAMBRANO, Asesora Dir. Infraestructura y Energía Sostenible DNP) Digamos que hay varios indicadores que nos muestran ehh en temas de carreteras, en tema del modo fluvial… digamos de los diferentes modos de, de infraestructura que existe cuando nos comparamos con otras
25 regiones del Asia, de, de la misma…del continente americano, pues que hay un rezago en infraestructura. Sin embargo en la última década, la región le ha apostado a la inversión en infraestructura, a la inversión pública pero además a la atracción, de, de capital privado para el desarrollo de proyectos
30 de infraestructura. Ehh, en conclusión: sí, hay que aceptar un rezago, pero hay además hay que admitir la intención de los gobiernos en, en desarrollar la infraestructura de los países no solo desde el punto de vista vial, sino desde ehh otros modos de transporte y desde el punto de vista logístico.

35 (LOCUTORA) Otro de los retos que fueron planteados en el evento es buscar la posibilidad de crear acuerdos de integración en temas tan importantes como el transporte, la energía y las telecomunicaciones que mejoren la integración en la infraestructura.

(ANA MARÍA ZAMBRANO, Asesora Dir. Infraestructura y Energía Sostenible DNP) Definitivamente cuando hablamos de infraestructura nos referimos a esos tres ámbitos, básicamente:
40 al tema de transporte, energía y comunicaciones. En temas de energía y comunicaciones, ehh el sector privado ha jugado un papel muy importante en la región así que estos sectores tienen otra dinámica e igual es ehh importante que estén sobre la mesa. Hay proyectos digamos de los que sí podemos aprender, por
45 ejemplo en temas energéticos, es que hay proyectos binacionales y multinacionales de interconexión eléctrica muy importantes que deben estar sobre la mesa y que de los cuales además podemos aprender toda la región para el desarrollo de ese tipo de proyectos.
50

(LOCUTORA) El rezago en la infraestructura de Latinoamérica preocupa, por eso uno de los puntos importantes en la agenda de esta cumbre es crear proyectos binacionales que permitan un avance significativo en el crecimiento de las naciones.
55

102 La geografía humana

LAS FAMILIAS Y LAS COMUNIDADES

Conversaciones

MANUAL PARA ESTUDIANTES página 243

🔊 "Una cena hondureña"

Emilio	• Te saluda y te hace una pregunta.
Tú	• Salúdale, sugiere una hora y da detalles sobre la cena.
Emilio	• Continúa la conversación y te hace una pregunta.
Tú	• Contesta negativamente y explica por qué.
Emilio	• Continúa la conversación y te hace una pregunta.
Tú	• Contesta dando detalles.
Emilio	• Te contesta y propone una alternativa.
Tú	• Contesta afirmativamente y explícale por qué.
Emilio	• Reacciona y te hace una pregunta.
Tú	• Contesta y despídete.

(TONE)

(EMILIO) Hola. Soy yo. Me llamaste y dijiste que quieres que te acompañe a una cena hondureña el miércoles que viene. ¿Qué habrá para comer? TONE (20 segundos) TONE

(EMILIO) Me parece bien la hora pero si sirven un típico mondongo, no voy a ir. ¿Sabes lo que es? TONE (20 segundos) TONE

(EMILIO) Bueno, sí. Es una sopa con partes de cerdo y tripas, intestinos, de ternera o cerdo. ¿Cómo puedes adaptarte a esto? ¿Has tenido alguna experiencia con comida extranjera? (TONE (20 segundos) TONE

(EMILIO) Bueno, yo no. No puedo pero me gustaría ir contigo. ¿No quieres ir al baile folclórico este fin de semana. Es fácil adaptarte a la música. Te invito si no tengo que ir a la cena de tripas. TONE (20 segundos) TONE

(EMILIO) Gracias. Me siento mejor. Pero, quizá sirvan otra comida. No sé por qué es tan difícil adaptarme a algo diferente. ¿No te pasa igual? TONE (20 segundos) TONE

Mondongo, exquisita sopa de tripas

La geografía humana 103

LAS FAMILIAS Y LAS COMUNIDADES

Las redes sociales

Lecturas

MANUAL PARA ESTUDIANTES página 245

"Un hospital para la ignorancia"; "Estructura de la sociedad mapuche"

CLAVE

1. **C** (El artículo describe las unidades de la sociedad mapuche.)
2. **B** (Línea 3. "El rewe representa…la familia escogida.")
3. **A** (Línea 16. "Las mujeres son la base de la economía mapuche…")
4. **B** (Línea 21. "…la cantidad de…de su riqueza.")
5. **D** (Línea 23. "…es la principal…mapuche ha sobrevivido…")
6. **B** (Línea 26. "…dirimen sus asuntos…democrática del lonko…")
7. **D** (Línea 29. "…entre todos los patriarcas…")
8. **C** (El artículo menciona elecciones y jerarquía de grupos y jefes.)
9. **B** (El gráfico muestra la formación de grupos cada vez más grandes por incluir más representantes de más familias.)
10. **A** (Ve la explicación para el número 9.)
11. **C** ("Aborigen" se asocia con los indígenas como los mapuches.)

Ilustración con audio

MANUAL PARA ESTUDIANTES página 247

🔊 **FUENTE NÚMERO 2**

"¡Activagers, la nueva red social para mayores de 40 en español!"

(PRESENTADORA) Llegar a los cuarenta es para hombres y mujeres una edad interesante. **Sin embargo**, para los dos sexos **surgen** preguntas que muchas veces son difíciles de contestar. Con el ánimo de resolver esas inquietudes apareció un portal en Internet. Información en la red de Noticias Caracol.

(LOCUTORA) Los mayores de cuarenta años ya tienen un espacio en Internet. Se trata de www.activagers.es adultos activos una plataforma que se une a la multitud de redes extendidas por todo el mundo, pero la especialidad de esta red es que es la primera en su estilo para personas de cuarenta años o mayores y está causando furor en Europa. La idea es ofrecer información orientada a esta generación de usuarios quienes aparentemente se habían visto **desplazados** en el escenario de la web. Aquí los miembros pueden intercambiar intereses así como acceder a aplicaciones que ya se han convertido en habituales como la participación de foros, debates y chats, todos entre la misma generación. Lo más interesante es que el portal **dispone de** esta revista en la que los usuarios pueden consultar artículos de actualidad: viajes, cultura, tecnología, salud, entre otros temas de interés. www.activagers.es famoso en Europa. Ahora en Latinoamérica se ha convertido en una muy buena herramienta con contenidos en línea para la generación adulta en Internet. Es una magnífica oportunidad para hacer amigos, entre otras cosas.

CLAVE

1. **C** (Ambos gráficos se enfocan en los visitantes, que usan las redes.)
2. **C** (Aunque Badoo ocupa la posición 7 en visitantes, ellos pasan muchos más minutos que cualquier otro grupo de visitantes excepto Facebook y Orkut que ocupan posiciones 1 y 3.)
3. **D** (Aunque los de entre 45 y 54 años de edad ocupan la cuarta posición en visitantes, ocupan, sin embargo, la tercera posición en minutos de uso. La escala es de 5.)
4. **A** (Línea 1. "Llegar a los cuarenta…difíciles de contestar.")
5. **B** (Línea 18. "Lo más interesante…artículos de actualidad…")
6. **D** (Es la única respuesta que no se ha explicado explícita o implícitamente en el audio.)
7. **B** (Es la única respuesta que justifica la existencia de Activagers.)

Audios

MANUAL PARA ESTUDIANTES página 248

🔊 "Las nuevas tecnologías y la familia"

(PRESENTADORA) Lo acabamos de oír, entre los usuarios de Internet hay cada vez más niños y adolescentes y muchos de ellos llegan a convertirse en adictos. Cada vez hay más casos y muchos son responsables de **fracasos** escolares. Los expertos hacen un llamamiento a los padres para que se interesen por las nuevas tecnologías y pongan límites.

(LOCUTORA) Pasan demasiadas horas delante del ordenador o enganchados al móvil. Algunos ya han pasado la barrera de la adicción y los padres no saben cómo detectarlo. Cuando lo hacen acuden a un psicólogo.

(SONIA PIZCUETA, psicóloga) **Se quejan** de que pasan mucho tiempo delante del ordenador, **se quejan** de que tienen que llevar el móvil a todo sitio, de lo que gastan en el móvil, de lo nerviosos, ansiosos o agresivos, incluso, que se ponen cuando no tienen ni móvil ni ordenador.

LAS FAMILIAS Y LAS COMUNIDADES

(LOCUTORA) El problema se agrava cuando estos cambios de conducta se convierten en un hábito. Es entonces cuando los padres tienen que poner límites.

(SONIA PIZCUETA, psicóloga) Hay que poner límites. Y decir bueno: "Pues desde las cinco a las siete toca estudio. Luego te pones una horita". El tema del móvil: "el móvil no te hace falta para estar en el instituto. Al instituto o al colegio vas a lo que vas".

(LOCUTORA) Y tampoco hay que olvidar que muchas veces los progenitores no están familiarizados con las nuevas tecnologías. Es entonces cuando se produce **el choque** generacional.

(JOSEP MARTÍNEZ, profesor experto en nuevas tecnologías de UCAM) Siempre hay **un choque** generacional entre padres e hijos, entre una generación y otra. Los padres que han crecido con una única línea de teléfono fijo en casa o con dos canales de televisión, frente a hijos que ya han crecido con TDT, con Internet y con un móvil para cada miembro de la familia. Sencillamente los padres lo que tienen que **intentar** es un proceso de adaptación, **intentar** adaptarse y no pensar que eso no va con ellos.

(LOCUTORA) Generalmente sus amistades en las redes sociales que frecuentan son los mismos amigos que tienen en clase, lo que también se repite son los problemas. En Internet encuentran los mismos que en la calle.

(JAVIER DE PEDRO, portavoz de la Policía Nacional) Las actividades de acoso a través de la red, a través de las redes sociales, de los programas de mensajería instantánea. Donde escudados en el anonimato, pues, se pueden cruzar **amenazas**, coacciones, chantajes. Y otro problema que está lamentablemente **de moda**, y que nos preocupa especialmente, es lo que se conoce como *ciber grooming*, que es el acoso a menores a través de, de la red pero de índole, un acoso de índole sexual.

(LOCUTORA) Son casos extremos pero también existen. Las nuevas tecnologías no son malas pero hay que fomentar su uso enfocado a la educación.

(JOSEP MARTÍNEZ, profesor experto en nuevas tecnologías de UCAM) Pero no todo son redes sociales efectivamente. Hay cultura. Ahí puedes ver cine, puedes ver series de televisión, puedes conocer bien de otros países y eso también, además de las redes sociales, está, está en Internet.

(LOCUTORA) Ya lo ven, todo está en la red. En la sociedad de la comunicación la información es poder. Internet y las nuevas tecnologías nos dan casi todo lo que queremos. El límite lo ponemos nosotros.

CLAVE

1. **D** (Línea 1. "Lo acabamos de…convertirse en adictos.")
2. **C** (Línea 13. "…de lo nerviosos…móvil ni ordenador.")
3. **D** (Línea 16. "…cuando estos cambios…que poner límites.")
4. **B** (Línea 28. "…un choque generacional…con un móvil…")
5. **A** (Línea 37. "…lo que también…en la calle.")

Ensayo

MANUAL PARA ESTUDIANTES página 250

🔊 FUENTE NÚMERO 3
"Las redes sociales y los jóvenes"

(LOCUTORA) Una estructura social virtual con diferentes formas de interacción y definida como un intercambio dinámico entre personas, grupos e instituciones. Esto es una red social. El instrumento de comunicación que hoy en día más de moda está entre los jóvenes.

(ENTREVISTADO 1) Que es útil, útil porque, ehh, ehh, yo puedo saber lo que lo que, la, lo que, está haciendo la gente de mi país, ¿sabe? sin necesidad de que ellos me llamen, sin necesidad de que yo intente comunicarme con ellos. Yo sólo entro a su, a su cuenta y listo puedo saber todo.

(ENTREVISTADA 2) Es por eso como si lo tuviera aquí en el, al lado. En cuanto me conecto, mando mensaje y ya está.

(ENTREVISTADO 3) Yo todos los días estoy abriendo el Tuenti y el Facebook, estoy enganchado.

(ENTREVISTADA 4) Las utilizo bastante a menudo. Me parecen muy útiles también porque puedes comunicarte con gente que está lejos. Y la verdad que es un medio cercano, porque acerca a la gente y tal.

Las redes sociales

LAS FAMILIAS Y LAS COMUNIDADES

20 (ENTREVISTADA 5) Siempre con esto puedes mandarte mensajes o fotos. Entonces creo que es algo que yo creo que es importante.

(ENTREVISTADA 6) Son útiles sobre todo para comunicarnos gente joven. Y hombre que te ahorras bastante dinero en mensajes de móviles, llamadas de móviles. Y, bueno, son muy
25 útiles y hombre, cada vez más la gente los está utilizando, por eso, porque son muy útiles y te ahorran dinero. Creo yo.

(ENTREVISTADA 7) Si las redes sociales están en auge, ¿no? y cada día van a más y es como la gente cada vez más se comunica. ¿No?

(LOCUTORA) Internet, entre otras cosas, siempre ha servido 30
para divertir y las redes son todo un fenómeno social, una
revolución que ha cambiado no sólo los modelos de relación
interpersonal sino el modo de acceder a la información. Frente
a las webs estáticas en las que simplemente se pueden leer las
informaciones, la web 2.0 en la que el usuario participa, modifica 35
y decide y en la que se enmarcan las redes sociales, se abre paso.

El funcionamiento comienza cuando una vez creada la
plataforma virtual donde interactuarán los individuos, un
grupo de iniciadores invita a amigos, estos hacen lo mismo con
otros y así sucesivamente creando un crecimiento geométrico
exponencial, a partir del cual las personas pueden compartir 40
todo aunque vivan a miles de kilómetros o no se conozcan.

Conversaciones

MANUAL PARA ESTUDIANTES página 251

🔊 "No se fía de ti"

Julio	• Te saluda y te hace una pregunta.
Tú	• Salúdalo y contesta.
Julio	• Continúa la conversación y te hace una pregunta.
Tú	• Contesta y explica con detalles.
Julio	• Reacciona y te hace una pregunta.
Tú	• Contesta.
Julio	• Reacciona y te pregunta algo.
Tú	• Contesta y explica.
Julio	• Reacciona y te hace una pregunta.
Tú	• Reacciona y despídete.

(TONE)

(JULIO) Hola. ¿Sabes? Sé que no tengo muchos amigos y estoy pensando en abrir una cuenta en una de esas redes sociales. ¿Qué te parece? TONE (20 segundos) TONE

(JULIO) Bueno, no sé en qué red social debo inscribirme. ¿Has tenido alguna experiencia con las redes sociales? TONE (20 segundos) TONE

(JULIO) Ah, bien. Lo sabía. Entonces, ¿me podrías dar unas recomendaciones? No quiero hacerme amigo de todo el mundo y quiero mantener mi privacidad. ¿Qué recomiendas que haga? TONE (20 segundos) TONE

(JULIO) Gracias. Voy a buscar en Google para ver si me interesa. Después de decidir, ¿qué hago? Es decir, ¿qué debo subir a mi página? ¿Qué les interesaría a mis amigos? TONE (20 segundos) TONE

(JULIO) Buena idea. Y cuando abra mi muro, ¿te juntarías a mi página? TONE (20 segundos) TONE

El Monasterio de San Lorenzo de El Escorial

| LECTURAS | LECTURAS CON AUDIO | AUDIOS | CORREOS ELECTRÓNICOS | ENSAYOS | CONVERSACIONES | DISCURSOS |

LA BELLEZA Y LA ESTÉTICA

| La arquitectura | Las definiciones de la belleza | Las definiciones de la creatividad | La moda y el diseño | El lenguaje y la literatura | Las artes visuales y escénicas |

DONDE SE REÚNEN LOS MERO MERO

Luz Verde APPLE Se Establece En el Edificio de Tío Pepe

JORGE LUIS BORGES – EL DE LAS MILONGAS Y JULIO CORTÁZAR – EL DEL JAZZ

LA INFLUENCIA DE LA MÚSICA SOBRE LOS ESCRITORES

UN TACÓN PARA CADA OCASIÓN

CONSEJOS PARA ELEGIR ZAPATOS

Ir a contracorriente y huir de los convencionalismos desde sus inicios

PACO RABANNE, POETA DEL METAL

ÍNDICE ESPAÑOL

CÁPSULAS CULTURALES

CLASIFICADOS CON VOCABULARIO Y PREGUNTAS CULTURALES

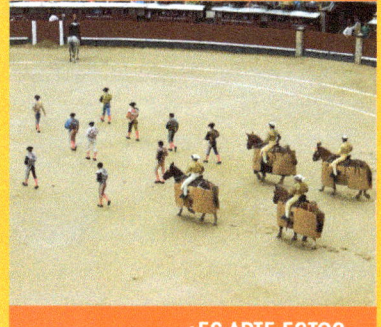

Desde "Los cuentos de La Alhambra" hasta los conciertos del rock

LA ALHAMBRA – CASTILLO ROJO

EN SOMBRA, EN NADA

MIENTRAS POR COMPETIR CON TU CABELLO – GÓNGORA

¿ES ARTE ESTO?

107

LA BELLEZA Y LA ESTÉTICA

La arquitectura

Lecturas

MANUAL PARA ESTUDIANTES página 254

"Adobe para mujeres: Proyecto 2011"

CLAVE

1. **B** (Línea 4. "Esta región sigue…pobres del país…")
2. **B** (Línea 24. "Estas mujeres continúan…en la sociedad…")
3. **A** (Línea 21. "Además de quedarse…hijos para criar…")
4. **B** (Línea 13. "…con materiales locales, como adobe…")
5. **C** (Línea 27. "El 80% de la…leer o escribir…")
6. **D** (Es un artículo de información general presentado en forma de blog abierto a todos.)

Lecturas con audio

MANUAL PARA ESTUDIANTES página 255

🔊 **FUENTE NÚMERO 2**

"Una arquitecta para 1.000 millones de personas"

(LOCUTOR) Muy buenos días, señora MacDonald. Dicen que la gente va a seguir yendo a las ciudades aunque la vida sea dura. ¿Cuál es su opinión?

(JOAN MACDONALD) En América Latina, el límite entre
5 lo rural y lo urbano **se desdibuja**. Pero mientras exista, las ciudades ofrecen más oportunidades. Son el escenario para combatir la pobreza.

(LOCUTOR) Ehh. ¿Cómo?

(JOAN MACDONALD) En América Latina no lo hemos
10 hecho muy bien. Sigue habiendo pobreza y aceleración de la injusticia. Al vivir juntos, se hace más doloroso vivir de forma muy pobre observando a quien lo tiene todo.

(LOCUTOR) Ehh. ¿Cómo solucionarlo?

(JOAN MACDONALD) Se puede actuar donde está todo
15 por hacer. Hay que evitar que se perpetúen esos patrones de segregación. Pero intentar hacerlo en Santiago con una periferia de pobreza profunda y rico duro es muy difícil. Los mismos poderes inmobiliarios refuerzan ese proceso: expulsan a los pobres. En América Latina, el poder de los más
20 débiles para permanecer en las ciudades es poco. Hay una escasísima tolerancia a la diversidad.

(LOCUTOR) ¿A partir de qué se puede hablar de casa?

(JOAN MACDONALD) Casa es donde se vive, un plástico bajo el que vive una familia. Lo que hay que hacer es tomar ese lugar al que da sentido una familia y tratar de ver con ellos 25 cómo mejorarlo.

(LOCUTOR) ¿Cómo deciden en su organización, selavip.org, qué proyectos apoyar?

(JOAN MACDONALD) Hacemos una convocatoria a los países en desarrollo. Llegan peticiones y elegimos proyectos que 30 parten de algo concreto: una letrina, un jardín infantil… Las acciones reivindicativas no sirven si no llegan a soluciones concretas.

(LOCUTOR) ¿Hablan con los políticos de los lugares donde trabajan? 35

(JOAN MACDONALD) Sí. Nos escuchan. Nuestra fuerza son los 1.000 millones sin casa. Si están organizados, se hacen oír. En general, los gobiernos, en las grandes ciudades asiáticas donde hay mucho, mucho tugurio, están abiertos al diálogo. Por otro lado está la fuerza inmobiliaria, que es 40 potente, engañosa y terrible. Los engañan con lo que les van a ofrecer. Se aprovechan de ellos. Pero ahí es donde aparecen profesionales y gente comprometida que les advierte: ojo, les están prometiendo algo que no va a poder ser.

(LOCUTOR) Mmmm.¿Cómo contactan con gente de cada 45 país?

(JOAN MACDONALD) Somos una especie de banco de segundo piso. No hacemos casas por el mundo. Apoyamos a los de cada lugar. Cuando uno llega a un país no llega a decir cómo tienen que ser las cosas. Uno se sienta a escuchar. 50

(LOCUTOR) Mmmm.¿De dónde obtienen el dinero?

(JOAN MACDONALD) De una fundación belga que montó el padre Josse van der Rest con un fondo donde puso el dinero que heredó de su familia. Nuestro fuerte es ese, pero también estar en contacto con la gente, viajando y respondiendo en 55 Internet.

(LOCUTOR) ¿Recaudan dinero?

(JOAN MACDONALD) No. Trabajamos con los intereses del fondo. Pero cada proyecto crece.

(LOCUTOR) ¿Qué hace que una arquitecta se interese por 60 quien no podrá pagar una casa?

(JOAN MACDONALD) Es que a mí no me interesan las casas. Me interesan las personas. Una vez en Burundi apoyamos unas casas de adobe. Llegamos a visitarlas y estaba una señora fuera con un bebito. Me dijo: "Este chico nació anoche".Y me lo 65 pasa. "¿Nació anoche en esta casa que acaban de terminar?".

LA BELLEZA Y LA ESTÉTICA

Una semana antes habría nacido debajo de una palmera. Pero ahora tenía techo. Esa satisfacción no la obtienes haciendo un rascacielos.

70 (LOCUTOR) ¿Qué la convirtió en el tipo de arquitecta que es hoy?

(JOAN MACDONALD) La formación no me caló hasta que encontré al profesor Fernando Castillo Velasco y me apoyó. Cuando llegó la dictadura a Chile me expulsaron de la
75 universidad, así es que me fui al terreno, a los tugurios de la periferia de Santiago.

(LOCUTOR) Gracias. Ha sido un placer.

(JOAN MACDONALD) Igualmente. Un verdadero gusto.

CLAVE

1. **A** (Línea 5. "Desde joven ha…con la teoría.")
2. **D** (Línea 6. "Pero fue la…los más pobres.")
3. **C** (Línea 21. "…como presidenta de la organización laica SELAVIP…")
4. **B** (Línea 33. "Dice que todos viven debajo de algo…")
5. **B** (Línea 5. "…las ciudades ofrecen…combatir la pobreza.")
6. **C** (Línea 9. "En América Latina…de la injusticia…")
7. **A** (Línea 23. "Casa es donde…vive una familia.")
8. **A** (El agua contaminada representa los problemas y el acto de tomarla con otro representa el acto de compartir.)
9. **C** (Las dos fuentes citan las palabras de Joan MacDonald.)
10. **A** (Las dos fuentes se centran en el servicio social y no en las otras opciones.)

Audios

MANUAL PARA ESTUDIANTES página 257

🔊 **"Luz verde para que Apple se establezca en el edificio de Tío Pepe de Madrid"**

(VOZ #1) Luz verde para que Apple se establezca en el edificio de Tío Pepe de Madrid. Se adaptará el edificio a los nuevos usos comerciales con actuaciones en **fachada**, cubierta, escaleras, ascensores, patio interior, estructura, sótanos y **bóvedas**, que
5 pondrán en valor el inmueble.

(VOZ #2) El edificio de Tío Pepe, situado en la Puerta del Sol y conocido por el luminoso que lo **corona** desde hace décadas, puede dedicarse a usos comerciales con el Plan Especial promovido por Apple Retail Store S.L.

10 La aprobación de los usos comerciales ha venido de la mano de la aprobación de la Comisión de Protección del Patrimonio Histórico de la Comunidad de Madrid. Así, **el inmueble** podrá acoger usos comerciales, reservándose algunos espacios para oficinas vinculadas a la actividad comercial.

(VOZ #1) Se conservará la actual **fachada**, que recuperará su 15
aspecto original, y se sustituirán las carpinterías de las plantas baja y primera, recobrando todas las cubiertas a dos aguas. Además, para adecuar **el inmueble** a la legislación vigente en materia de accesibilidad, seguridad y evacuación, se creará un solo núcleo de comunicación y un nuevo núcleo de ascensores 20
en sustitución de los existentes.

Se plantea también **llevar a cabo** el cubrimiento del patio a nivel de la planta primera y abrir **un hueco** central para llevar la luz natural a la planta baja. Se reordenarán los espacios de ambas plantas para racionalizar su utilización, se consolidarán y 25
repararán **las bóvedas** dañadas del **inmueble** y se reconstruirá parcialmente el forjado de la planta baja.

(VOZ #2) Para tramitar este Plan Especial es preceptivo el informe favorable de la Comisión de Protección de Patrimonio Histórico. Este órgano está presidido por la Comunidad de 30
Madrid y forma parte de la Administración regional, a través de las direcciones generales de Urbanismo, Vivienda y Arquitectura, y Patrimonio Histórico, así como las del Ayuntamiento de Madrid, mediante las áreas de Urbanismo y Vivienda, y de Las Artes. 35

Con el visto bueno de esta Comisión, y una vez confirmada la viabilidad técnica y urbanística de la propuesta, se elevará a la Junta de Gobierno para su **aprobación** inicial, abriéndose un periodo de información pública. Posteriormente, pasará a **aprobación** definitiva por el Pleno del Ayuntamiento. 40

CLAVE

1. **C** (Línea 1. "Luz verde para…Pepe de Madrid."; Línea 6. "El edificio de…Puerta del Sol…")
2. **C** (Línea 10. "La aprobación de…acoger usos comerciales…")
3. **A** (Es la única respuesta que trata sobre el patrimonio histórico.)
4. **D** (Línea 15. "Se conservará la actual fachada…")
5. **B** (Línea 36. "Con el visto…Pleno del Ayuntamiento.")

Ensayo

MANUAL PARA ESTUDIANTES página 258

🔊 **FUENTE NÚMERO 3**
"Puente de mayo, destino Bilbao"

(MUJER) Aunque hasta mañana no es festivo por el día del trabajador las calles de Bilbao ya se llenan de turistas llegados de diferentes lugares atraídos por nuestra cultura y nuestra gastronomía.

La arquitectura 109

LA BELLEZA Y LA ESTÉTICA

5 Esta vez el tiempo nos acompaña y eso se nota en las zonas más turísticas. El museo Guggenheim es una de las primeras paradas obligadas para todo aquel que visita nuestra villa, donde la foto con el guardián del museo, Pupi, no puede faltar ya sea en grupo o en solitario.

10 La arquitectura y el diseño son algunas de esas cosas que atraen a los foráneos que vienen, por ejemplo, desde Italia o Venezuela.

(MUJER) ¿De dónde viene?

(HOMBRE) Sono italiano io, eh? parlo italiano. Ah, de Italia.

15 (LOCUTORA) ¿Le gusta Bilbao?

(HOMBRE) Peró, molto bella. Bella impressione, sì, una bella città, conosco poco soltanto…

(LOCUTORA) ¿Le gusta el museo lo que ha visto ahora?

(HOMBRE) Sì, molto bello, sì. Adesso, ma si può entrare oggi al
20 museo, è aperto?

(LOCUTORA) Sí, está abierto, está abierto.

(HOMBRE) Está abierto, gracias …..Dappertutto. Quello, l'arte moderna, soprattutto la pittura, la parte di pittura, certo, sì, sì

(HOMBRE 2) Ehh, yo de Venezuela

(LOCUTORA) ¿Qué es lo que más te llama la atención de 25
Bilbao?

(HOMBRE 2) De Bilbao, pues la ría, el Guggenheim. Está muy bonito, todo lo que es la arquitectura, los edificios. Es una zona muy bonita la verdad.

(LOCUTORA) Los turistas que llegan desde la capital aprovechan 30
un puente más largo ya que el día 2 de mayo también es festivo al celebrar el día de la comunidad de Madrid. El museo de Bellas Artes también ha tenido visitas desde primeras horas de la mañana donde algunos visitantes no encontraban muy bien dónde estaba la entrada. Sin tener en cuenta estos pequeños 35
despistes. Además de la cultura quien se acerca a nuestro bocho quiere disfrutar de la gran gastronomía. Todos coinciden en que el casco viejo es otra parada obligada para degustar la gran variedad de pinchos.

A tomar un pincho a ver si vamos a las 7 calles. 40

Pues dar una vuelta y luego ir a comer por aquí. Que se come muy bien.

(LOCUTORA) Unos pinchitos igual.

(HOMBRE) Sí, seguramente.

(LOCUTORA) Aún quedan por delante horas para disfrutar de 45
todas las actividades que se pueden realizar en un Bilbao lleno de vida, también en días festivos.

Conversaciones

MANUAL PARA ESTUDIANTES página 260

🔊 "Un viaje a Guatemala"

Flavia	• Te saluda y te hace una pregunta.
Tú	• Salúdala, contesta y hazle una pregunta.
Flavia	• Continúa la conversación.
Tú	• Reacciona.
Flavia	• Te hace varias preguntas.
Tú	• Contesta y proponle algo al respecto.
Flavia	• Reacciona y te hace una pregunta.
Tú	• Contesta y ofrece detalles.
Flavia	• Te hace una pregunta.
Tú	• Dale tus disculpas, proponle otra posibilidad y despídete.

(TONE)

(FLAVIA) Hola. ¿Cómo te va? ¿Cómo te van las clases? TONE (20 segundos) TONE

(FLAVIA) Pues, tengo una propuesta para ti. ¿Qué te parece un viaje a la Ciudad de Guatemala? ¿La conoces? TONE (20 segundos) TONE

(FLAVIA) ¿Conoces el programa de servicio comunitario que se llama "Camino Seguro"? ¿Juegas al lacrosse? ¿Sabes cómo arreglar casas? ¿Cuánto sabes de la cultura de los guatemaltecos? TONE (20 segundos) TONE

(FLAVIA) Interesante. ¿Te comunicas bien en castellano? Dime algo sobre tus estudios de lenguas extranjeras y sobre tus experiencias con el español. TONE (20 segundos) TONE

(FLAVIA) No me digas. ¿Qué piensas de viajar a un país extranjero? TONE (20 segundos) TONE

(FLAVIA) Bien. ¿Por qué no nos reunimos el sábado para discutir las preparaciones? TONE (20 segundos) TONE

LA BELLEZA Y LA ESTÉTICA

Las definiciones de la belleza

Lecturas

MANUAL PARA ESTUDIANTES página 262

"Mientras por competir con tu cabello"

CLAVE

1. **B** (La repetición de mientras al principio de dos estrofas es un ejemplo de anáfora, una figura retórica que pone énfasis en una idea o una circunstancia.)
2. **C** (La edad dorada [la juventud] se convierte [se vuelve] en nada [la muerte].)
3. **C** (Es la edad de cabello de oro, blanca frente, gentil cuello.)
4. **A** (Goza significa disfruta.)
5. **B** (El sol compite en vano con tu cabello de oro bruñido.)
6. **A** (Es el final de la vida cuando todo va hacia la nada.)

Lecturas con audio

MANUAL PARA ESTUDIANTES página 263

🔊 **FUENTE NÚMERO 2**

"Cien por ciento wayúu"

(PATRICIA) Mi mamá es Wayúu y en realidad por la parte ancestral Wayúu siempre se trasmite a través de la, de la parte maternal. Entonces, soy cien por ciento wayúu.

(LAURA KWIATKOWSKI) Patricia Velásquez, venezolana,
5 modelo y actriz. Pero, sobre todas las cosas, leal a sus raíces y una mujer que se involucra. En 2002 estableció la Fundación Wayúu Tayá, dedicada a mejorar las condiciones de vida de los indígenas latinoamericanos.

(PATRICIA) Yo creo que el el universo me ha puesto en un
10 lugar muy privilegiado en términos de trabajo, ¿no?, primero como modelo después como actriz. Y **a medida que**, que fui teniendo un reconocimiento laboral, yo veía que a través de mi trabajo podía influenciar a diferentes causas. Pues, llegó un momento en que yo sentí que tenía que ayudar a la gente y
15 a mi cultura que eran los más cercanos a mí que en este caso eran los indígenas los más necesitados, ¿no? Y, y, este, justo en esa época me, me enteré pues de las estadísticas que de, de mortandad infantil. Se estaba muriendo un niño diario en esa zona y **me di cuenta** que se podía hacer mucho con muy
20 poquito.

(LAURA KWIATKOWSKI) ¿Ustedes ayudan a la población wayúu de los dos lados de la frontera?

(PATRICIA) Sí, nosotros porque la población wayúu, bueno, es una agrupación indígena, una etnia que tiene 500 casi 500.000 habitantes y siempre ha sido una población nómada 25 que se mueve entre la frontera entre Venezuela y Colombia. Entonces no existen fronteras para, para los wayúu. De hecho, bueno, eso ha sido una cosa beneficial pero al mismo tiempo muy **dañina** para ellos, pues, porque siempre ha sido una cultura que ha llevado el comercio en esa zona como un 30 sustento de vida. Y hoy por hoy, pues, entre todos los, los problemas que existen limítrofes en el sentido, pues, de la guerrilla, del contrabando, y todas esas cosas, los secuestros se ha intensificado mucho más el problema en esta zona.

(LAURA KWIATKOWSKI) En cuanto al apoyo que le da la 35 fundación al arte de los wayúu sobre todo, ¿cuáles son los objetos o los textiles que los representan?

(PATRICIA) Lo más importante para mí, porque la Guajira en este caso es un **matriarcado**, era crear un centro donde las mujeres pudiesen venir a trabajar. Pero que pudiesen venir a 40 trabajar haciendo la parte artesanal con unos bolsos que ellas han hecho por generaciones que se llaman susú. Estos bolsos una mujer se tarda en hacer, en hacer más o menos 20 días. Entonces la idea era que si ellas pudiesen venir a trabajar que ellas hicieran sus bolsos y mientras ellas estaban haciendo 45 los bolsos se les podían dar clases de higiene, nutrición, planificación familiar. Esa fue como la idea, ¿no? Cuando vimos entonces que estos bolsos eh, se están, comenzaron a acumular, eh, dijimos, bueno vamos a ver si podemos lograr la venta de estos bolsos internacionalmente que hoy por hoy, 50 pues, este sí se han constituido en una manera de hacer que el centro se convierta en un centro sustentable y estos bolsos están hoy pues están en Barneys, están, en Saks, están en Bon Marché, están en Prêt-à-Porter, están en, en las tiendas de las *boutiques* más prestigiosas del mundo.

CLAVE

1. **D** (El énfasis del artículo es la vida y el trabajo de la modelo.)
2. **B** (Línea 27. "…llegan ahora envasados…y aromáticas presentaciones…")
3. **D** (Línea 29. "…gracias a una…(Home Shopping Network).")
4. **A** (Línea 34. "…todos los ingredientes…un programa autosustentable…")
5. **C** (Línea 6. "En 2002 estableció…los indígenas latinoamericanos.")
6. **B** (Línea 12. "…yo veía que…a diferentes causas.")
7. **B** (Línea 25. "…siempre ha sido…dañina para ellos.")
8. **B** (Línea 44. "…si ellas pudiesen…nutrición, planificación familiar.")
9. **B** (Las dos fuentes hablan de la misión de La Fundación Wayúu Tayá, la cual es ayudar a los wayúu.)
10. **A** (Las dos fuentes hablan de la contribución que la actriz ha aportado a los indígenas de Venezuela.)

LA BELLEZA Y LA ESTÉTICA

Audios

MANUAL PARA ESTUDIANTES página 265

🔊 "Consejos para elegir zapatos"

(LOCUTORA) Qué **tacones** usar **de acuerdo** a nuestra vestimenta y al tipo de vida o a las actividades que nosotras vamos realizando. Por eso Rose Rose en este informe te va a asesorar acerca de qué tipo de tacones tenés que usar.

5 (REPRESENTANTE DE ROSE ROSE) **Un tacón** para cada ocasión: Zapatos, hay miles y tacones otros tantos de cada tipo. Un tacón no hace el mismo efecto visual en la figura que otros. Por eso, hay que analizar qué tipo de tacón es mejor llevar en cada momento.

10 **Tacón de aguja: El tacón de aguja** no es apto para principiantes. Es alto y finísimo, y te hace más delgada y las piernas más largas. Es perfecto para combinarlo con faldas por debajo de la rodilla y medias de color natural o también con pantalón de **pinzas** de corte masculino.

15 **Tacón** plano: Si lo que quieres es ir cómoda, **el tacón** plano es lo tuyo. Los zapatos con tacón plano y punta poco redondeada estilizan la figura. Este tipo de tacón combina con bermudas, minifaldas o mini abrigos y medias negras o de color muy tupidas.

20 **Tacón** medio: **El tacón** medio sirve para todo tipo de ocasiones, es como la prenda de armario que siempre está disponible y siempre puedes contar con ella. Va con todo y estiliza la figura al mismo tiempo que proporciona comodidad.

Tacón ancho: Personalmente no me van demasiado los zapatos
25 de **tacón** ancho aunque a temporadas se llevan bastante, suelen ser cómodos de tacón alto o bajo y cuadrado. Si tienes las piernas largas, atrévete a llevarlo con una minifalda, y si te va algo más discreto póntelos con pantalones, pitillos o faldas.

CLAVE

1. **D** (Línea 1. "Qué tacones usar…nosotras vamos realizando.")
2. **A** (Línea 8. "…hay que analizar…en cada momento."; Línea 15. "Si lo que quieres es ir cómoda…")
3. **A** (Línea 10. "Tacón de aguja…alto y finísimo…")
4. **B** (Atrévete significa no te preocupes por las consecuencias.)
5. **A** (La representante de Rose Rose describe muchos estilos de vestimenta que combinan bien con los tacones.)

Ensayo

MANUAL PARA ESTUDIANTES página 266

🔊 **FUENTE NÚMERO 3**

"La evolución del ideal de belleza femenino a lo largo de la historia del arte"

(LOCUTOR) El concepto de belleza en la historia del arte ha sido muy cambiante, siendo diferente según el período o corriente artística vigente.

En la antigua Grecia no se poseía una auténtica teoría de la belleza, fue a partir del siglo V a.C. cuando los sofistas 5 comenzaron a definir la belleza como algo que resulta agradable y satisface los sentidos: la vista y el oído, y se separa del concepto de justicia, lo bello no tiene por qué ser "bueno".

En la Edad Media, como consecuencia de la intervención del cristianismo, la belleza dependía de la acción de Dios. La 10 "iluminación" de Dios está presente en la belleza. No obstante se siguen considerando el aspecto de las proporciones ideales a la hora de hablar de belleza, así Santo Tomás de Aquino define la belleza como "esplendor de la forma" y defiende que a "la razón de belleza y decoro concurre la claridad y la debida proporción. 15 La belleza del cuerpo consiste en la proporción adecuada de los miembros en el hombre, unida a cierta claridad del color."

La evolución de esta belleza hacia el moderno siglo XVIII supuso un cambio en la imagen femenina, que se unió a la utilidad y el sentido práctico, pasando a adquirir un nuevo aspecto de ama 20 de casa, educadora y administradora. La belleza exuberante y sensual da paso a una belleza práctica, sin la incomodidad de la abundancia y se representa a la mujer en actividades cotidianas o en retratos, que sin evitar cierta sensualidad, dejan patente su condición de experta ama de casa. 25

El siglo XX con todos sus movimientos y vanguardias, Art Nouveau, Art Déco, impresionismo, fauvismo, cubismo, futurismo…suponen unos cambios constantes en el concepto de belleza, pasando de una mujer de formas sinuosas a otra masculinizante, a la mujer fascista hechas para ser madres, y 30 por fin a mujeres siempre delgadas, estilizadas y jóvenes, que

112 Las definiciones de la belleza

se pueden producir en serie, todas son iguales, cortadas por el mismo patrón, se trata de una belleza seriada, exportable, consumible.

Conversaciones

MANUAL PARA ESTUDIANTES página 267

🔊 "Los ídolos"

Laura	• Te saluda y te hace una pregunta.
Tú	• Salúdala y contesta.
Laura	• Continúa la conversación.
Tú	• Reacciona.
Laura	• Te hace varias preguntas.
Tú	• Contesta con detalles.
Laura	• Reacciona y te hace una pregunta.
Tú	• Contesta con detalles.
Laura	• Termina la conversación.
Tú	• Dale tus disculpas y despídete.

(TONE)

(LAURA) Hola. ¿Cómo estás? Necesito tu ayuda con un proyecto para mi clase de antropología social. Quiero hacer un estudio sobre por qué se considera bonita a alguien como Shakira. ¿Sabes que ella es la cantante colombiana que disfruta una popularidad enorme en todo el mundo? Y, ¿a ti te parece que ella sea una persona bella? TONE (20 segundos) TONE

(LAURA) Interesante. Me impresionó tanto el espectáculo cuando Shakira cantó "Waka Waka" durante la Copa Mundial en 2010. Y me pregunto si su actuación como cantante y bailarina contribuye a su imagen de ser muy bonita, si la belleza no es completamente física. TONE (20 segundos) TONE

(LAURA) ¿Quiénes son otros cantantes latinos que te llaman la atención? ¿Por qué se les considera gente bella? TONE (20 segundos) TONE

(LAURA) Pues, bien. No sé. Para mí, hay muchas razones por las que la gente es bella. En realidad es el comportamiento de la persona que le hace bonita a la gente y no la apariencia. ¿Qué piensas? ¿Por qué creemos que unas personas son bonitas y otras no? TONE (20 segundos) TONE

(LAURA) Bueno, gracias. Tengo que irme. Me has dado un montón de ideas y ahora tengo que escribir y escribir. Tengo que entregar el proyecto pasado mañana. ¿No quieres venir a mi casa a ayudarme a escribir el proyecto? Tienes unas ideas muy buenas. TONE (20 segundos) TONE

El siglo XVI

El siglo XXI

LA BELLEZA Y LA ESTÉTICA

Las definiciones de la creatividad

Lecturas

MANUAL PARA ESTUDIANTES página 269

"Instrumentistas mapuches llegan a deslumbrar escena santiaguina"; "Instrumentos de los mapuches"

CLAVE

1. **B** (Línea 6. "Sus organizadores hablan…Cultural Perrera Arte…")
2. **A** (El autor cita la hora, la fecha, el lugar y palabras como escenario, espectáculo y cita única.)
3. **A** (Línea 11. "…dos reconocidos y premiados…"; Línea 14. "…Joel Maripil, músico…"; Línea 16. "…investigador, músico…")
4. **B** (Línea 19. "…algunos de ellos…mayoría del público.")
5. **C** (Línea 23. "Para la jornada…estrenan 4 videoclips…")
6. **C** (Abordado significa ocuparse de un asunto.)
7. **C** (Línea 43. "…con su manera…su conciencia ecológica…")
8. **B** (Artefactos son obras artísticas, maquinarias o aparatos por las que se identifica una cultura.)
9. **A** ("Aerófono de madera…"; "Idiófono que está hecho de calabaza…")
10. **D** (Ingeniosa por su capacidad de confeccionar instrumentos musicales de materiales naturales.)
11. **D** (La productora que está tras el espectáculo tiene un gran interés en "rescatar la sabiduría ancestral" de los mapuches.)

Ilustración con audio

MANUAL PARA ESTUDIANTES página 271

🔊 FUENTE NÚMERO 2

"La Alhambra de Granada, España"

(LOCUTOR) La Alhambra de Granada es uno de los monumentos más espectaculares que podemos contemplar hoy día. Su parte más antigua es la Alcazaba. Esta, es un recinto militar, por lo que cuenta con diversas torres defensivas, como las de la Vela y la del Homenaje, entre otras. La Alcazaba, llamada Qa'lat al-Hamra, es decir, Castillo Rojo, dará nombre posteriormente a todo el conjunto, que será conocido como Madina al-Hamra, la ciudad de la Alhambra.

(LOCUTORA) Junto a la Alcazaba **surge**, posteriormente, una ciudad palaciega. El complejo de los Palacios Nazaríes, que pudieron ser siete, comienza por el Mexuar, en el que funcionaba el Tribunal Real. Anexo a éste se situaba el Palacio de Comares, articulado en torno al magnífico Patio de **los Arrayanes**.

(LOCUTOR) El patio de los **Arrayanes** era el centro de la actividad diplomática y política de la Alhambra. En él se realizaban grandes recepciones y era el sitio en el que las personalidades aguardaban a ser recibidos por el sultán. En el patio, el agua de **la alberca** conseguía maravillar a los visitantes con un espectacular efecto de espejo, que reflejaba los arcos y la Torre de Comares y hacía de la construcción un palacio flotante.

(LOCUTORA) El conjunto de los Palacios Nazaríes se completa con el complejo de edificios situados alrededor del Patio de los Leones, quizá el lugar más emblemático de la Alhambra. Éste era el núcleo de la residencia privada del sultán, en el que también había unas dependencias destinadas a las mujeres.

(LOCUTOR) Junto a los edificios **citados**, otras construcciones menores completaban la Alhambra. Entre ellas podemos citar, **a modo de** ejemplo, la Puerta del Vino, los jardines del Partal o las más de 30 torres que completaban la muralla, de las que hoy sólo quedan 22.

(LOCUTORA) La conquista cristiana de Granada marcó el comienzo de importantes modificaciones sobre **el recinto** de la Alhambra. Por encima de todas, destaca el Palacio de Carlos V, quien pretendió con este edificio construir el gran centro político y residencial del Imperio. Construcción cristiana fue también la iglesia de Santa María, edificada sobre las ruinas de la que fue gran mezquita real.

(LOCUTOR) Hecha para el disfrute de los sentidos. La Alhambra que contemplamos hoy día dista mucho de ser lo original aunque sigue asombrando al visitante por su esplendor y monumentalidad.

El Patio de los Arrayanes

LA BELLEZA Y LA ESTÉTICA

CLAVE

1. **C** (Hay un muro que rodea todo el recinto.)
2. **A** (Dos de las imágenes destacan el diseño geométrico y complejo de la Alhambra.)
3. **C** (Es la única respuesta que describe con precisión la Alhambra.)
4. **A** (Línea 3. "Esta es un recinto militar…")
5. **B** (Línea 21. "…hacía de la construcción un palacio flotante.")
6. **A** (Línea 26. "Éste era el…a las mujeres.")
7. **A** (Línea 35. "…modificaciones…"; Línea 38. "Construcción cristiana…de Santa María…")

Audios

MANUAL PARA ESTUDIANTES página 273

🔊 **"El arte de mi padre refleja su alegría de vivir"**

(MARGARITA VIDAL) ¿Con este libro logra usted desmitificar el tema de la gordura en su obra?

(JUAN CARLOS BOTERO) Así lo creo. Llevaba años oyendo a mi padre hablar de su arte y leyendo sobre su estética textos
5 equivocados que hablan de la "gordura" en el trabajo de Botero, cuando la verdad es que no tiene nada que ver con eso.

(MARGARITA VIDAL) ¿En qué se diferencia su enfoque de otras decenas de libros sobre Botero?

(JUAN CARLOS BOTERO) Este no es un libro de "coffee-table"
10 de lujo para que los amigos lo hojeen, pero que en realidad nunca leen. No conozco otro que contenga un estudio de los grandes temas de su obra y, además, sus convicciones de artista.

(MARGARITA VIDAL) ¿Podría describirme al Botero hombre, padre, abuelo, amigo?

15 (JUAN CARLOS BOTERO) En verdad no conozco alguien que trabaje más que mi padre,

Sin embargo, cuando sale de su estudio él tiene claro que en ese momento es padre, esposo, abuelo o anfitrión, y cumple esos papeles de manera ejemplar. Tiene un gran sentido del humor, está enterado en detalle de lo más importante de cada miembro 20 de la familia, y es un ser humano de gran generosidad. Su vida no ha sido nada fácil, pero es una persona optimista y su arte refleja su alegría de vivir.

(MARGARITA VIDAL) En la obra boteriana hay sátira y crítica social, especialmente en temas como la política, la Iglesia, la 25 violencia, el estamento militar, el poder.

Sin embargo, ¿no hay también un elemento aún más devastador, que es la ridiculización?

(JUAN CARLOS BOTERO) Sí, desde luego, y creo que ahí está la esencia de sus cuadros de intención crítica o satírica. 30 Sin embargo, los representados así no se muestran ofendidos. Fernando Botero es, según muchos críticos, el artista que más se ha burlado de la clase política y de los tiranos de nuestra tierra, pero aun así los políticos de turno lo celebran. Igual sucede con la Iglesia Católica. Es una gran paradoja, sin duda. 35

(MARGARITA VIDAL) Finalmente, uno de los puntos centrales de su libro es explicar y demostrar que Fernando Botero no es un pintor de "gordas". ¿Cuál es su tesis respecto a este punto?

(JUAN CARLOS BOTERO) La verdad es que el estilo de Botero no tiene nada que ver con la gordura. La esencia de la estética 40 de Botero es la voluptuosidad de la forma, la heroicidad del volumen, y esa sensación de monumentalidad que despiertan sus creaciones. Voluminosos, pero no gordos.

CLAVE

1. **A** (El claro enfoque del audio es Fernando Botero y su obra.)
2. **D** (Línea 21. "…es un ser humano de gran generosidad…")
3. **D** (Línea 27. "Sin embargo, ¿no…Sí, desde luego…")
4. **B** (Línea 40. "La esencia de…de la forma …")
5. **B** (Línea 42. "…esa sensación de…despiertan sus creaciones.")

Las columnas del Patio de los Leones

Ensayo

MANUAL PARA ESTUDIANTES página 274

🔊 **FUENTE NÚMERO 3**

"Reportaje artesanías del Ecuador"

(LOCUTOR) Saludos amigos de Radio Infinita. Soy Oscar García Lindo y les he preparado un reportaje sobre la artesanía del Ecuador. En primer lugar partamos del concepto, toda obra manual bien hecha es artesanía, partiendo de las materias primas muy comunes como el barro, piedra, hierro, cobre, fibras 5

Las definiciones de la creatividad 115

LA BELLEZA Y LA ESTÉTICA

vegetales y animales transformadas a mano en productos de uso y con aplicaciones que van desde lo decorativo a lo meramente utilitario.

La artesanía es tan antigua como la humanidad, si bien en un principio tenía fines utilitarios, hoy busca la producción de objetos estéticamente agradables en un mundo dominado por la mecanización y la uniformidad.

En nuestro país la artesanía es una de las actividades que promueve el turismo y a su vez es fuente de ingresos en un amplio sector del país. Realizamos un sondeo de opinión con el propósito de saber cuán informados estamos sobre las artesanías que producimos.

(MUJER 1) Yo prefiero las artesanías de la Sierra Norte como, por ejemplo, Otavalo que son los bordados y los textiles de Atuntaqui, las tallas de madera de San Antonio de Ibarra y la tagua que es de Manabí.

(MUJER 2) Bueno, a mí las artesanías me llaman mucho la atención pero en especial las de la Latacunga, en el mercado de barros podemos encontrar maravillosos objetos de barro que son muy diferentes a lo que es la cerámica. Es un poco más, más pulida, o sea a simple vista yo veo eso. Pero aparte de eso el mercado artesanal que tenemos aquí en Quito, es maravilloso. Encontramos unas pulseras encantadoras, aretes, muchas, muchas cosas interesantes.

(MUJER 3) En todos los rincones de nuestro país se elaboran artesanías. Así tenemos productos como el cuero en Cotacachi y Quisapincha. Las artesanías de Tagua y Paja Toquilla que son reconocidas a nivel mundial como los Panamá Hat, en Manabí. La balsa en el Oriente con sus réplicas en varios animales, frutas y plantas de la región. Bordados en Zuleta y Cuenca, textiles en Otavalo, Saraguro en Loja y Salasaca en Ambato, hermosas piezas de cerámica elaboradas en Cuenca, ciudad que se la llama también la cuna de la cerámica, San Antonio de Ibarra que se destaca por sus tallados de madera. También tenemos la pintura sobre cuero de oveja que se elabora en el Cantón, antigua provincia de Cotopaxi.

(LOCUTOR) Como se pudo escuchar las personas tienen conocimiento en la producción artesanal que se realizan en nuestro país, un país con atributos en las artesanías. Esto se da por una parte debido a su legendaria tradición de productos de uso cotidiano pasando por la cerámica y los usos que se le dieron. Además de los metales, la madera, la cestería, entre otras, y, por otra, gracias a una enorme cultura productora de textiles y de instrumentos musicales.

Reportó para Punto Cero.
Oscar García Lindo

Textiles del Ecuador

LA BELLEZA Y LA ESTÉTICA

Conversaciones

MANUAL PARA ESTUDIANTES página 275

🔊 "Las vitrinas"

Sra. Torguesón	• Te saluda y te hace una pregunta.
Tú	• Salúdala y contesta.
Sra. Torguesón	• Te hace una pregunta.
Tú	• Contesta.
Sra. Torguesón	• Te hace varias preguntas.
Tú	• Contesta.
Sra. Torguesón	• Reacciona y te hace otras preguntas.
Tú	• Contesta con detalles.
Sra. Torguesón	• Reacciona y te hace una pregunta.
Tú	• Dale tus disculpas, proponle otra posibilidad y despídete.

(TONE)

(SRA. TORGUESÓN) Buenos días. ¿En qué te puedo servir? TONE (20 segundos) TONE

(SRA. TORGUESÓN) Pues, ¿cuáles son algunas de las cualificaciones que tienes para este trabajo temporal? TONE (20 segundos) TONE

(SRA. TORGUESÓN) Interesante. Dime, ¿cómo defines la creatividad? ¿Qué sabes de nuestros productos? TONE (20 segundos) TONE

(SRA. TORGUESÓN) Bien, bien. ¿Qué te parece si arreglamos una cita para mostrarnos tus talentos? ¿Tienes ideas para un escaparate especial para la Navidad? Las vitrinas, o sea, los escaparates, son grandes. Explícame tus ideas para exponer nuestra artesanía. TONE (20 segundos) TONE

(SRA. TORGUESÓN) Pues. ¿El domingo, entonces? TONE (20 segundos) TONE

Las definiciones de la creatividad

LA BELLEZA Y LA ESTÉTICA

La moda y el diseño

Lecturas

MANUAL PARA ESTUDIANTES página 277

"Una carta de solicitud"

CLAVE

1. **C** (Línea 3. "…objetivo de ofrecerles…en el certamen…")
2. **B** (Línea 6. "…en un evento…participación mundial.")
3. **C** (Línea 10. "…recorriendo las vastas regiones andinas y amazónicas.")
4. **B** (El tono de la carta demuestra que Rosa tiene mucha autoconfianza.)
5. **A** (Línea 14. "…equilibrio perfecto entre comodidad y elegancia.")
6. **B** (Línea 16. "…notada anteriormente por muchos clientes.")

Lecturas con audio

MANUAL PARA ESTUDIANTES página 278

🔊 **FUENTE NÚMERO 2**

"Paco Rabanne, el modista vasco"

(LOCUTOR) Creador de moda, accesorios y perfumes, Paco Rabanne ha dejado **huella** en la manera de pensar y ha inspirado tendencias del pasado, del presente y del futuro. De esta atípica trayectoria resalta su formación de arquitecto:
5 gusto por la luz, la incesante búsqueda de volúmenes y materiales inéditos, su pasión por las artes, el diseño y la decoración, el vínculo especial con el mundo de la música y el cine, y su compromiso de independencia y libertad de expresión. Todo ello, junto a la audacia, sentido del humor y
10 *savoir-faire* con los demás, han forjado los valores de una marca afianzada en la modernidad y la esfera de la influencia. Su universo, a lo largo de los cuarenta y cinco años que cumple este 2010, es ecléctico, atrayente y único.

Persona anticonformista, Paco Rabanne conquistó
15 vertiginosamente el universo de la moda. Desde 1965, su nombre está asociado a las creaciones más audaces. Por ironías del destino, Francisco Rabaneda Cuervo nace en 1934 en Pasajes, ciudad portuaria del País Vasco, pero la Guerra Civil marcará su vida para siempre. Un padre republicano fusilado
20 por las tropas franquistas, el exilio en Francia, donde la familia se refugia en 1939, y su peregrinación por campos de refugiados, forjan una personalidad fuera de lo común. Este futuro personaje español de corazón y francés de adopción, se hará llamar «Paco Rabanne». Célebre diseñador adoptado por
25 Francia como uno de los suyos, nunca quiso renunciar a la

Paco Rabanne con Veronika Jeanvie en Moscú

ciudadanía española, **pese a** llevar toda una vida fuera de su país. De estos comienzos convulsos, el joven Francisco conservará siempre una perspicaz conciencia de la diferencia y una peculiar fortaleza moral frente a la adversidad. Cursa
30 sus estudios de arquitectura en la Escuela de Bellas Artes de París entre 1951 y 1963, donde desarrolla su infalible talento para los volúmenes y muestra su sentido trascendental de los materiales. **Se empapa** de las ideas y del arte de su tiempo, manteniendo contacto con maestros que alimentan
35 su curiosidad innata. Para financiar sus estudios, produce millares de bocetos de moda. "La moda no se porta en serio. La moda no tiene tanta importancia. La alta costura tiene cada vez menos clientas. La moda es un pretexto para soñar. Tiene su lado soñador, pero también tiene un lado divertido y alegre
40 y eso es, lo que para mí significa la moda."

CLAVE

1. **B** (El texto muestra la vida de Rabanne.)
2. **B** (Línea 3. "El diseñador Paco…por ir a contracorriente…")
3. **C** (Línea 21. "…siempre sintió atracción…de su madre.")
4. **D** (Línea 61. "Prefiero ser el número diez…")
5. **B** (Línea 1. "…Paco Rabanne ha dejado huella…")
6. **C** (Línea 19. "Un padre republicano…campos de refugiados…")
7. **C** (Línea 28. "…una perspicaz conciencia…")
8. **C** (Línea 29. "Cursa sus estudios…Artes de París…")
9. **A** (Ambos textos siguen la vida y obra de Rabanne.)
10. **A** (Las dos fuentes muestran sus varios intereses y estilos.)

Audios

MANUAL PARA ESTUDIANTES página 280

🔊 "Las vitrinas venezolanas al día"

(BÁRBARA MOLINERO) Es cierto. No podemos presumir que Venezuela marque **pauta** en tendencias de decoración, pero nuestros centros de diseño están al día con lo que las vitrinas europeas o estadounidenses acaban de poner en exhibición.

5 Nuestro carácter abierto, o esnob, según se vea, es caldo, de cultivo perfecto para que comerciantes y especialistas del diseño y la decoración pongan a la mano lo que en Milán o en Nueva York está dando la hora en espacios interiores.

Si su carácter es osado y atrevido, la propuesta de Bo Concept
10 puede ser su opción. La casa de diseño danesa, representada en Venezuela por Muebles Capuy, sigue la tendencia de los muebles o sofás modulares y funcionales, para ajustarse a los espacios pequeños. Los precios varían, pero las líneas son para quienes disponen de un generoso presupuesto.

15 Colores orgánicos, muy acordes con la tendencia mundial que rinde homenaje a lo ecológico, están presentes en el mobiliario y accesorios de Galea, uno de los centros decorativos emblemáticos de Caracas. Las tonalidades de verde y marrón salpican sofás y juegos de recibo, como una evocación que
20 traslada **el remanso** de la naturaleza a espacios urbanos, tradicionalmente fríos o cerrados.

Podríamos definir a Galea como una apuesta decorativa entre lo moderno, lo minimalista y lo grandilocuente. Los precios del mobiliario y accesorios oscilan entre un millón y más de 10
25 millones de bolívares.

Para esta temporada, Galea sigue apostando por sofás modulares en telas crudas, pero invita a descubrir el valor del blanco. "El blanco nos permite una rápida distribución de tonos y texturas dentro de un ambiente, nos facilita de manera natural
30 la decoración y nos aporta una mejor utilización de la luz", reseña el catálogo web de esta casa. Modernos sofás de línea vanguardista, clásicas poltronas o puffs se cuentan entre las opciones para usted. "Puede utilizarse con ligeros tonos de color o alternando objetos, muebles, telas y acabados en tonos
35 suaves", recomiendan sus especialistas.

Si usted está interesado en la decoración, pero su bolsillo grita cada vez que piensa en el asunto, existen centros de diseño o mueblerías más económicas y realmente a la moda. Eso sí, tendrá que aceptar que el producto que adquiera ha sido
40 fabricado en serie, y que puede conseguirlo en el rincón del salón comedor de algún amigo que tenga gusto similar. El riesgo tiene sentido, si usted es de los que entiende que siempre tendrá la posibilidad de dar a todo su **toque** personal.

La propuesta de Muebles Bima sigue dominada por los colores
45 clásicos. Los sofás modulares siguen a la orden del día, son muy flexibles y ajustables al espacio del que disponga. El blanco, beige y verde claro son la propuesta de temporada. Las telas, fundamentalmente crudas.

Los precios pueden oscilar entre 600 mil y cinco millones de
50 bolívares. Si desea ahorrar más, deberá estar dispuesto a **armar** en casa el mueble que compre.

LA BELLEZA Y LA ESTÉTICA

CLAVE

1. **A** (Línea 5. "Nuestro carácter abierto…en Nueva York.")
2. **B** (Línea 11. "…sigue la tendencia…los espacios pequeños.")
3. **A** (Línea 22. "…una apuesta decorativa…millones de bolívares.")
4. **C** (Línea 28. "El blanco nos…utilización de la luz…")
5. **C** (Línea 50. "Si desea ahorrar más…")

Ensayo

MANUAL PARA ESTUDIANTES página 281

🔊 FUENTE NÚMERO 3

"Crónica: el alto precio de la moda"

(LOCUTOR) Muy buenos días y bienvenidos a nuestro programa diario, "Viaslado". Hoy discutimos el alto precio de la moda. Bienvenida a Bárbara Molinero, una fashionista y periodista muy conocida. Bárbara dejó de ser una fashionista empedernida, limpió su clóset y rescató solo lo indispensable y 5
lo bien confeccionado, aprendió a coser y escribió un libro. En él, esta periodista estadounidense se adentra en el backstage de las ofertas y arma un panorama de cómo consumimos moda.

(LOCUTOR) ¿Qué gatilló este cambio de mentalidad en las nuevas generaciones? 10

(BÁRBARA MOLINERO) Por lo menos en Estados Unidos comenzó cuando se dejó de producir localmente. La clase media se hizo más pobre cuando nuestras industrias decidieron llevar sus fábricas a China. A cambio, el retail les dio a los estadounidenses los productos que generaban a muy bajo costo 15
en países del Tercer Mundo. Eso influyó en nuestros hábitos de consumo, haciendo que cada vez compremos más artículos que finalmente son desechables.

La moda y el diseño 119

LA BELLEZA Y LA ESTÉTICA

(LOCUTOR) Cuando el retail ofrece prendas de muy bajo costo, ¿en qué está economizando?

(BÁRBARA MOLINERO) Yo todavía me sorprendo de los precios que veo en las tiendas. En una liquidación de H&M, por ejemplo, puedes encontrar un par de jeans a dos dólares. Esto es posible porque estas grandes cadenas buscan por todo el mundo hasta encontrar la mano de obra más barata…pero la calidad de lo que compramos ha bajado drásticamente en las últimas décadas.

(LOCUTOR) ¿Cuáles son los cambios que debemos hacer como consumidores?

(BÁRBARA MOLINERO) Creo que son iniciativas bien sencillas y seguramente son cosas que nuestras abuelas ya sabían: compra menos, cuida lo que posees, busca en tu clóset y combina tus prendas creativamente. Estas cadenas de retail esperan que vayamos de compras todo el tiempo y que tratemos la ropa como algo desechable. Si nos rehusamos, ellos inevitablemente tendrán que cambiar su modelo de negocios. Además, cada vez que podemos, deberíamos preferir diseñadores locales y arreglar lo que se ha dañado. Otras alternativas son la ropa usada y las fiestas de "swap", donde puedes intercambiar vestuario con tus amigas. Pero lo principal es pensar antes de comprar: ¿Lo necesito? ¿Lo quiero de verdad? ¿Lo voy a cuidar como corresponde?

(LOCUTOR) Pues, gracias Bárbara, y muy buenos días a todos. No se olviden de escucharnos mañana. Soy Gregorio Greuel del programa Vialado a sus órdenes.

Conversaciones

MANUAL PARA ESTUDIANTES página 282

🔊 "La quinceañera"

Elena	• Te saluda y te hace una pregunta.
Tú	• Salúdala, reacciona y contesta.
Elena	• Continúa la conversación.
Tú	• Contesta con varias ideas.
Elena	• Te hace una pregunta.
Tú	• Contesta.
Elena	• Reacciona y te hace una pregunta.
Tú	• Discúlpate y proponle otra posibilidad.
Elena	• Te hace una pregunta.
Tú	• Contesta, ofrécele algunas posibilidades y despídete.

(TONE)

(ELENA) Hola. ¿Sabes lo que me pasó hoy? Recibí una invitación para el cumpleaños de una quinceañera. ¿Qué tipo de vestido debo comprar? TONE (20 segundos) TONE

(ELENA) Pues, pasé todo el día buscando un regalo apropiado. ¿Tienes algunas sugerencias? TONE (20 segundos) TONE

(ELENA) ¿Puedes decirme algo sobre este tipo de fiesta? ¿Qué tipo de comida sirven, por ejemplo? TONE (20 segundos) TONE

(ELENA) Interesante… ¿Qué te parece si vamos de compras mañana? TONE (20 segundos) TONE

(ELENA) Pues bien. ¿Cuándo puedo llamarte para confirmar nuestros planes? Después de ir de compras, ¿quieres ir a un restaurante para comer? TONE (20 segundos) TONE

La moda y el diseño

LA BELLEZA Y LA ESTÉTICA

El lenguaje y la literatura

Lecturas

MANUAL PARA ESTUDIANTES página 284

"Hay un país en el mundo"

CLAVE

1. **A** (El adverbio precede características del país.)
2. **C** (La expresión se usa como sinónimo.)
3. **B** (El uso de la expresión indica la incertidumbre de la vida campesina.)
4. **D** (El uso del futuro implica el sueño de un mejor porvenir.)
5. **A** (Verso 38. "…con asombro y apero…")
6. **A** (El poema muestra el carácter del campesino bajo el yugo.)

Ilustración con audio

MANUAL PARA ESTUDIANTES página 285

🔊 **FUENTE NÚMERO 2**

"Jorge Volpi: leer la mente"

(JORGE VOLPI, autor mexicano) Quisiera hablarles de algunos temas que están contenidos en éste que es mi libro más reciente y a los cuales, de alguna manera, me, me referí ya más vagamente al momento de recibir el premio de la feria,
5 que me honra muchísimo.

Yo creo que las novelas sirven para muchas cosas, para muchas cosas importantes, esenciales para los seres humanos. De otra manera no se hubieran inventado. De otra manera, nuestra especie no habría desarrollado una afición casi enloquecida
10 por la ficción literaria y por la ficción en términos generales.

¿Y qué es propiamente la ficción? Bueno, es **una herramienta** que desarrolla nuestro cerebro, que no es muy distinta a la que el cerebro tiene frente a la realidad misma. ¿Piensan ustedes cuántas horas del día le dedican a la ficción? ¿Cuántas
15 horas del día le dedican a ver televisión, películas, a jugar videojuegos, a leer una novela o un cuento, a veces a leer fragmentos del periódico que podríamos asimilar con la ficción o a escuchar **los chismes** de sus vecinos y de sus amigos que es otra manera del arte de la ficción?

20 Entonces yo imaginaría que la ficción nace cuando nos encontramos en **una cueva**, vemos al grupo que forma esa sociedad primigenia y frente al fuego hay un cavernícola que cuenta una historia, que cuenta que ese día salió ehh de cacería él solo y se encontró él solo a un mamut y lo asesinó
25 con su pequeña hacha de pedernal. Ehh, esta historia todos los que la oyen saben que es falsa, saben que este cavernícola miente y aun así lo escuchan **en lugar de** echarlo o de comérselo por mentiroso.

Nosotros somos esta especie maravillosa que podríamos resumir en que somos la materia capaz de pensar en la   30
materia. El yo es una construcción de las ideas del cerebro. Está en todo el cerebro, en ese conjunto que pretende darle coherencia al mundo y esto para un novelista es maravilloso porque esto casi se podría explicar de otra manera. El yo es la mayor invención del cerebro. El yo es nuestra mejor novela.   35
Todos tenemos una novela en el cerebro que es la novela de nosotros mismos, la novela del yo.

CLAVE

1. **A** (El gráfico muestra que el hemisferio derecho incluye características de fantasía.)
2. **B** (El gráfico muestra que el hemisferio izquierdo posee características racionales.)
3. **B** (De acuerdo con la ilustración en este lado existe el pensamiento simbólico.)
4. **C** (Línea 2. "…es mi libro más reciente…")
5. **D** (Línea 14. "¿Cuántas horas del…de la ficción?")
6. **A** (Línea 36. "Todos tenemos una…novela del yo.")
7. **C** (Ambos textos describen la capacidad del cerebro y su creatividad.)

Audios

MANUAL PARA ESTUDIANTES página 286

🔊 "Guía para analizar poemas"

(LOCUTORA) Aquí te presentamos una serie de **pasos** que con seguridad te ayudarán a analizar poemas. Esta guía puedes utilizarla para analizar cualquier otro poema en el aula.

Un poema es una composición literaria perteneciente a la esfera de la poesía. Puede estar escrita en verso o en prosa; en   5
el segundo caso se le denomina prosa poética.

LA BELLEZA Y LA ESTÉTICA

Como estudiantes, con interés de aprender cada día más, debemos conocer técnicas que nos permitan hacer un análisis comprensivo de los diferentes géneros literarios que existen en la literatura, tanto dominicana como a nivel mundial.

A propósito de conmemorarse el natalicio de Don Pedro Mir, nuestro poeta Nacional, aquí te ofrecemos una guía práctica para analizar uno de los poemas más conocidos tanto en nuestro país como a nivel internacional de su autoría "Hay un país en el mundo".

La poesía de Mir tiene un alto contenido social, este **insigne** poeta dominicano abarca temas propios de los países pobres.

Esta guía puedes utilizarla para analizar cualquier otro poema.

(LOCUTOR) Para analizar un poema, debemos saber: ¿De qué trata el poema? ¿Qué sentimiento principal expresa el poema? ¿Cómo se expresa ese sentimiento en ti y en otras personas? Explícalo.

De acuerdo con su estructura, ¿es un poema narrativo, lírico o dramático? ¿Es dialogado o se trata de un monólogo? ¿A quién se dirige el poeta? ¿A **sí mismo**? ¿A un lector general o particular? ¿A otra persona?

Teniendo en cuenta el lenguaje empleado, ¿cuál es el tono del poema? ¿Serio, irónico, humorístico, etc.? ¿Cuál es el tema o idea central? Hay algún subtema o idea secundaria? Según tu opinión, ¿cuál es el mensaje del poema?

El análisis de poemas es súper divertido y más si lo haces junto a varios de tus compañeros de clases, descubrirán ideas interesantísimas que los autores depositan en sus escritos. Escribir un texto que pueda ser considerado poesía no es nada fácil, existen muchas reglas para que esto se pueda hacer.

Al escribir poesía **se conceden** licencias entre las reglas del lenguaje. Hay normas que pueden ser **pasadas por alto**, así que para empezar con la poesía no solo se tienen que aprender las reglas de este arte, sino también aprender a ignorar las ya aprendidas en la escritura común.

(LOCUTORA) Y recuerda que "los poemas no se analizan para separarlos en partes, sino para leerlos mejor".

CLAVE

1. **C** (El texto presenta los pasos para estudiar un poema.)
2. **A** (Línea 7. "Como estudiantes, con interés de aprender…")
3. **A** (Línea 31." …si lo haces…descubrirán ideas interesantísimas…")
4. **D** (Línea 38. "…no solo se…la escritura común.")
5. **C** (Línea 41. "…los poemas no…para leerlos mejor.")

Ensayo

MANUAL PARA ESTUDIANTES página 288

🔊 FUENTE NÚMERO 3
"El silbo de La Gomera"

(LOCUTOR) Porque aquí como se puede ver ésta es una isla muy montañosa, es todo barranco y montaña barranco y montaña y

Bueno, pues, el silbo es un lenguaje que se utiliza para comunicarse a larga distancia…

¿Cómo llegó a La Gomera? pues…

Bueno, en realidad no sabemos cómo llegó……..Bueno, a mí enseñarme, no me enseñó nadie, nosotros lo aprendíamos con los demás niños en la calle…………….ehh, por ejemplo, en los tiempos de Franco, la Guardia Civil, la Guardia Civil, pues, no era de La Gomera, de la forma que se que nos comunicábamos para que cuando llegara la Guardia Civil no meter multas y meternos presos ……………….Esto, toda la vida ha sido útil, porque esto era para la necesidad de, de llamar a un médico, de llamar a un cura …………esto no acaba nunca en la vida, esto no acaba porque esto es una tradición muy antigua y esto sigue toda la vida, toda la vida.

¿Cómo está? ¿Está bien?………..

Y ahora que los niños pues en los colegios les enseñan a silbar eso ya da ehh garantías para el futuro……………entonces ehh la isla de por sí es mágica, pues el silbo sigue siendo tan mágico precisamente por eso…………………

Los Roques, La Gomera, Islas Canarias, España

LA BELLEZA Y LA ESTÉTICA

Conversaciones

MANUAL PARA ESTUDIANTES página 289

🔊 "Una conversación con Borges"

Borges	• Te saluda y te hace una pregunta.
Tú	• Salúdalo y contesta.
Borges	• Te hace una pregunta.
Tú	• Contesta.
Borges	• Te hace varias preguntas.
Tú	• Contesta.
Borges	• Reacciona y te hace otra pregunta.
Tú	• Contesta.
Borges	• Reacciona y te hace una pregunta.
Tú	• Dale tus sugerencias y despídete.

(TONE)

(BORGES) Buenos días. ¿Por qué te interesa la oportunidad de hablar conmigo? TONE (20 segundos) TONE

(BORGES) Pues, ¿cuál es tu cuento favorito y por qué? TONE (20 segundos) TONE

(BORGES) Interesante. Dime, ¿qué te parecen las historias con temas como el tiempo circular o la fantasía y la realidad? ¿Te gustan? TONE (20 segundos) TONE

(BORGES) Bien, bien. ¿Por qué no escribimos un cuento de fantasía? ¿Cuál sería un tema favorito tuyo? TONE (20 segundos) TONE

(BORGES) Pues, ¿cuándo podemos reunirnos? Estoy muy ocupado y la vida es como un laberinto. ¿Cómo puedes ayudarme con la nueva tecnología como esta cosa que se llama computadora mini de la empresa "Manzana"? TONE (20 segundos) TONE

Jorge Luis Borges en 1976

El lenguaje y la literatura

LA BELLEZA Y LA ESTÉTICA

Las artes visuales y escénicas

Lecturas

MANUAL PARA ESTUDIANTES página 291

"El Museo del Prado"; "Plano de Madrid"

CLAVE

1. **C** (El texto muestra las actividades del museo.)
2. **C** (Línea 7. "Cerrado: Todos los lunes del año…")
3. **A** (Línea 15. "…el Museo del Prado… en el mundo…")
4. **D** (El mapa muestra la cercanía del restaurante.)
5. **C** (Para llegar, es imprescindible mirar las señales.)
6. **D** (Línea 28. "Después de comer…")
7. **A** (Muchos lugares de interés están concentrados alrededor del museo.)
8. **B** (El mapa no explica los lugares.)
9. **C** (Es la opción más cercana en el plano.)
10. **A** (El plano muestra los lugares abiertos.)
11. **D** (La guía ofrece la información que un turista necesita.)

Ilustración con audio

MANUAL PARA ESTUDIANTES página 293

🔊 FUENTE NÚMERO 2

"Agenda cultural"

(LOCUTOR) Muy buenos días. Estoy con María Martorell. La señora Martorell nació en Salta, Argentina. Buenos días, Sra. Martorell.

(MARÍA MARTORELL, anciana) Buenos días.

5 (LOCUTOR) ¿Y cómo fue que despertó su vocación dormida?

(MARÍA MARTORELL) Pero parece que el destino a veces pone las cosas así: un pintor, Ernesto Scotti fue a vivir al frente de casa y mi marido fue el que decidió que fuéramos a conocerlo. ¡No se imaginaba lo que iba a pasar después! Mi **asombro** fue muy grande. Jamás había visto cosa igual; me 10 sentí ante un mundo que yo no conocía. El mundo del arte no se sospechaba en Salta, ni por mí ni por ninguno. Aprendí mucho con Scotti; él fue mi gran maestro.

(LOCUTOR) En los años cincuenta, María viaja a España. Conoce a personajes del ambiente artístico, entre otros, 15 sus compatriotas Leda Valladares, María Elena Walsh y Julio Cortázar. Asiste a los cursos de sociología del arte de Pierre Francastel y Paul Rivet. Con motivo de este acontecimiento, Manuel J. Castilla publicó una nota en "El Intransigente" con un gran título: "Artista salteña expone en París". 20

(MARÍA MARTORELL) Castilla era muy amigo mío y todos los Dávalos también. En San Lorenzo hacíamos asados, reuniones, cuando yo vivía en Salta. Tengo una caja con una copla de Jaime. Yo estaba muy en ese ambiente folclórico tradicional. Me daba cuenta de que eso era una cuna, una base, un 25 semillero para ir a otras cosas. Efectivamente, después de París ya para mí eso no era suficiente; los viajes me despertaron **inquietudes** para las que parecía que había nacido. Pero esa identificación con lo propio da la posibilidad de ir a lo universal. Se dice: "Pinta tu **aldea** y pintarás el mundo", y así 30 es; no se improvisa.

(LOCUTOR) De regreso al país María continúa haciendo frecuentes viajes a Buenos Aires. Concurre a las charlas de la asociación "Ver y estimar", **cuya** revista recibe en Salta. Se suceden exposiciones individuales en Salta, Buenos Aires, 35 Nueva York, y colectivas en La Habana, Caracas, Buenos Aires, Santiago de Chile y también Nueva York.

CLAVE

1. **C** (La fotografía muestra una pintura abstracta.)
2. **A** (Las líneas son onduladas en la pintura.)
3. **D** (El texto describe los cambios de la artista.)
4. **C** (Línea 34. "…exposiciones individuales en…Aires, Nueva York…")
5. **D** (Línea 25. "Me daba cuenta de…viajes me despertaron…")
6. **C** (Ambas fuentes demuestran el carácter inquieto de Martorell.)
7. **A** (El texto describe las etapas de aprendizaje de Martorell.)

Audios

MANUAL PARA ESTUDIANTES página 294

🔊 "Jorge Luis Borges, el de las milongas y Julio Cortázar, el del jazz"

LA BELLEZA Y LA ESTÉTICA

(LOCUTOR) Jorge Luis Borges es, en el contexto de este podcast, el autor de las **milongas**, estos ritmos melancólicos de Buenos Aires. Y Julio Cortázar, el autor del jazz. Mientras Borges echaba una mirada hacia el pasado para salvar del olvido al cuchillero de extramuros con el que construyó toda una mitología poética y ensayística **plasmada**, por ejemplo, en su libro de poesía "Para la seis cuerdas" y en el libro "Evaristo Carriego", Cortázar trasladaba su origen barrial, su asimilación europea, su cultura formal de clase media, y su mundo alternativo entre París y Buenos Aires **a lo largo** de sus cuentos y novelas, mientras se paseaba por el mundo del jazz.

En sus obras, Cortázar desordenaba el arte en favor de la vida, al cuestionar el lenguaje establecido.

El amor de Cortázar por el jazz, por su capacidad de reinventarse, se hace evidente en cuentos, artículos y páginas recordables de su libro La vuelta al día en ochenta mundos. Y sobre todo en el cuento "El perseguidor", como veremos.

Borges era **sordo** para la música. Lo afirmaron músicos **eminentes**. En todo caso, (entre comillas) "la música" de Borges estaba presente en sus obras a través de los juegos de palabras, sus sonidos, su ritmo y sus cadencias.

Cortázar, en cambio, según contó su hermana, tocaba el clarinete. Y desde muy niño había practicado en el piano. Su hermana explicó, "Los negros de allá, de Norte América, le gustaban a mi hermano. Los tangos, esas cosas nuestras, no." Al final, la nostalgia de Buenos Aires, desde Europa, lo volvió al tango de Argentina.

Su curiosidad por la música lo había topado, de joven, desde que su abuela lo llevó al Teatro Colón a ver la ópera Norma. Muchos, también, recordarán esa famosa foto de Cortázar tocando la trompeta, y aquella confesión de Cortázar cuando dijo: "Sí, en verdad toco la trompeta, pero sólo como **desahogo**. Soy pésimo".

Pero el Cortázar músico, el Cortázar jazzman, está **plasmado** en el cuento "El perseguidor", que es como una pequeña Rayuela. "El perseguidor", dedicado a Charlie Parker, el gran saxofonista del jazz, retrata a un jazzman llamado Johnny Carter, que hereda aficiones de Parker: alcohol, drogas, escándalos, amoríos… Johnny es un músico arbitrario y genial, que descoloca con gestos y desplantes de intuitivo a su antagonista Bruno, un crítico racional que está escribiendo un libro sobre la música improvisada de Johnny.

En el cuento, Bruno, el crítico, lamenta que "Todo crítico, ay, es el triste final de algo que empezó como sabor, como delicia de morder y mascar", y piensa que "uno es una pobre porquería al lado de un tipo como Johnny Carter".

CLAVE

1. **B** (El audio muestra la trayectoria de Cortázar.)
2. **A** (Línea 14. "El amor de Cortázar…cuento "El perseguidor "…")
3. **C** (Línea 19. "…la música" de Borges estaba presente en sus obras…")
4. **B** (Línea 23. "…desde muy niño…")
5. **A** (Línea 39. "Johnny es un…un crítico racional…")

Ensayo

MANUAL PARA ESTUDIANTES página 296

🔊 FUENTE NÚMERO 3
"¿Qué le da valor al arte?"

(SEÑORA 1) Eh, para mí lo que le da valor al arte es la sensibilidad que puedan poner los artistas de diferentes áreas del arte.

(NIÑA) Cómo pintan, este, con qué tipo de pintura y, este, le hacen finos retoques y así.

(SEÑOR 1) Bueno, el arte le da valor desde que es la interpretación del paso de la humanidad. Tiene que ver con sus contextos, tiene que ver con su temporalidad y tiene que ver con los significados que va aportando a cada generación.

(SEÑORA 2) La expresión del autor, lo que quiere plasmar, lo que quiere decir.

(SEÑOR 2) La belleza interior, porque cada persona tenemos una belleza, entonces la reflejamos, la palmamos en todo, no solamente en la pintura. En todo tipo de arte.

(SEÑOR 3) Lo que le da valor al arte, yo creo que es la creación, es lo más importante. Y que cada persona tiene como un, un propio estilo.

(SEÑOR 4) Creo que lo que le da valor al arte es el hecho de que pueda ser observado, contemplado por, por la gente, que no, que no esté guardado dentro de alguna bodega, dentro de alguna colección particular, incluso sino que pueda tener acceso a la gente, es lo que le da valor.

(SEÑOR 5) La belleza, la sincronía, el cuerpo, la forma, o sea son, a veces dependiendo de la, de la obra del artista, la forma en que lo presenta, en base a eso uno va prefiriendo ¿no?, hasta el gusto que uno llega y dice: "¡Ay, mira qué bonita obra!" y hay veces puede ser quizás muy, muy extraña, pero si en cambio a uno algo le enlaza y dice uno: "¡Eso es bello!".

(SEÑORA 3) El valor para mí el arte. La historia, la historia que te cuenta, la historia que te deja. La historia que forma parte de ti.

Las artes visuales y escénicas

LA BELLEZA Y LA ESTÉTICA

(SEÑOR 6) Pues yo creo que el hecho de poder cuestionarse la sensibilidad, ¿no?, de la otra persona en algún sentido, pero también de lo que es la forma de ver un mundo.

35 (SEÑORA 4) Mmm… porque creo que mejora la calidad de vida de las personas como sociedad.

(SEÑOR 7) Una sociedad sin arte, pues es una sociedad sin, sin estética. Vamos a decirlo así. Sin belleza, entonces el arte es la base de, de la cultura.

Conversaciones

MANUAL PARA ESTUDIANTES página 297

🔊 "Trabajo local voluntario"

Ariana	• Te saluda y te hace una pregunta.
Tú	• Salúdala y contesta.
Ariana	• Te hace unas preguntas.
Tú	• Contesta.
Ariana	• Te hace unas preguntas.
Tú	• Contesta.
Ariana	• Reacciona y te hace una pregunta.
Tú	• Contesta.
Ariana	• Reacciona y te hace unas preguntas.
Tú	• Contesta, dale tus sugerencias y despídete.

(TONE)

(ARIANA) Hola, buenos días. Acabo de recibir las noticias sobre tu interés en el trabajo voluntario conmigo acá en el teatro. ¿Qué puedo hacer para ayudarte con la solicitud? TONE (20 segundos) TONE

(ARIANA) Pues, ¿cuándo puedes empezar? ¿Cuáles son algunas ideas que tienes para mejorar el programa teatral? TONE (20 segundos) TONE

(ARIANA) Interesante. ¿Qué pasará si queremos salir a comer y uno de nosotros tiene que quedarse acá trabajando? ¿Quién se quedará? TONE (20 segundos) TONE

(ARIANA) Pues, quizás no sea buena idea trabajar juntos. ¿Qué te parece la idea de compartir un puesto para que no afecte nuestra amistad? TONE (20 segundos) TONE

(ARIANA) Bien. Pues, ¿cuándo y dónde podemos reunirnos para discutir todo esto? ¿Quieres venir a buscarme? TONE (20 segundos) TONE

El Teatro Colón, Buenos Aires, Argentina

ÍNDICE GENERAL PARA EL MANUAL PARA ESTUDIANTES

AGRADECIMIENTOS iii
Unas palabras para los estudiantes iv
Cómo aprovechar este programa: unos consejos
para los estudiantes v

Capítulo Uno: LOS DESAFÍOS MUNDIALES

Los temas económicos 2

Lectura: Cuba: la economía se hunde,
las remesas crecen 2
   Cápsula Cultural: Breve historia de inmigración
   y emigración en Cuba
Correo Electrónico: La mesada 4
Lectura con Audio: Carta abierta a
Carlos Slim; Carlos Slim encabeza la
lista de los más ricos 5
   Cápsula Cultural: Las hispanas más
   poderosas del mundo
Audio: La crisis ninja y otros misterios
de la economía actual 7
   Cápsula Cultural: La Feria Internacional
   del Libro
Ensayo: La globalización: ¿Amenaza u
oportunidad?; Latinoamérica enfrenta
la crisis económica global 8
Conversación: Cómo ganar plata 9
Discurso: Los productos extranjeros 9
VOCABULARIO Y PREGUNTAS CULTURALES . . . 10

Los temas del medio ambiente 11

Lectura: Agricultura orgánica y medio ambiente . . 11
   Cápsula Cultural: Cultivos argentinos
Ilustración con Audio: Para plantar un árbol; Cómo
plantar un árbol 13
   Cápsula Cultural: Los árboles nacionales
Audio: Los glaciares del sur argentino están
desapareciendo 15
   Cápsula Cultural: La Tierra del Fuego y Ushuaia
Correo Electrónico: Tu ayuda 16
Ensayo: Desechos electrónicos son reutilizables;
Desechos electrónicos 16
Conversación: Club del Medio Ambiente 17
Discurso: Iniciativas ambientalistas 17
VOCABULARIO Y PREGUNTAS CULTURALES . . . 18

El pensamiento filosófico y la religión 19

Lectura: Mi religión—Miguel de Unamuno 19
   Cápsula Cultural: El tuteo de Dios
Lectura con Audio: Camino de Santiago, la metáfora
de la vida; La experiencia de Juan Andrés 20
   Cápsula Cultural: La Catedral de Santiago
   de Compostela
Audio: José Gregorio Hernández, el siervo
de Dios 22
   Cápsula Cultural: Para la Iglesia Católica,
   ¿qué es un siervo de Dios?
Correo Electrónico: OVNI 23
Ensayo: El hijab en las aulas; No me voy a
quitar el velo 23
Conversación: Un asunto de importancia
filosófica 24
Discurso: La religión 24
VOCABULARIO Y PREGUNTAS CULTURALES . . . 25

La población y la demografía 26

Lectura: Carta sobre la sobrepoblación de
perros en México 26
   Cápsula Cultural: Una mascota no es una ganga
Lectura con Audio: Menos mexicanos
indocumentados van por sueño americano;
Un día sin inmigrantes 28
   Cápsula Cultural: Poblaciones de adultos y jóvenes
   hispanos en los Estados Unidos
Audio: Árboles sin raíces 30
   Cápsula Cultural: Películas sobre la inmigración
Correo Electrónico: Tendencias desagradables . . . 31
Ensayo: La política de la inmigración; El quinto
país del planeta 32
Conversación: Una encuesta 33
Discurso: Los inmigrantes indocumentados 33
VOCABULARIO Y PREGUNTAS CULTURALES . . . 34

El bienestar social 35

Lectura: Levantate: alzá la voz 35
   Cápsula Cultural: La Casa Rosada, residencia
   de los presidentes argentinos
Ilustración con Audio: El futuro del estado 36
del agua; La falta y la escasez de agua en el mundo
   Cápsula Cultural: El Lago Titicaca
Audio: La pobreza en América Latina 37

Cápsula Cultural: El Ecuador: país de una diversa diversidad
Correo Electrónico: Declaración de derechos y responsabilidades para los alumnos 38
Ensayo: ¿Se puede medir el bienestar social?; La felicidad inerna bruta 39
Conversación: Tu abuela busca tu comprensión . . . 40
Discurso: La privacidad 40
VOCABULARIO Y PREGUNTAS CULTURALES . . . 41

La conciencia social 42
Lectura: Carta abierta del poeta Javier Sicilia 42
Cápsula Cultural: La guerra contra el narcotráfico en México
Ilustración con Audio: Principios que nos rigen; Conciencia social. 44
Cápsula Cultural: Pontificia Universidad Javeriana y la Universidad de Santiago de Chile
Audio: Conciencia social en el sector emprendedor 45
Cápsula Cultural: La importancia de las señales de tránsito
Correo Electrónico: Oferta de dos programas de verano. 47
Ensayo: Dinámica cerebral inconsciente del prejuicio hacia minorías; Dinámica del trabajo infantil en la República Dominicana; Hazle frente al ciberacoso 47
Conversación: El Concurso del Modelo de las Naciones Unidas 49
Discurso: La familia y el colegio en el desarrollo de un sentido de conciencia social 49
VOCABULARIO Y PREGUNTAS CULTURALES . . . 50

Capítulo Dos: LA CIENCIA Y LA TECNOLOGÍA

El acceso a la tecnología 52
Lectura: "Maestranzas de noche"–Pablo Neruda . . 52
Cápsula Cultural: El cobre, el bronce, los mineros y Pablo Neruda
Ilustración con Audio: Las brechas de acceso TIC en América Latina: un blanco móvil; Computadoras, teléfonos, herramientas del desarrollo 53
Cápsula Cultural: El teclado en español
Audio: Una computadora por niño 55
Cápsula Cultural: La computadora en los colegios: a favor y en contra

Correo Electrónico: Tu opinión cuenta 56
Ensayo: Crimen y violencia en Centro América: un desafío para el desarrollo; Derecho a poseer y portar armas NO es una concesión del estado 57
Conversación: Estresada 58
Discurso: Torres de señal 58
VOCABULARIO Y PREGUNTAS CULTURALES . . . 59

Los efectos de la tecnología en el individuo y en la sociedad 60
Lectura: La innovación tecnológica, la solución para la crisis en España 60
Cápsula Cultural: Su Majestad Juan Carlos I de Borbón, Rey de España
Ilustración con Audio: Barreras para comprar por Internet; Cómo comprar en Internet 62
Cápsula Cultural: Los grandes almacenes por departamentos
Correo Electrónico: Tu gran interés en las compras online 63
Audio: La ONU celebra el primer Día Mundial de la Radio 64
Cápsula Cultural: La antigua radio eternamente joven
Ensayo: Las ventajas de utilizar lectores electrónicos; BOOK, un producto revolucionario 65
Conversación: Un nuevo celular 66
Discurso: La tecnología y la artesanía tradicional . . 66
VOCABULARIO Y PREGUNTAS CULTURALES . . . 67

El cuidado de la salud y la medicina 68
Lectura: Carta al Dr. Lázaro Pérez 68
Cápsula Cultural: El sistema de salud de Colombia y el INC
Lectura con Audio: La obesidad infantil; La obesidad en los niños 69
Cápsula Cultural: La dieta mediterránea
Audio: Romero Epazote: medicina tradicional mexicana 71
Cápsula Cultural: El curanderismo
Correo Electrónico: Los niños con cáncer 72
Ensayo: ¿Le deberían aplicar impuestos a la comida chatarra?; Alimento chatarra en escuelas, Veracruz 73
Conversación: Un problema 74
Discurso: Los médicos 74
VOCABULARIO Y PREGUNTAS CULTURALES . . . 75

Las innovaciones tecnológicas 76

   Lectura: El gadget que te avisa cuando te roban la cartera 76

      Cápsula Cultural: El argot de los carteristas

   Lectura con Audio: NAO el robot más famoso llega a México; NAO el robot humanoide 77

      Cápsula Cultural: Inventos mexicanos que han influido el mundo

   Audio: La importancia de los prototipos en el proceso de innovación 79

      Cápsula Cultural: La Universidad Politécnica de Cataluña

   Correo Electrónico: Inventores e invenciones 80

   Ensayo: Las cámaras de vigilancia en las escuelas; Cámaras de seguridad en los colegios 81

   Conversación: Adicta a la computadora......... 82

   Discurso: La presión de poseer lo más nuevo..... 82

   VOCABULARIO Y PREGUNTAS CULTURALES ... 83

Los fenómenos naturales 84

   Lectura: La noche más corta; Cómo funciona un eclipse 84

      Cápsula Cultural: Los mayas se preocupaban por los eclipses

   Ilustración con Audio: Las migraciones de la mariposa monarca entre México y Canadá; La mariposa monarca, un fenómeno migratorio de la naturaleza 86

      Cápsula Cultural: El cóndor andino, símbolo de la inmortalidad

   Audio: Semillas andinas, cinco mil años de sabiduría genética....................... 87

      Cápsula Cultural: La quínoa

   Correo Electrónico: Las tortugas en peligro 88

   Ensayo: En 20 años podremos viajar a Marte; Cuidemos nuestros árboles 89

   Conversación: Agencia Comunitaria de Alertas ... 90

   Discurso: Jardines de flores o huertillas de verduras 90

   VOCABULARIO Y PREGUNTAS CULTURALES ... 91

La ciencia y la ética 92

   Lectura: Ciencia y moral: la ciencia está cuestionada por sus implicaciones potencialmente peligrosas. . 92

      Cápsula Cultural: La Inquisición Española

   Lectura con Audio: Polémica por la eutanasia, una confesión real sobre una vida de película; La eutanasia................................ 94

      Cápsula Cultural: Varios sistemas de salud en América Latina

   Audio: Nuevas tecnologías de la educación...... 96

      Cápsula Cultural: La Iberoamérica sociable

   Ensayo: Debate: Los beneficios y perjuicios de la clonación; Desacuerdo por posible debate 97

   Correo Electrónico: ECUCM................. 98

   Conversación: El ADN...................... 99

   Discurso: Decisiones sobre la donación de órganos 99

   VOCABULARIO Y PREGUNTAS CULTURALES .. 100

Capítulo Tres: LA VIDA CONTEMPORÁNEA

La educación y las carreras profesionales 102

   Lectura: Carta de solicitud de constancia de trabajo 102

      Cápsula Cultural: ¿Qué documentos se necesitan para trabajar?

   Ilustración con Audio: Honduras, estadísticas; Educación primaria en Centroamérica......... 103

      Cápsula Cultural: Las notas: cuando una nota de 70 es buenísima

   Correo Electrónico: Beca Fulbright 104

   Audio: Los hologramas y las carreras profesionales............................. 105

      Cápsula Cultural: Las diez carreras profesionales más requeridas por las empresas peruanas

   Ensayo: Diez carreras que son más rentables y diez no tan rentables; Comunicaciones en el siglo XXI: puerta de entrada al mundo profesional 106

   Conversación: Jueza Judy 108

   Discurso: Programas atléticos y la preparación profesional 108

   VOCABULARIO Y PREGUNTAS CULTURALES .. 109

El entretenimiento y el ocio............ 110

   Lectura: Santuario histórico de Machu Picchu; El plano de Machu Picchu..................... 110

      Cápsula Cultural: En las terrazas de Cuzco se puede cultivar más que hortalizas

   Lectura con Audio: Cartagena: destino colombiano de historia y cultura; Cartagena de Indias 112

      Cápsula Cultural: Los estereotipos nos engañan

   Correo Electrónico: Día Internacional de la Danza 114

   Audio: Frontón, potencial mundial que nace en la calle 115

129

Cápsula Cultural: Los deportes para siempre
Ensayo: Hablar con el teclado; Familia Ciber Café en Detroit 116
Conversación: Viaje a Cuba 117
Discurso: La música moderna 117
VOCABULARIO Y PREGUNTAS CULTURALES . . 118

Los estilos de vida 119

Lectura: La casa en Mango Street —Sandra Cisneros 119
  Cápsula Cultural: El patio—una sala sostenible
Lectura con Audio: Parques biosaludables: gimnasios al aire libre; Parque biosaludable 120
  Cápsula Cultural: ¿Cuál es el precio de estar en buena forma en España?
Correo Electrónico: Viajes Culturales y Programas de Lenguajes (VCPL) 122
Audio: Tu basura mi música 123
  Cápsula Cultural: El día internacional del reciclaje—el 17 de mayo
Ensayo: El estilo de vida actual, ¿es saludable?; Educación para el consumo responsable 124
Conversación: El uso de las redes sociales 125
Discurso: Estilos alternativos de vida 125
VOCABULARIO Y PREGUNTAS CULTURALES . . 126

Las relaciones personales 127

Lectura: La familia contemporánea: la familia chilena en el tiempo 127
  Cápsula Cultural: ¿Hay una familia típica?
Ilustración con Audio: Relaciones personales; Relaciones humanas 129
  Cápsula Cultural: Para una buena degustión de la vida, aprovecha la sobremesa
Audio: Cómo ser más sociable en tres simples pasos 130
  Cápsula Cultural: El arte de matear
Correo Electrónico: Ayuda voluntaria en el comité 131
Ensayo: Atender a las relaciones personales; ¿Cómo educar a un niño? 132
Conversación: Día sin tecnología 133
Discurso: La velocidad de la vida contemporánea 133
VOCABULARIO Y PREGUNTAS CULTURALES . . 134

Las tradiciones y los valores sociales . . . 135

Lectura: Preámbulo – Tape porã —Mirella Cossovel de Cuellar 135

Cápsula Cultural: Al columpiarse en una hamaca
Lectura con Audio: Millones visitan a la Virgen de Guadalupe; Mañanita: Virgen de Guadalupe 136
  Cápsula Cultural: Tuits vaticanos leídos alrededor del mundo
Audio: Charla: educación y valores sociales 138
  Cápsula Cultural: Las Fallas de Valencia
Correo Electrónico: La desigualdad 139
Ensayo: El beso argentino; Tradiciones navideñas perdidas 140
Conversación: Ciberacoso 141
Discurso: Las tradiciones de los antepasados familiares 141
VOCABULARIO Y PREGUNTAS CULTURALES . . 142

El trabajo voluntario 143

Lectura: Ecuador – Ofrecerse como voluntario . . . 143
  Cápsula Cultural: Fundación Pies Descalzos— Caminando tras las huellas de Shakira
Ilustración con Audio: Formulario para solicitar trabajo como voluntario; Trabajos voluntarios . . . 144
  Cápsula Cultural: ONCE (Organización Nacional de Ciegos de España)
Audio: ¿Qué se siente al ser voluntario? 146
  Cápsula Cultural: Un año de "gap"
Correo Electrónico: Visita de "La Luz Brilla" 147
Ensayo: El voluntariado puede aumentar la esperanza de vida; Brigada de dentistas españoles en Nicaragua 147
Conversación: Visita de medianoche 149
Discurso: El trabajo voluntario 149
VOCABULARIO Y PREGUNTAS CULTURALES . . 150

Capítulo Cuatro: LAS IDENTIDADES PERSONALES Y PÚBLICAS

La enajenación y la asimilación 152

Lectura: "Los pájaros" —Ana María Matute 152
  Cápsula Cultural: La literatura y el Premio Miguel de Cervantes
Lectura con Audio: La civilización pone en riesgo a los ayoreos en Paraguay; Los indígenas aislados . . 153
  Cápsula Cultural: Los totobiegosode: un grupo ayoreo no contactado
Audio: Inmigrantes en los pueblos: integración total 155
  Cápsula Cultural: Castilla y León—Lugar de bienes culturales

Correo Electrónico: Editoriales estudiantiles. . . . 156
Ensayo: La xenofobia no llega a las urnas; Por la erradicación del racismo en España 157
Conversación: Cómo llevarse bien 158
Discurso: La asimilación y el idioma 158
VOCABULARIO Y PREGUNTAS CULTURALES . . 159

Los héroes y las figuras históricas 160

Lectura: ¿Sabes quién es Juan Diego?; Mapa de seguridad entorno a la Basílica de Guadalupe . . . 160
    Cápsula Cultural: La tilma de Juan Diego
Lectura con Audio: "Mi raza" —José Martí; José Martí, símbolo de Cuba y de América. 162
    Cápsula Cultural: Mario Vargas Llosa, escritor espectacular y candidato político
Audio: Homenaje a Mercedes Sosa 164
    Cápsula Cultural: El gaucho Martín Fierro —Libro nacional de Argentina
Correo Electrónico: Su participación 165
Ensayo: ¿Qué es ser un héroe? ¿Quiénes son héroes?; Entrevista a Pilar Jericó. 165
Conversación: El show de héroes 167
Discurso: Los héroes ficticios 167
VOCABULARIO Y PREGUNTAS CULTURALES . . 168

La identidad nacional y la identidad étnica 169

Lectura: "La balada de los dos abuelos" —Nicolás Guillén 169
    Cápsula Cultural: Los esclavos y el sincretismo en Cuba
Ilustración con Audio: Sueños y aspiraciones de l@s mexican@s; América Latina y sus estereotipos. 170
    Cápsula Cultural: La Revolución Mexicana 1910-1917 o ¿Todavía?
Audio: Afrolatinos: La revista Ébano de Colombia 172
    Cápsula Cultural: El multiculturalismo de Colombia
Correo Electrónico: Su petición de adhesión . . . 173
Ensayo: Los 5 de mayo; El 5 de mayo 174
Conversación: El disfraz étnico 175
Discurso: La comida étnica 175
VOCABULARIO Y PREGUNTAS CULTURALES . . 176

Las creencias personales 177

Lectura: El manual de Carreño; Normas de conducta. 177
    Cápsula Cultural: Manuel Antonio Carreño y la comida
Ilustración con Audio: ¿Se considera una persona supersticiosa?; Amuletos para atraer la suerte en Año Nuevo 179
    Cápsula Cultural: ¡El ojo ajeno te está mirando!
Audio: Receta para tener dinero todo el mes. . . . 181
    Cápsula Cultural: La buena suerte, la mala suerte y la intervención humana
Correo Electrónico: Una semana hacia la tolerancia. 182
Ensayo: El fin justifica los medios; El bombardeo de Hiroshima 182
Conversación: Una invitación 184
Discurso: La religión y las relaciones sociales . . . 184
VOCABULARIO Y PREGUNTAS CULTURALES . . 185

Los intereses personales 186

Lectura: La jubilación y los trenes modelo 186
    Cápsula Cultural: El AVE es una bala
Lectura con Audio: El placer de leer; Me gusta leer. 187
    Cápsula Cultural: No te quedes nunca sin palabras
Audio: Curso de observación de las aves 189
    Cápsula Cultural: Los Quetzales tienen parque
Correo Electrónico: Antología de Pasatiempos . . 190
Ensayo: Los videojuegos pueden ser peligrosos; . . . . Sueños: vidajuego 191
Conversación: Una conversación por casualidad 192
Discurso: Las instalaciones para intereses personales. 192
VOCABULARIO Y PREGUNTAS CULTURALES . . 193

La autoestima 194

Lectura: El coaching ontológico 194
    Cápsula Cultural: La confianza de los mexicanos en instituciones mexicanas
Ilustración con Audio: Escala de autoestima; Sube tu autoestima estando de tu parte 196
    Cápsula Cultural: México: una apetitosa ensalada mixta de gentes
Audio: ¿Caminas con seguridad?. 198
    Cápsula Cultural: El tradicional paseo contemporáneo

Correo Electrónico: ¡Ten confianza y
confiarán en ti! 198

Ensayo: La autoestima y el fracaso; Para
triunfar debes fracasar 200

Conversación: La Juventud, Encuestas 201

Discurso: La confianza en la estabilidad
social y económica 201

VOCABULARIO Y PREGUNTAS CULTURALES . . 202

Capítulo Cinco: LAS FAMILIAS Y LAS COMUNIDADES

Las tradiciones y los valores 204

Lectura: "El nacimiento de las tortugas"
—Pedro Pablo Sacristán 204

Cápsula Cultural: Las Islas Galápagos,
emblema de la biodiversidad

Ilustración con Audio: El Ayuntamiento de
Los Fayos; La fiesta de las tortillas de hinojo 205

Cápsula Cultural: Las cofradías y
la Semana Santa

Audio: Planificación de reuniones familiares 206

Cápsula Cultural: La familia de Felipe IV
de España

Correo Electrónico: Una gran oportunidad 207

Ensayo: Costumbres y tradiciones; Los jóvenes
perpetúan las tradiciones en la Semana
Santa de Icod 208

Conversación: Una fiesta de gala 209

Discurso: La tradicional solidaridad familiar 209

VOCABULARIO Y PREGUNTAS CULTURALES . . 210

Las comunidades educativas 211

Lectura: El invierno estudiantil sacude Chile;
Los aranceles y gastos públicos en la educación
universitaria de América Latina 211

Cápsula Cultural: Otro 11 de septiembre

Lectura con Audio: ¿Por qué todavía hay centros
no coeducativos?; Educación diferenciada, una
carta a la Administración en Educación 213

Cápsula Cultural: Unos datos acerca de la
educación secundaria de España

Audio: Consejo educativo amazónico
multiétnico 215

Cápsula Cultural: Bolivia multilingüe

Correo Electrónico: Eficacia de los profesores . . 216

Ensayo: La educación en casa : una alternativa
cada vez más frecuente; La educación en casa
a examen 217

Conversación: Una agencia que ayuda
a estudiantes 218

Discurso: Los asaltos y los colegios 218

VOCABULARIO Y PREGUNTAS CULTURALES . . 219

La estructura de la familia 220

Lectura: Carta del Teniente Roberto Estévez a
su padre 220

Cápsula Cultural: ¿Las Malvinas son argentinas?

Ilustraciones con Audio: Personas jóvenes
emancipadas; La emancipación de los jóvenes . . . 221

Cápsula Cultural: El matrimonio: cuestión de edad
y circunstancias

Audio: Aumenta la diversidad de la estructura
familiar cubana 223

Cápsula Cultural: Los diarios oficiales
del gobierno cubano

Correo Electrónico: Los quehaceres y
la ética laboral 224

Ensayo: Matrimonios jóvenes; Matrimonio
a temprana edad 224

Conversación: Mis padres me regañan 226

Discurso: La mudanza frecuente y fácil 226

VOCABULARIO Y PREGUNTAS CULTURALES . . 227

La ciudadanía global 228

Lectura: Invita a tus familiares y amigos a
unirse a Médicos Sin Fronteras 228

Cápsula Cultural: Médicos Sin Fronteras
superando barreras

Lectura con Audio: Historia y origen
del brindis; Fiesta familiar 229

Cápsula Cultural: ¿Qué hay en un número?
Carlos V y Carlos I era el mismo monarca

Audio: Puerto Pinasco, el pueblo donde
nació la amistad 231

Cápsula Cultural: La Virgen de Caacupé

Correo Electrónico: Su carta 232

Ensayo: ONU: ¿Relevante para el mundo?; Orquesta
Sinfónica Simón Bolívar de gira por 5 ciudades
estadounidenses con Gustavo Dudamel 232

Conversación: Los lugares desconocidos 234

Discurso: Problemas económicos a
nivel internacional 234

VOCABULARIO Y PREGUNTAS CULTURALES . . 235

La geografía humana 236

Lectura: Cuando era puertorriqueña
—Esmeralda Santiago 236
  Cápsula Cultural: El jíbaro y la mancha
  de plátano
Lectura con Audio: Cruzada por los idiomas
nativos latinoamericanos; Lingüicidio 237
  Cápsula Cultural: Los códices prehispánicos
Audio: El poblamiento de América 239
  Cápsula Cultural: Los Moáis te esperan
  en Rapa Nui
Correo Electrónico: El comité asesor sobre
trabajos de verano para jóvenes 241
Ensayo: Infraestructura en América Latina
y el Caribe: tendencias recientes y retos
principales; Cumbre de las Américas 241
Conversación: Una cena hondureña 243
Discurso: El estatus social 243
VOCABULARIO Y PREGUNTAS CULTURALES .. 244

Las redes sociales 245

Lectura: Un hospital para la ignorancia;
Estructura de la sociedad mapuche 245
  Cápsula Cultural: La actualidad mapuche
Ilustraciones con Audio: Estado de las Redes
Sociales en América Latina; ¡Activagers, la nueva
red social para mayores de 40 en español! 247
  Cápsula Cultural: ¿Coinciden estas redes
  con tu perfil?
Audio: Las nuevas tecnologías y la familia 248
  Cápsula Cultural: Surfeando la Web desde UCAM
  hasta el estilo clásico desornamentado
Correo Electrónico: ¿Tiene Ud. ganas
de ganar?................................. 249
Ensayo: Las redes sociales comunican pero
integran poco a la gente; Las redes sociales y
los jóvenes................................ 250
Conversación: No se fía de ti 251
Discurso: Grupitos sociales exclusivos........ 251
VOCABULARIO Y PREGUNTAS CULTURALES .. 252

Capítulo Seis: LA BELLEZA Y LA ESTÉTICA

La arquitectura 254

Lectura: Adobe para mujeres: Proyecto 2011 ... 254
  Cápsula Cultural: Regalos y sal

Lectura con Audio: Una arquitecta para 1.000
millones de personas....................... 255
  Cápsula Cultural: Niños en "La Mina",
  uno de los mayores basureros de Guatemala
Audio: Luz verde para que Apple se establezca
en el edificio de Tío Pepe de Madrid 257
  Cápsula Cultural: La Noche Vieja
Ensayo: Obras maestras teñidas de polémica;
Puente de mayo, destino Bilbao............... 258
Correo Electrónico: Trabajo de verano 259
Conversación: Un viaje a Guatemala.......... 260
Discurso: La arquitectura moderna 260
VOCABULARIO Y PREGUNTAS CULTURALES .. 261

Las definiciones de la belleza........... 262

Lectura: "Mientras por competir con tu cabello"
—Luis de Góngora 262
  Cápsula Cultural: La moda del siglo XVI
  en España
Lectura con Audio: La actriz y modelo venezolana
Patricia Velásquez, saca una línea de productos
de belleza; Cien por ciento wayúu............. 263
  Cápsula Cultural: Afín a su naturaleza
  —Las alpargatas
Audio: Consejos para elegir zapatos 265
  Cápsula Cultural: La industria del calzado
  es muy importante en España
Ensayo: La moda y el ideal de belleza femenino,
¿delgadez extrema o curvas?; La evolución del
ideal de belleza femenino a lo largo de la historia
del arte 266
Correo Electrónico: Empleo como fotógrafo ... 267
Conversación: Los ídolos 267
Discurso: Los lugares históricos y turísticos 267
VOCABULARIO Y PREGUNTAS CULTURALES .. 268

Las definiciones de la creatividad 269

Lectura: Instrumentistas mapuches
llegan a deslumbrar escena santiaguina;
Instrumentos de los mapuches 269
  Cápsula Cultural: Las tunas de España
Ilustración con Audio: La Alhambra de
Granada, España 271
  Cápsula Cultural: La presencia árabe
  en la lengua española
Correo Electrónico: La creatividad 272
Audio: El arte de mi padre refleja su
alegría de vivir 273
  Cápsula Cultural: La belleza de lo voluminoso

Ensayo: Arte y significaciones perpetuadas en la piel; Reportaje artesanías del Ecuador 274
Conversación: Las vitrinas 275
Discurso: La generación corriente y la creatividad 275
VOCABULARIO Y PREGUNTAS CULTURALES . . 276

La moda y el diseño 277
Lectura: Una carta de solicitud 277
  Cápsula Cultural: La ropa habla
Lectura con Audio: Paco Rabanne, poeta del metal; Paco Rabanne, el modista vasco 278
  Cápsula Cultural: Los exiliados de la Guerra Civil Española (1936-1939)
Audio: Las vitrinas venezolanas al día 280
  Cápsula Cultural: Las camas—Muebles para todos y para todos los gustos
Ensayo: El alto precio de la moda; Crónica: el alto precio de la moda 281
Correo Electrónico: Visita a Valencia y sus alrededores 282
Conversación: La quinceañera 282
Discurso: El gusto personal y los grupos sociales 282
VOCABULARIO Y PREGUNTAS CULTURALES . . 283

El lenguaje y la literatura 284
Lectura: "Hay un país en el mundo" —Pedro Mir 284
  Cápsula Cultural: Walt Whitman (1819-1892), influencia poética en todas las Américas
Ilustración con Audio: Cómo está organizado el cerebro; Jorge Volpi: leer la mente 285
  Cápsula Cultural: Los niños bilingües sacan partido de su conocimiento
Audio: Guía para analizar poemas 286
  Cápsula Cultural: ¿Cuál es tu poema favorito? Vota.
Correo Electrónico: Donar tiempo 287
Ensayo: El lenguaje, concepto y definición; El silbo de la Gomera 288
Conversación: Una conversación con Borges . . . 289
Discurso: La importancia de aprender otro idioma 289
VOCABULARIO Y PREGUNTAS CULTURALES . . 290

Las artes visuales y escénicas 291
Lectura: El Museo del Prado; Plano de Madrid . . 291

Cápsula Cultural: Números y más números
Ilustración con Audio: María Martorell, artista de Salta; Agenda cultural 293
  Cápsula Cultural: Juan Carlos Dávalos, poeta salteño
Audio: Jorge Luis Borges, el de las milongas y Julio Cortázar, el del jazz 294
  Cápsula Cultural: El corazón del tango
Correo Electrónico: Aprendiz de verano 295
Ensayo: Arte moderno, entre la experiencia interior y la revolución; ¿Qué le da valor al arte? 296
Conversación: Trabajo local voluntario 297
Discurso: El arte callejero 297
VOCABULARIO Y PREGUNTAS CULTURALES . . 298

CRÉDITOS 299
Afirmación de búsqueda 301

IMÁGENES 302

GLOSARIOS
Español—Español 303
Español—Inglés 312
Inglés—Español 318

LOS AUTORES 324

IMÁGENES

p. IX: ©Chris Howey/Shutterstock.com; p. X: ©Aleksandar Todorovic/Shutterstock.com; p. XI: ©Toniflap/Shutterstock.com, ©onthewaybackhome/Shutterstock.com, ©David Johnson; p. XXI: ©Vinicius Tupinamba/Shutterstock.com, Kiselev Andrey Valerevich/Shutterstock.com; p. XIV: ©Oliko/Shutterstock.com; p. XV: ©Ksenia Ragozina/Shutterstock.com, ©FXEGS Javier Espuny/Shutterstock.com; p. XVI: ©Jennifer Sekerka/Shutterstock.com; p. XVII: ©Igor Klimov/Shutterstock.com; p. 1: ©Robot/Vectorstock.com, ©Maxx-Studio/Shutterstock.com, ©David Berry/Shutterstock.com, ©Richard Thornton/Shutterstock.com, ©Bibliothèque nationale de France, ©Gentoo Multimedia Limited/Shutterstock.com; p.2: ©krechet/Shutterstock.com; p. 4: ©Luciano Mortula/Shutterstock.com; p. 5: ©John McMullan; p. 8: ©Francisco Turnes/Shutterstock.com; p. 10-11: ©John McMullan; p. 13: ©Frontpage/Shutterstock.com; p. 14: ©bikeriderlondon/Shutterstock.com; p. 15: ©Pandanus; p. 16: ©Petrenko Andriy/Shutterstock.com; p. 17: ©Francesco Dazzi/Shutterstock.com; p. 18: ©Xiong Wei/Shutterstock.com; p. 19: ©meunierd/Shutterstock.com; p. 21: ©elxeneize/Shutterstock.com; p. 22: spirit of america/Shutterstock.com; p. 23: ©Alex Covarrubias, ©Frank F. Haub/Shutterstock.com, ©mathagraphics/Shutterstock.com, ©Dorn1530/Shutterstock.com, ©James Steidl/Shutterstock.com, ©Revista argentina Siete dhas ilustrados; p. 24: ©David Acosta Allely/Shutterstock.com; p. 25: ©Cecilia de la Paz; p. 27: ©John McMullan; p. 28: ©jimeone/Shutterstock.com; p. 31: Madeleine Price Ball; p. 32: © Kudryashka/Shutterstock.com; p. 34: ©Umberto Shtanzman/Shutterstock.com; p. 35: ©photobank.kiev.ua/Shutterstock.com; p. 36: ©Mapping Specialists; p. 37: © Jean-Edouard Rozey/Shutterstock.com; p. 38: ©B747/Shutterstock.com; p. 39: ©Daniel Loretto/Shutterstock.com; p. 40: ©KarSol/Shutterstock.com; p. 41: ©Andresr/Shutterstock.com; p. 42: mathagraphics/Shutterstock.com; p. 43: ©Mircea Maties/Shutterstock.com, ©bluelake/Shutterstock.com, ©Leagam/Shutterstock.com, ©John McMullan, ©rj lerich/Shutterstock.com; p. 44: ©sellingpix/Shutterstock.com; p. 46: ©RGtimeline/Shutterstock.com; p. 47: ©Steve Petteway, Collection of the Supreme Court of the United States; p. 49: © David Gilder/Shutterstock.com; p. 50: ©Kamira/Shutterstock.com; p. 51: ©satit_srihin/Shutterstock.com; p. 53: ©Szasz-Fabian Jozsef/Shutterstock.com; p. 54: ©Jorg Hackemann/Shutterstock.com; p. 55: ©Emese/Shutterstock.com; p. 57: ©Oshchepkov Dmitry/Shutterstock.com; p. 58: ©Ramunas Bruzas/Shutterstock.com; p. 59: ©mtkang/Shutterstock.com; p. 60: ©Pablo H Caridad/Shutterstock.com; p. 61: ©beboy/Shutterstock.com; p. 62: Image courtesy of Leeds City Council; p. 63: ©Sasha Davas/Shutterstock.com; p. 64: ©rj lerich/Shutterstock.com; p. 65: ©Mircea Maties/Shutterstock.com, ©Curioso/Shutterstock.com, ©Steve Mann/Shutterstock.com, ©©RookCreations/Shutterstock.com, ©Hannes Vos/Shutterstock; p. 67: ©danystock/Shutterstock.com; p. 69: ©Jody/Shutterstock.com; p. 70: ©Jennifer Sekerka/Shutterstock.com; p. 71: ©lev radin/Shutterstock.com; p. 72: ©Featureflash/Shutterstock.com; p. 73: ©Jorge Royan; p. 74: ©Ksenia Ragozina/Shutterstock.com; p. 75: ©Kobby Dagan/Shutterstock.com; p. 77: ©Vladimir Korostyshevskiy/Shutterstock.com, ©Matteo Cozzi/Shutterstock.com, ©Sergey Kaliganov/Shutterstock.com, ©Concept Photo/Shutterstock.com; p. 78: ©dicapua.eu/Shutterstock.com; p. 79: ©Tupungato/Shutterstock.com; p. 80: worldswildlifewonders/Shutterstock.com; p. 81: ©Graeme Dawes/Shutterstock.com; p. 83: ©nito/Shutterstock.com; p. 84: ©Lisa S./Shutterstock.com; p. 85: ©Maxx-Studio/Shutterstock.com, ©Simenon, ©GringoInChile, ©jorisvo/Shutterstock.com, ©Krajomfire/Shutterstock.com; p. 86: ©dvande/Shutterstock.com; p. 87: ©Anibal Trejo/Shutterstock.com; p. 88: ©Rob Marmion/Shutterstock.com; p. 89: ©Diseño U. de Chile; p. 93: ©Jorge Royan; p. 94:©Tupungato/Shutterstock.com; p. 95: ©Fotoluminate LLC/Shutterstock.com; p. 96: ©Rob Marmion/Shutterstock.com; p. 97: © José Cruz/ABr; p. 98: ©Macpirulin, ©Ricardo Acevedo Bernal; p. 99: Javier Martin/Shutterstock.com; p. 100: ©Dresden Codex/örstemannz; p. 101: ©Charles Taylor/Shutterstock.com; p. 102: ©David Salcedo/Shutterstock.com; p. 103: ©pixshots/Shutterstock.com; p. 105: ©VLADGRIN/Shutterstock.com; p. 106: ©Aleksandar Todorovic/Shutterstock.com; p. 107: ©Joop Hoek/Shutterstock.com, ©Luis Garcia/Zaqarbal/Zaq, ©FXEGS Javier Espuny/Shutterstock.com, ©Lledo/Shutterstock.com, ©AlexRoz/Shutterstock.com, ©Vinicius Tupinamba/Shutterstock.com; p. 112: ©PhotoNAN/Shutterstock.com; p. 113: ©lynea/Shutterstock.com, ©Shutterstock.com; p. 114: ©Sillycoke/Shutterstock; p. 115: ©lotsostock/Shutterstock.com; p. 116: ©Eleonora Kolomiyets/Shutterstock.com; p. 117: © Sylvie Bouchard/Shutterstock.com; p. 118: © kojoku/Shutterstock.com; p. 119: ©Ragne Kabanova/Shutterstock.com; p. 120: ©Blend Images/Shutterstock.com; p. 121: ©jannoon028/Shutterstock.com; p. 122: ©Karol Kozlowski/Shutterstock.com; p. 123: © Revista Gente y la actualidad; p. 124: ©calchaquimix; p. 126: ©Anibal Trejo /Shutterstock.com; p. 134: © Pabkov/Shutterstock.com